U0532177

中华文学史料 第六辑

主　编 ○ 刘跃进　龙珍华
副主编 ○ 孙少华　陈才智

中国社会科学出版社

图书在版编目（CIP）数据

中华文学史料. 第六辑/刘跃进，龙珍华主编. —北京：中国社会科学出版社，2024.3
ISBN 978-7-5227-3093-6

Ⅰ.①中… Ⅱ.①刘…②龙… Ⅲ.①中国文学—文学史—史料学—文集 Ⅳ.①I209-53

中国国家版本馆 CIP 数据核字（2024）第 037568 号

出 版 人	赵剑英
责任编辑	郭晓鸿
特约编辑	杜若佳
责任校对	师敏革
责任印制	戴　宽

出　　版	中国社会科学出版社
社　　址	北京鼓楼西大街甲 158 号
邮　　编	100720
网　　址	http://www.csspw.cn
发 行 部	010-84083685
门 市 部	010-84029450
经　　销	新华书店及其他书店

印　　刷	北京明恒达印务有限公司
装　　订	廊坊市广阳区广增装订厂
版　　次	2024 年 3 月第 1 版
印　　次	2024 年 3 月第 1 次印刷

开　　本	710×1000　1/16
印　　张	19
插　　页	2
字　　数	324 千字
定　　价	109.00 元

凡购买中国社会科学出版社图书，如有质量问题请与本社营销中心联系调换
电话：010-84083683
版权所有　侵权必究

目 录

中华文学史料学学会三十年
——在"中华文学史料学学会2021年会暨荆楚文学史料整理
与研究研讨会"上的发言(2021年12月5日) ……… 刘跃进（1）

史料学理论与文学研究

浅谈考古文物角度和视野下的文史资料 …………… 蔡路武（13）
古代灾害文学的文献价值及其利用刍议 …………… 李朝军（28）
地域文化视野与两湖现代文学研究 ………………… 刘保昌（39）
宋元古泉州石刻文献研究的回顾与展望 ……… 徐 华 邢继连（51）
清代别集中的古文自记 ……………………………… 余祖坤（64）
四川早期新诗的历史价值 …………………………… 李 怡（81）
论现代疫病灾害小说中的伦理危机 ………………… 李汉桥（94）
一·二八抗战的战地报道与文学反思 ……………… 冷 川（108）

作家研究专题

"竟陵八友"之萧衍、沈约三考 ……………………… 何良五（131）
元代蒙古曲家童童仕宦考 …………………………… 刘 卓（147）
王一鸣的生平著述与诗歌交游 ……………………… 熊恺妮（171）
张溥的魏晋文集编撰及其得失 ……………………… 匡永亮（180）
犹吐光芒配残月
——论陈三立诗文创作 …………………………… 关爱和（194）

作品研究专题

李善《文选注》《文选钞》征引《孝经》与郑玄
　　《孝经注》略考 ································ 赵建成（203）
"黄神"与王莽
　　——柳宗元《游黄溪记》发覆 ············ 龙珍华（220）
《新安文献志》的文学史料价值 ················ 潘定武（237）
查慎行《陪猎笔记》的书籍史文献价值 ········· 甄　芸（245）
文本旅行
　　——《格萨尔》史诗在海外的翻译与传播 ······ 王　艳（255）
版本谱系：作为文学批评和文学史研究的方法
　　——以《日出》版本谱系的建立为中心 ······ 段美乔（267）

附　录

中华文学史料学学会历届会议一览（1988—2021）········ 陈才智（293）
中华文学史料学学会出版物一览 ················ 陈才智（296）
编后记 ································ （297）

中华文学史料学学会三十年
——在"中华文学史料学学会2021年会暨荆楚文学史料整理与研究研讨会"上的发言
(2021年12月5日)

刘跃进

(中华文学史料学学会 会长)

在新冠疫情依然猖獗的特殊时节,我们来到武汉,在龙珍华教授主持的灾害文学与文化研究所召开这样一场特殊的会议,真是有一种别样的感受。

这次会议的主题虽是中华文学史料研究,但还特别增置了一个灾害文学史料的议题,在当下有着贴近现实的意义。本次会议还有一项内容,就是讨论换届问题。按照学会章程,我们每五年要进行一次换届。这次武汉会议是会员代表大会暨第七届理事会,我们将在这次会议上讨论修改章程等事宜,选举新一届理事会。我想借此机会回顾一下过去三十年的学会工作。

粉碎"四人帮"之后,整个学术界面临百废待兴的情况。1982年,在桂林举行的文学研究规划会议上,代表们提出了成立中华文学史料学学会的设想。1985年初,中国社会科学院文学研究所副所长马良春发表《关于建立中国现代文学"史料学"的建议》(《中国现代文学研究丛刊》第1期),并与有关同行酝酿成立一个研究文学史料的学术团体。1988年10月,在上海社会科学院文学研究所的支持配合下,召开了一次两岸三地的筹备会议,强调学会的宗旨是:以马列主义、毛泽东思想为指导,在遵守宪法、法律、法规和国家政策,遵守社会道德风尚的前提下,广泛联系海内外学者,弘扬中华文学史料学的优良传统,积极开展文学史料的搜集、考证、整理和研究,以促进中华民族文学的繁荣与发展。

1989年10月,中华文学史料学学会成立,并召开第一届会员代表大会,推举马良春同志任会长。1990年,由上海百家出版社出版《中华文学史料》第一辑,著名学者钱锺书先生欣然为封面题签,留下了永久的纪念。中华文学史料学学会于1991年9月第一次在民政部注册登记,负责人徐迺翔。

20世纪80年代末90年代初,除了成立了中华文学史料学学会外,还成立了中国鲁迅研究会、中国现代文学研究会、中国当代文学研究会、中国近代文学学会等,这些学会都挂靠在中国社会科学院文学研究所。在文学所的主持下,早在20世纪80年代就曾出版过"中国现代作家作品研究资料丛书"六十余种、"中国现代文学书刊资料丛书"(如《中国现代文学期刊目录汇编》《中国现代文学总书目》《中国现代文学作者笔名录》等),还计划分为现代卷、当代卷、近代卷和古代卷四个部分。

1991年9月,刚刚荣任文学所所长的马良春同志因病去世。同年11月,中华文学史料学学会第二届理事会在北京召开年会,推举贾植芳教授为新一任会长,并产生了由五十二人组成的第二届理事会。1997年在徐州师范大学召开第三届理事会,贾植芳继续担任会长。中华文学史料学学会成立后,还在《作家报》开辟专栏,办了六十八期,在国内外引起了高度关注。

当时,学会开展工作非常艰难。首先是没有相对稳定的经费来源,经常要自筹资金。没有经费,很难组织学术活动。其次是观念问题,经过20世纪80年代的洗礼,思想观念日益解放,而对于史料研究的价值和意义的认识严重不足。在这样一个背景下,学会工作几乎陷于停顿。

转机出现在2003年,此后的第四、五两届会议逐渐归于正常。

2003年10月28—29日,学会在北京邮电疗养院召开了第四届会员代表大会,修改了学会章程,推举贾植芳先生任名誉会长,包明德先生任会长、刘跃进先生为常务副会长、秘书长兼法人代表。其他副会长有:陈伯海、傅璇琮、陈漱渝、蒋守谦、裴效维、杨镰、牛运清、董之林、刘福春、赵存茂等,副秘书长有陈青生和薛天纬。会议还聘请了丁景唐、王景山、李福田、邱明皋、姜德明、徐乃翔等为顾问。

这一年前后,学术界发生了很大的变化,用今天的话来说,就是思想淡出,学术凸显。

2003年,清华大学召开了"中国现代文学文献研究座谈会"。

2004年5月，人民文学出版社推出的金宏宇《中国现代长篇小说名著版本校评》选取了《家》《子夜》《骆驼祥子》《创业史》等8部名著，校对其不同版本，探讨版本变迁的历史原因与修改的长短，这是借鉴古典文献学的传统惯例、汲取以往现代文学文献研究成果而做的一次重要尝试。

2004年10月，河南大学、洛阳师范学院又联合《文学评论》编辑部召开了"史料的新发现与文学史的再审视——中国现代文学文献问题学术研讨会"，会议提出史料收集整理是研究先导的主张，呼吁通过文献的收集整理寻求研究的新突破口，带动整个学科的发展。

2005年第6期的《中国现代文学研究丛刊》发表"现代文学史料学"专号。2004年，贾植芳、陈思和主编的《中外文学关系史资料汇编》（上、下）、刘福春《新诗纪事》出版。翌年，刘福春又出版了《中国新诗书刊总目》，收录1920年1月到2006年1月间出版的一万八千七百余种汉语新诗集、诗论集的目录，并附有书籍说明和著者简介，是迄今为止最全的新诗书刊目录。

2005年，新华出版社出版了由刘增人等纂著的《中国现代文学期刊史论》，集资料汇编与总体研究为一体，下编专辟"史料汇编"一项，包括期刊叙录、研究资料目录等。而这"叙录"方式，即与中国学术传统建立起紧密的联系。

早在1979年，文学研究所当代文学研究室联合全国三十多家单位协作编辑的《中国当代文学研究资料》，迄今已出版八十多种，总计两千多万字。当代文学已经发展了七十多年，远远超过现代文学，而史料建设似乎还跟不上日益丰富的当代文学发展实际，这个问题应当引起高度重视。

也是在2005年4月11—15日中华文学史料学学会与宜宾学院联合举办"中华文学史料学国际学术研讨会"，六十余位与会学者提交了五十多篇精彩论文，会上会下的热烈讨论和深入交流，以及酝酿建设学会网站、专刊、课题等，无疑将对文学史料学学科的现代化、系统化、科学化和理论化，起到重要的推动作用。这次会议的成果之一，就是在相隔十五年后又出版了《中华文学史料》第二辑。这一辑的出版也不容易，有幸得到汪致正先生、学苑出版社郭强和当时还在《光明日报》工作的祝晓风的鼎力支持。当时学会没有经费，又不能筹资，汪致正给学会捐款五万元。学苑出版社的郭强先生，现在已不在人世了，是一位非常优秀的出版工作者。他不计成本出版此书，祝晓风撰写《2005，见证文学研究"史料年"》发表在《中华读书报》2005年11月9日头版。为此，我们还曾计划出版"中华文学史料学研究丛书"，并拟定了书目。

2011年10月在天津召开了中华文学史料学学会换届选举筹备会议，并于10月27—29日在西北大学召开"新世纪中华文学史料学研究的理论与实践学术研讨会暨中华文学史料学学会第五届理事会"。来自中国社会科学院、国家图书馆、北京大学、南京大学、香港岭南大学、武汉大学、四川大学等30所研究机构和高校的83位与会代表，就会议主题进行了深入的探讨。大会进行了换届选举，推举刘跃进担任会长，刘福春担任常务副会长，郑杰文、关爱和、李浩、陈才智任副会长，陈才智兼任秘书长及学会法人代表。大会也选举了新一届理事会成员，共有四十人组成。会后出版了《中华文学史料》第三辑。

中华文学史料学学会第六届理事会于2016年12月3—4日在北京社科博源宾馆召开，来自中国社会科学院文学研究所、国家图书馆、山东大学、河南大学、西北大学、东北师范大学等高校、科研出版机构的四十余名专家学者参加会议。会议就中华文学史料的搜集、整理与使用，中华文学与多民族文学史料研究的空间与前景，中华文学史料学的理论建设等问题展开讨论。2017年郑州大学召开会议，并编辑《中华文学史料》第四辑。2019年又编辑《中华文学史料》第五辑。

从2003年至2005年，随着经济状况的改善和学术的走向正轨，学会也逐渐地发生了一些变化。这个变化就是酝酿成立了两个研究分会。2006年分别成立了近现代文学史料学分会（登记号：3944—1，2006年9月）和古代文学史料学分会（登记号：3944—2，2006年11月），关爱和教授和郑杰文教授分别担任会长。2017年10月在西昌学院的会议上成立了民族文学史料学分会，徐希平教授担任会长。

今后，我们还计划成立海外华文文学史料学分会等。大家都知道，近一个世纪以来，特别是改革开放四十多年来，很多中国人到海外留学，到海外工作，到海外定居，现在海外华文文学成为一个特别重要的文化现象，值得研究。我们还想成立一些分会，有的老师提议，还可考虑围绕宗教文学、早期中国文明书写、早期中国文明记忆等领域成立相关分会。目前已成立的三个分会，在各分会会长的领导下，与高校紧密合作，工作越来越顺利，几乎每年都召开年会，影响越来越大。近现代文学史料研究分会还在学术期刊《现代中国文化与文学》第 7 辑（巴蜀书社 2010 年版）开辟了《史料研究》栏目，首发"中华文学史料学学会近现代分会年会"专题论文，由胡博、段美乔撰写《主持人语》。

　　三十多年来的文学史料工作，其意义是多重的。择其大要，我认为，主要有：（1）20 世纪 80 年代初，前辈学人开始倡导恢复、加强史料研究，正是在改革开放的大背景下，对此前二三十年的研究工作的反驳和纠偏。在曾经的那个历史时期，学术研究受到极左思想的严重干扰，假大空理论盛行，政治批判代替了学术研究，"以论带史"乃至"以论代史"流行。而史料工作本身的内容和性质，就是从材料出发，以史料说话，有一分证据说一分话。这是回归学术本身的一个重要方面，一个重要特征。这种在改变学术观念、学术研究范式以及学术风气方面的意义，是值得我们认真总结的。（2）强有力地推动了整个文学研究的发展。正是由于有计划地、成系统地史料工作的推进，一些基础性的史料成果的出版，使得文学研究的面貌焕然一新。特别是在近现代文学研究，包括当代文学方面，这个意义尤为突出。（3）催生了现代文学史料学的发展，也对整个文学史料学有重要的推动。也正是在这三十多年的学术发展中，出现了如陈子善《中国现代文学文献学十讲》（复旦大学出版社 2020 年版）这样具有理论高度的专门著作。（4）使整个大陆的文学研究水平，从改革开放初期仰视外国人（特别是日本人），到赶超外国人，在整体上，是有一大功的。

　　回顾中华文学史料学学会成立三十年来的工作，有几条基本经验值得总结。

　　第一，关于文献史料研究的价值，大家的认识逐渐趋同。20 世纪 80 年代各种理论思潮，你唱罢来我登场，各领风骚数十天。而今，崇拜外国人学术的时代已成过去，文化上的自信在回归。欧美汉学界业已意识到这个问题，觉得自己不再被崇拜，颇感失落，于是釜底抽薪，不断推出新理论。近年颇为盛行的所谓抄本时代的研究就很有趣。这种理论的成果就是《剑桥中国文学史》，几乎抹去所有大家小家的区别，理论依据就是抄本是靠不住的，只有看得见的版本才是真实的。这样做的目的，其实就是为自己的研究争取到更多的话语权，其结果则是消解经典。对此，我表示怀疑，但也不可否认其中也有合理的意见。一百年前，日本学者内藤湖南提出所谓"唐宋分野"的话题，认为唐代和宋代确有不同。而今的抄本理论依然继续这个话题。这是因为，周秦汉唐文学主要是抄本时代的产物，而宋代以后,则进入刻本时代,文学观念、文学载体、文学形式、文学内容、文学成就都有不同。从这个角度看,内藤湖南、欧美汉学,都有值得关注的成分。但是,无论如何,我们应当对经典保持一份敬畏,保持一种尊敬。2021年5月,我在《中国近现代稀见史料丛刊》出版座谈会上发表了一篇"史料永远不会过时"的即兴发言,特别提到了傅斯年在《历史语言研究所工作之旨趣》中说过的话。他说:"近代的历史学只是史料学,利用自然科学供给我们的一切工具,整理一切可以达到的史料……"因此他说了几条标准,具体如下。(一)凡能直接研究材料,便进步。凡间接地研究前人所研究或前人所创造之系统,而不繁富细密地参照所包含的事实,便退步。(二)凡一种学问能扩张它研究的材料便进步,不能的便退步。(三)凡一种学问能扩充它作研究时应用的工具的,则进步;不能的,则退步。结论是"上穷碧落下黄泉,动手动脚翻史料"(傅斯年《历史语言研究所工作之旨趣》,载《中研院历史语言研究所集刊》第1本,1928年)。当然,史料不能解决一切问题,这里牵涉到一个史料与史识的问题,胡厚宣做过恰当的比喻:"史料就是建筑材料,史识就是建筑的构图,没有材料,再好的图纸也盖不好房子,但同时,没有图纸,再好的材料也不能成为房子。"[①] 没有史料的发现,很难有学术大踏步的前进。所以,在学术研究上强调史料的价值,永远不会过时。这篇发言经过整理发表在《光明日报》,我在会议上说过这样一句比较偏激的话:"谁绕开史料,学术界将来一定会绕开他。"编者特别将此话提炼出来放在醒目位置。可能很多人会反对,但是,我们从事史料研究的学者,大多还是认可的。

第二,关于文献史料研究的目的,大家的理解还有分歧。在我看来,学术研究无外乎两个目的,一是有用的知识,二是有智慧的思想。文献史料研究,主要提供有用的知识。表面看,似乎卑之无甚高论,其实这里也有高低之分。就最低要求而言,文献史料的整理,就像整理家务,干干净净,有条不紊。需要的东西,随手就可以拿到;客人来访,也会觉得赏心悦目。这样的工作,积以时日,可以做得很好。但是,这不应当是学术研究的目的。张晖曾编过黄侃《量守庐学记续编》,他后记里提到很有趣的话题,即学术研究贵在发明还是贵在发现?20世纪20年代,王国维主张"新学问大都由于新发现",就是发现新资料,推动学术的发展。黄侃主

[①] 胡厚宣:《古代研究的史料问题》,云南人民出版社2005年版,第6页。

张学术研究贵在发明,就是对摆在桌面上,大家非常熟悉的资料,如十三等,能否从寻常材料中发现不同寻常的问题。发明、发现,孰是孰非,今天执着去谈已没什么意义,因为学术研究的要义,贵在发现的同时,也必须贵在发明。这次会议论文集收录的文章,大多属于这类问题。尽管方法不同,但都体现出一种辨伪存真的精神。当然,学术水准的提高,还不仅仅需要积累,更需要学术的见识。朱一新《无邪堂答问》说,考证须学,议论须识,只有把两者结合起来,才能达到最佳的境地。如果只有文献史料的积累整理而无学术见识,则愈学愈愚。虽考据精博,专门名家,依然无益。这道理无人不晓,但是很难做到精致。原因在哪里?《朱子语类·读书法》认为,问题的症结,就是缺乏对经典的敬畏,缺乏平心静气的心态。现在又何尝不是如此?

第三,关于文献史料研究的问题。过去,我们对史料的重视不够,留下教训。而今,又有走向另一极端的倾向,有古典文献研究工作者认为,只有文献史料才是学问,有些研究为史料而史料,为考证而考证,其实并没有多少学术意义,更没有学术史意义。这是问题之一。还有一个问题,就是从事文献史料研究的学者,多埋首故纸堆,自拉自唱,自我欣赏。我们这些从事文献史料研究的学者,是否可以考虑为社会、为大众做一点有实际意义的工作,把我们的研究与社会的需要稍有结合呢?文学研究,一定要密切关注我们身边正在发生的重大事件。

还有一个更值得注意的问题是假史料泛滥,或者仅仅依据微不足道的细节否定整体,以偏概全。这就需要我们从两个方面入手,一是学术的专精研究,二是学术的普及工作。专精研究,是我们大家共同追求的目标,而学术的普及工作则未必得到所有学者的重视。从历史上看,第一流的文献史料研究工作者,他们心中总是装着大众读者,郑玄遍注经典,清人整理文献,很多就是从普及着眼的。普及与提高是相辅相成的辩证关系。在某种意义上说,普及的难度,不亚于精深的专业研究。我倡议,文献研究工作者,还是应当做更加有用的学问,这种学问,既为学术界提供有用的文献资料,也为社会、为大众提供有用的知识。而后者现在尤其需要我们共同努力。

第四,对中华文学史料的再认识。沙畹《中国文学的社会角色》说:"中国并不总是一个统一的帝国。无需追溯到上古时期,从公元 3 世纪初到 7 世纪初以及从 10 世纪初到 13 世纪中,中国分裂为两个或多个敌对的王国。中国之所以在内战之后总能走向统一，并不是出于地理原因：北方省份和南方省份之间差异极大，而且这片广阔的土地上还有许多大河高山，它们充当了不同国家的天然界限。如果说国家最终还是统一了，这难道不应该从文化和心理亲和力方面找原因吗？其中，文学是一面镜子，同时也是一个高倍放大器。"① 从这个放大镜里，我们注意到，中华文学史料范围很宽，还有很多扩展的空间，譬如我们的多民族文学史料问题，现在已成为研究的热点。

我到新疆喀什，拜谒了立于城头的班超雕塑。那里还有一座清真寺，12 世纪在那里产生了一部著名的维吾尔族的书籍。我把这两个事件连起来想到，汉帝国用了三十年的时间，统领西域 36 国，从汉武帝到今天一天没有放弃，一寸土地都不能丢。在广西合浦，我看到了东汉出土的文物，包括很多精致的项链和民间器物。这些东西可能是因为公元 79 年火山爆发而被掩埋。广州有个南王墓，那里出土了很多汉文帝时期的精致银器和金器，这些东西是属于边疆地区，但它们在古代文学作品里面都有反映。

中华民族不论地域多么辽阔，民族多么不同，但是它有一个共同的向心力，就是文明的向心力。中华文学的表现形式多有不同，但其精神实质却是相通的。2021 年 11 月，我在参加民族文学史料分会年会的时候，做了一个发言，强调了民族文学史料研究的五难。实际上还不仅如此，比如说各个地区的宗教观念不同，家国观念不同，最后殊途同归，汇集而成中华文学的滔滔江河。在探寻中华文学发展演变过程中，我们需要建立自己的批评标准，建立自己的科学体系。

中华文学博大精深，需要做的工作很多，这需要我们来清理挖掘。现在学科划分比较糟糕，学科划分，原本是一个进步，但是走到极致就是退步。中国传统的人才培养的优势，跟我们整个思维一样，就是强调整体性。而今，学科划分越来越细，其弊端也就越来越明显。我们要走出自己的小天地。苏东坡有一句诗，"作诗必此诗，定知非诗人"，意思是写诗太实，就不是好的诗人。好诗是易懂难解，陆游说功夫在诗外，就是这个道理。佛教徒讲看山是看山，看水是水，修道几年之后再看，感受就不一

---

① 沙畹：《中国文学的社会角色》，载《沙畹汉学论著选译》，中华书局 2014 年版，第 134 页。

样。我主张不仅要有学科意识，更要有问题意识，碰到什么问题研究什么问题。

第五，注重文献史料研究与文学史研究的结合。学术研究的最终目的是在文献解读的基础上，提出自己的见解，推动学科的进步。这就需要我们要有整体性的思考，回到历史现场，对当时文学作宏观的考察。

经过三十多年的沉淀，中华文学史料研究取得了丰硕的成果，经得起岁月的检验，很多结论、很多材料，多少年后还时常为后来者提及。这些成就的取得，是全国学术同人齐心协力的结果，也与中华文学史料学学会的积极推动密切相关。今天，我们能有机会在一起讨论这些重要问题，真要感谢三十多年前创立中华文学史料学学会的前辈学者。他们为学会的定名极具前瞻性，不叫中国文学史料，而是中华文学史料，在今天，多么切合国家文化建设的需要。

抚今追昔，我们在感动之余，更深切地感受到我们应该传承前辈精神的那份文化责任。

史料学理论与文学研究

浅谈考古文物角度和视野下的文史资料

蔡路武

（湖北省博物馆）

文史一向密不可分，在文博机构的传世文献和出土文献中，不仅包含丰富的历史资料，而且也包含丰富的文学资料，历史性和文学性兼具。本文从文物考古的角度和视野出发，来谈一谈文史资料的获取途径和方式，提供一点思路，以供文史研究者参考。

一　传世文献

文博机构中的传世文献多种多样，大致有古籍、档案、书稿、手稿、方志、家谱、碑帖等几大类，其中有些独有的文史资料，不为外人知，颇为珍贵，值得深入挖掘。分述如下。

（一）博物馆馆藏古籍

不仅图书馆藏有古籍，不少大的博物馆也藏有古籍，而且相当丰富，比如故宫、国博、上博等大馆。湖北省博物馆、浠水县博物馆也藏有相当数量的古籍，其中有些古籍颇有学术价值，值得整理研究。近代湖北著名藏书家先后计有鄂城柯逢时、宜都杨守敬、沔阳卢靖、卢弼、蒲圻张国淦和武汉徐行可，先后化私为公归入图书馆、博物馆。武昌大藏书家徐行可（1890—1959）以藏书为乐，与当时社会名流章太炎、黄季刚、陈伯弢、熊十力等皆成挚友。精于金石考证、经史诸子、目录志略等学。其花费毕生心血收集了十万余册古籍、善本图书，书画碑帖古器数千件。卒后，其后人将所藏古籍捐赠给湖北省图书馆，书画、印章、碑帖等文物捐献给湖北省博物馆，为该馆接受私人捐赠规模数量最大、质量上乘的一次。

湖北省博物馆现藏古籍九千余种、七万多册，包括经、史、子、集、丛书、方志、善本等七类。2010年湖北省博物馆被列为第三批"全国古籍重点保护单位"。馆藏古籍已成功入选"国家珍贵古籍名录"十四种及"湖北省珍贵古籍名录"八种。多年来，利用馆藏古籍资料，参与了湖北省"荆楚书库"项目，已经或正在整理出版的有《湖北文徵》《王葆心文集》《学书迩言》《杨守敬评碑评帖记》《杨守敬题跋书信遗稿》《邻苏园藏书目录》等著作。

　　古籍中以子部数量最多（医药、释道、命相、阴阳类等民间常见书籍占大宗），乡邦文献数量不少（方志、诗文集占大宗）；从所属时代来看，大部分属于清同治至民国时段，明万历之前古籍少见，符合现存古籍的一般规律；从版本类别来看，除了刻本，清末以来的石印本、铅印本、影印本为数甚多（大部分为较为常见的坊间出版物）；从递藏源流来看，相当一部分属于柯逢时旧藏（以所钤藏书印判断，柯氏藏书多来自杨守敬、蒋凤藻、周星诒、谢章铤等人），亦间或有李嘉绩、冯辨斋、李宝常等人旧物。

　　发现了一些以往未曾留意的古籍善本，如行款与已知所见各本均不相同的清乾隆活字印《朱批谕旨》。此书一百一十二册全，不分卷，清世宗胤禛批，清鄂尔泰、张廷玉等编，清乾隆间木活字朱墨套印本。此书楮墨精良，字体是典型的硬体字，刻印上乘，十分精美。放眼全篇，有墨色浓淡不均、单字偶见重影等现象，具有活字印本的明显特征。《朱批谕旨》一名《世宗宪皇帝朱批谕旨》，是康熙六十一年（1722）十二月至雍正十三年（1735）八月间，雍正帝对二百余名臣属奏折御批的总集，约占雍正朱批奏折总量的十分之三四。《朱批谕旨》中收录奏折的作者，大部分是地方官，也有少量是清廷派到全国各地的钦差大臣。这些人从不同角度，将各地情况上闻天听，雍正帝随文做出批示，少则数字，多则千言。通过这些御批和奏折内容，可以了解当时社会的许多真实情况，而这些情况很多是《世宗实录》及其他官方史料所未记载的，为后人了解研究清代雍正年间的各种社会问题提供了宝贵的材料。

　　再如现存于世的泥活字印本的最珍贵实物之一——清道光二十八年（1848）翟金生泥活字印本《仙屏书屋初集》。此书对于证明毕昇发明的活字印刷术以及古籍版本鉴定具有重要意义。毕昇最早发明的活字印刷术是世界印刷史上一项伟大的技术发明。泥活字印本《仙屏书屋初集》无疑以确凿的事实证明了毕昇泥活字印刷术的可行性。翟金生，字西园，安徽泾县人，以教书为业，家境清寒，所作诗文，无力刊行。因读《梦溪笔谈》得到启发，翟氏开始试制泥活字，在生计艰难的条件下，经过三十年的不懈努力，制造出大小五种、十万余个泥活字。道光二十四年（1844），翟氏用自造的泥活字首先试印了自己的诗稿，定名为《泥版试印初编》。由于试印的效果甚佳，翟氏在此后的十几年中，又陆续印了几部书籍，《仙屏书屋初集》就是继《泥版试印初编》之后利用泥活字排印的。《仙屏书屋初集》的作者黄爵滋是禁烟派的重要人物、翟金生的好友，撰有许多诗文。全书共十八卷，分诗录十六卷，后录二卷。《仙屏书屋初集》的行世，以无可辩驳的事实证明了毕昇发明的泥活字印刷术是切实可行的历史事实，有力地批驳了一切否定毕昇泥活字的错误论调，又为我们认识和鉴别泥活字，提供了实物样本，价值十分重大。其他版本少见和重要的还有《闽川诗话》《四然斋藏稿》《空同诗选》《韩诗外传》《范忠宣公文集》等。

（二）博物馆馆藏档案

博物馆藏有各种档案，其中的专门档案尤为重要。如故宫博物院藏有大量的清宫档案，反映了皇室朝廷的方方面面。有少数馆藏有敦煌文献，极为珍贵。湖北省博物馆藏有辛亥革命档案、回忆录等，先后编撰有《武昌起义档案资料选编》（上卷、中卷、下卷）、《武昌起义档案资料续编》《湖北地区辛亥革命档案资料联合目录》《湖北咨议局文献资料汇编》《辛亥首义人物谱》等。同时，另一大宗收藏是一批契约文书两千余份，以天门岳口镇为主，主要为清代民国时期。数量众多，地域集中，自成体系，为地方史的研究提供了宝贵的资料。湖北省博物馆和武汉大学合作整理出版了《湖北天门熊氏契约文书》《湖北民间文书》。

湖北省博物馆收藏了辛亥革命文物近千件（套），其中大部分为原湖北革命实录馆所藏档案文书。武昌起义后不久，在孙武、张振武等人倡议下，经时任副总统黎元洪批准，成立湖北革命实录馆，以记录、编纂湖北革命史实。实录馆成立后，先后收集武昌起义史料五百余件（套），后因战乱，资料曾一度下落不明。1956年，原湖北革命实录馆馆长谢石钦先生去世，其家人将这批珍贵史料交武汉市文史研究馆，后辗转经湖北省政协拨交湖北省博物馆。这批资料大多为手写本，撰述者都是亲身参加辛亥革命的人士，翔实记载了辛亥革命武昌起义前后的重大事件及重要人物事略。是研究辛亥革命武昌起义的第一手资料，十分宝贵。

（三）博物馆馆藏书稿手稿

有些博物馆藏有名人书稿手稿，非常珍贵。比如，特别值得称道的是，1966年老文博工作者方壮猷先生发起的在我国著名古文字学家、历史学家、文物考古学家之间开展的关于越王勾践剑铭文考释的学术讨论，至今仍在我国学术界传为佳话。参加的著名专家有郭沫若、夏鼐、于省吾、唐兰、容庚、陈梦家、罗福颐、商承祚、苏秉琦、徐仲殊、王振铎、胡厚宣、顾铁符、史树青、马承源等，大家都发表了自己的见解，相互切磋，历时两月的切磋争鸣，终于取得了一致的意见。后来，郭沫若先生赋诗一首："越王勾践破吴剑，专赖民工字错金。银缕玉衣今又是，千秋不朽匠人心。"这数十份珍贵的往来书信，一直保存在湖北省博物馆。又如历史地理学大家杨守敬先生手稿，整理出版的有《学书迩言》《杨守敬评碑评帖记》《杨守敬题跋书信遗稿》。再如近代著名学者王葆心毕生辛勤治学，对经学、文史和方志学等研究颇深，著述达170余种，规模庞大，正在整理之中。全书共分为12卷出版，大体上分为：经学1卷，文学3卷，史学、教育学、方志学及方志编纂学2卷，地方史志3卷（含罗田县志稿1—2卷），杂著3卷（青坨杂录、晦堂文钞等）。其中文史方面的手稿见表1至表3。

表1　　　　　　　　经学（约32万字）

资料号	名称	字数	备注
已出版	历朝经学变迁史	12600	
已出版	两汉易学之传授、三国两晋六朝易学之流派、清朝之易学流派	12200	
70—73	周秦学案底稿	244000	
119	群经图零钞	693	
149	经学讲义稿	50000	

表2　　　　　　　　文学（约138万字）

资料号	名称	字数	备注
已出版	古文辞通义	800000	
372	高等文学讲义	61000	

续表

资料号	名称	字数	备注
已出版	文学源流	120000	
已出版	藏书绝句三十二首	6560	
已出版	汉浒金石小记·汉口竹枝词	45000	
122	历朝文学家体派略史	4500	
201	晦堂诗话	28000	
133	孔子删未删之诗篇辨	16000	
123	纯常子枝语	8432	
131	岳云湖雨录	7750	
136	耆献汇征	6600	
已出版	虞初支志（甲编）	250000	
116	虞初支志稿	24000	

表 3　　　　史学、教育学、编纂学（约 31 万字）

资料号	名称	字数	备注
75	通史	76000	
405	讲授中国历史脞论	23000	
83	满清政治衰亡史	9100	
130	续仿今言	12000	
89	燕京古今朝市古近庄谐谈	6000	
124	教育原理	11000	
370	盐商列传	3300	
383	历史讲义（草稿）	15000	
117	近世事笺	32000	
已出版	近世事笺	24000	
已出版	扬州宴游池馆蹉业盛衰纪略	6000	
已出版	乾嘉以来两淮盐商列传	12000	
已出版	天完徐氏国史	15000	
已出版	元明之际天完徐氏罗田靖难记	9500	
94	湖北通志馆筹备开馆事项等	2500	
177	本馆采辑志料经过	2000	
195	重修湖北通志条议	16000	
244	重修湖北通志条例	34000	

续表

资料号	名称	字数	备注
288	罗田县重修县志预算书	1200	

（四）博物馆馆藏方志、家谱

有些博物馆早年收藏有各地的方志、家谱，后来有意识地收集各市县方志、家谱，日积月累，渐成规模。这些方志家谱对研究当地的地方史、专门史、人口史具有重要的研究价值。如湖北省博物馆藏方志学大家王葆心先生关于方志学的资料、论著蔚为大观。其中，《方志学发微》收采宏博，原始要终，在方志学领域做出了突出贡献。

表4　　　　　　　　方志学（约47万字）

资料号	名称	字数	备注
已出版	方志学发微	168700	
242	姚文田等嘉庆扬州府志凡例　等	4050	
254	嘉靖承天大志跋尾　等	4000	
243	邓绎光绪武冈县志凡例　等	8640	
248	郑献甫象州志凡例十则	1840	
358	扬遵苏表定本	3000	
381	论剡录	3000	
384	王氏方志理论	3000	
386	方望溪论修志	3500	
388	鲁通甫一同论修志	4000	
391	王论向红万历清河县志	500	
392	王论修志	6000	
152	光绪新潼川府志例言	3600	
153	诸地理编目表　四	1000	
154	元和郡县志 太平寰宇记 历代……	1679	
155	历代统治编目表　二	1933	
156	诸史地理志编目表　元史地理志	1775	
157	诸史地理志编目表　宋史地理志	564	
158	旧五代史郡县志 新五代史职方改	1083	
159	两唐书·地理志	2491	

续表

资料号	名称	字数	备注
160	后汉书续郡国志	1664	
162	汉书·地理志	1300	
163	诸史地理郡国州郡地形志	600	
164	隋书·地理志	5000	
165	南齐书州郡志	600	
166	魏书·地理志	600	
167	宋书·州郡志	500	
168	诸史地理志编目表 等（目录8）	24000	
169	辽史·地理志 金史地理志	3000	
170	俞曲园杂论志例	8000	
172	罗愿新安志目表 等	6000	
178	论安徽通志体□凡例	3000	
179	朱竹垞尊彝论修志	2500	
180	明清一统表 等	1700	
191	龙骧论修志——致王葆心的信	700	
216	陈愚谷诗论修志	9500	
227	钱竹汀大昕论修志	10000	
229	周伯晋锡恩论修志	5000	
230	高两农澍然论修志	7300	
241	毛西河奇龄论修志	4850	
246	纪文达昀论修志	10000	
247	蒋子潇湘南论修志 等	6720	
251	樊樊山增祥论修志	6000	
252	邓湘皋论修志	1000	
253	钱梅溪咏论修志	4500	
262	宋志：宋人州志约分三种	650	
263	明志：明代志派	450	
267	新派续新派	730	
268	长安县志序传	3000	
269	无锡县志	650	
308	明代湖广郡县方志新体志目表 序	3100	
312	王葆心评吴郡图经续（义例）	960	

续表

资料号	名称	字数	备注
318	论述陈诗的修志理论	275	
323	陈诗论修志草稿	900	
351	阮文达论修志（扬州府志事志氏族表）	2000	
363	河南 陕西通志评论（41、42合并）	12000	
364	与郭筠仙中丞论通志体例（541合并）	24000	
366	焦里堂论修志体例	3000	
367	洪稚存亮吉论修志	8000	
387	论昆山郡志	4000	
389	曲阜、新郑县志表 例	20000	
390	徐维畲光绪五台新志	600	
397	明志九种	300	
399	童承叙嘉靖沔阳州志	4500	
403	万历湖广、四川总志表 等	1400	
409	洪亮吉乾隆淳化县志 等六种	1200	
413	乾隆登封县志叙录 五种	5500	
414	戴东原乾隆汾州府志 等三种	500	
415	孙星衍四志目表 等四种	500	
416	张埙乾隆兴平县志 等四种	8000	
417	湖南新派撰著家县志表 等三种	4000	
422	周永年乾隆东昌府志目录	7500	
423	严长明乾隆西安府志目录 等四种	3500	

表5　　　　　　　　地方史志（约93万字）

资料号	名称	字数	备注
332—334	窈溪旧话	367000	
已出版	续汉口丛谈、再续汉口丛谈	250000	
已出版	《汉口小志》序	1400	
202	汉口丛谈拾补	8500	
90	续闲谈消夏录	5500	
103	罗田团练始末记	20000	
197	罗田靖乱记	120000	
205	蕲黄四十八砦纪事	50000	

浅谈考古文物角度和视野下的文史资料   21

续表

资料号	名称	字数	备注
18	罗田县志稿·艺文一（壹号）	42000	
127	宋明罗田勤王复国两大义师记（改订本）	7200	
199	英山倒挂岩烈妇奇迹考	6500	
198	孟宗故宅纡误考	4500	
206	北宋晋安林氏隐居罗田而非蕲春考	5000	
249	王仲笠家传	4600	
88	罗田发现西汉循吏（何使君墓道本末）	9800	
134	明季七十二砦义军商城战记	3100	
176	论修志体	800	
228	县志分篇议	4000	
203	元、明湖北文征目录（元明目录一）	15000	

表6　　　　　罗田县志（约123万字）

资料号	名称	字数	备注
1	罗田县志资料·物产志一、二、三	276538	
2	罗田县志资料·建置志（捌号）	49000	
3	南北朝迄宋元罗田职官表（肆号）	2140	
4	烈女表（贰号）	18000	
7	清职官传底本·宦绩传三（下）	10000	
8	罗田县志资料·选举表一、二（壹号）	33920	
16	罗田县志资料·山水类、祠宇类等（壹号）	4700	
19	罗田县志资料·罗田大事记三	76500	
22	罗田县资料·沿革图经（肆号）	57000	
25	罗田历朝大事记、兵事略	48000	
33	清武职表底本八（叁号）	8000	
36	清职官传目录稿（壹号）	6160	
38	人物志殉难表（柒号）	30000	
39	兵事灾类（捌号）	4400	
42	罗田县志稿·教育类稿（柒号）	2100	
43	罗田县志稿·古迹类	10500	
47	罗田县人寿、节孝、贞女等奏□抄稿	9660	
52	历代大事记（似为《罗田县志大事记》底稿）	61000	

续表

资料号	名称	字数	备注
55	罗田县职官表（六—2、七—1）	55000	
56	罗田县职官表（四—2、五—2）	80000	
57	人物列传	86000	
58	罗田县职官表一、二、三（汉—元）	22000	
60	宦绩传二、三	69000	
61	罗田县志大事记一、二（三代至明）	70000	
63	罗田县志建置类稿、重修罗田县城垣记	13000	
66	罗田县职官表一、二、三	55000	
68	光绪湖北与地记（有关罗田县山水考证）	13000	
82	罗田县资料·罗田历代沿革长编	33000	
132	罗田发现元代忠臣孝子、古迹题咏	24000	

二 出土文献

（一）甲骨文

北京、河南、陕西、天津、东北、台湾等多地部分文博单位和研究机构收藏有商周甲骨文，对研究商周历史、商周文明、语言文字等具有重要的学术价值。湖北省博物馆亦有少量收藏，20世纪50年代，中南军政委员会文化部向湖北省博物馆移交一批甲骨藏品。这批甲骨共计117片，属于商代晚期。郭沫若先生主编《甲骨文合集》时，曾收录其中20余片甲骨拓片。这批甲骨多数契刻有文字，字体风格大多细小、工整，常见折笔字。甲骨内容大致分为占卜和纪事两类，其中占卜类可明确分辨的有天气、狩猎、收成、祭祀等。虽然字数不多，但意义重大。

（二）青铜器铭文——金文

商周时期是中国青铜器发展的一个高峰，具有极高的历史价值、艺术价值、科学价值，享誉世界，是中华文明璀璨夺目的瑰宝。不仅种类繁多，造型奇特优美，纹饰精美，工艺精湛，而且众多青铜器上的铭文比比皆是，内容极为丰富，对传统文献资料阙如的商周史的研究，具有很高的史料研究价值。

湖北省博物馆收藏的青铜器极为宏富，是长江文明的代表和典范，与黄河文明相媲美。西周时期，江陵万城、京山苏家垄、随县熊家湾等地出土了大量的青铜器，特别是随州叶家山出土的青铜器更是精彩。经过发掘的春秋战国时期的墓葬有数千座，大型的墓葬有曾侯乙墓、包山楚墓、九连墩楚墓等，出土了大批的楚国和与其相关的文物，反映了丰富多彩独具风格的楚文化，其中的铭文铜器尤为重要。湖北境内商周青铜器铭文主要是一些族徽标志、国名、器主名、征伐、祭祀、联姻、乐律和吉祥语等，铭文国名有楚、曾、陈、蔡、鄂、琥、吴、邓、息、江、黄、巴、北漾、长、魏等国，这些资料对研究湖北境内古代国家及其相互关系，有着重要作用。其中曾侯乙编钟钟体、横梁、钟钩上铭文总共有 3775 字，内容涉及钟的编号、铭记、标音及乐律，是研究先秦音乐史极为珍贵的资料。

（三）简牍

全国各地如湖北、湖南、甘肃、四川、山东等省不断有地下文献——简牍的出土，对研究先秦、秦汉史有特别重要的价值和意义，弥补了传统文献的不足，使得"简牍学"成为国际上的"显学"。其中湖北最为丰富，尤其是春秋战国的曾侯乙墓、望山、包山、九店、郭店，以及秦代云梦睡虎地等墓出土的竹简，包含典籍、文书、日书、卜筮祭祷、丧葬记录等各方面的内容，其数量之多、范围之广、价值之大，在全国独具特色，独占鳌楚，称为"简牍之省"，实不为过。

湖北省博物馆馆藏竹简总数为 3646 枚，分为战国、秦代、西汉等几个时期。内容主要为遣策、卜筮祭祷、法律、文书、天文历法、典籍等。

战国竹简共有 2305 枚。包括曾侯乙 241 枚、望山 60 枚、包山 448 枚、九店 124 枚、九连墩 1367 枚、郭店 65 枚。

1978 年出土的曾侯乙墓竹简有 6696 字，详细记载了用于葬仪的车马兵甲，可与《周礼》相印证，是研究当时车马兵器的重要资料。1965 年出土的望山竹简，约一千字，内容为几篇记述"祭仪"的文稿。包山竹简为司法文书、卜筮祭祷和遣册方面的内容。其中最重要的是郭店楚简，包含多种古籍，多为儒、道学派的著作，道家篇有《老子》（甲、乙、丙）、《太一生水》、《语丛》；儒家篇有《缁衣》《鲁穆公问子思》《五行》

《穷达以时》《唐虞之道》《忠信之道》《成之闻之》《尊德仪》《性自命出》《六德》《语丛》等，所记载的文献大多为首次发现，为两千多年前的先秦佚籍。字体典雅、秀丽，是当时的书法精品。郭店楚简对研究中国古代哲学、思想史、古文字学、简册制度和书法艺术等方面都提供了可贵的资料，弥足珍贵。

秦代竹简共有1240枚。包括云梦睡虎地1061枚、云梦龙岗179枚。其中以睡虎地的秦代竹简最为有名，1975年云梦出土，简文为墨书秦隶，系由多人书写。计有《编年纪》《语书》《秦律十八种》《效律》《秦律杂抄》《法律答问》《封诊式》《为吏之道》《日书》等九种。《编年纪》逐年记载了自秦昭王元年（前306）至始皇帝三十年（前217）秦统一六国的历次战争，所记史实，大都与传世史书记载相符，显得尤为重要。云梦睡虎地秦简内容十分丰富，涉及战国晚期到秦始皇时期的政治、经济、军事、文化、法律、农业、手工业、历法等方面的情况，其中大部分为法律文书，已具备刑法、诉讼法、民法、军法、行政法、经济法等方面的内容，以刑法最为成熟。为研究秦代历史，尤其是秦代法律提供了珍贵的可信的史料。其中有两件木牍，内容为黑夫、惊两人的家信，叙述了他们从军到淮阳一带的情况，为秦代家书的首次发现。

西汉竹简共有101枚。包括江陵毛家园75枚、老河口光化6枚、随州孔家坡20枚。

最近有新的发现：2021年9—11月，湖北省文物考古研究所与云梦县博物馆在云梦郑家湖墓地274号墓葬发现一件木觚。由一截圆木纵向中剖而成，半圆形木面修削成7个棱面，每个剖面分7行，其中6行书写文字，1行留白，全文约700字。记载了谋士筡游说秦王寝兵立义的故事。战国后期，当时秦国势头强劲，东方五国结盟抗秦，取得暂时胜利，谋求与秦休战，故派谋士筡前往秦国游说。筡引经据典，又以自己所见所闻，劝说秦王止兵，使民安居乐业。最后，筡细述秦国地广、兵强、人众、物丰，暗喻秦王应当"知足"停战。半圆形木觚形制罕见，内容丰富，是一篇全新策问类文献，风格与《战国策》相似，未见于传世文献，属于佚篇，同时也是研究秦隶的宝贵资料。该木觚年代最早，篇幅也最长，是目前所见中华"第一长文觚"。

在漆木器中，部分器物有文字和图像，如曾侯乙墓出土的漆衣箱，上面彩绘二十八星宿图，文图结合，被认为是迄今所见我国二十八宿全部名称最早的文字记载，具有非常珍贵的历史、艺术、科学价值。秦汉漆木器上还有书写或针刻的文字，内容包括产地、工匠、吉祥语等。

（四）古建题记、墓志、碑刻、拓片等

历代墓志、碑刻、铭文砖、画像砖、拓片等，蕴藏丰富的文史资料内容。湖北省博物馆此种类藏品以汉唐、宋明为主，亦有少量六朝时期的。其中具有代表性的有极为少见的六朝铅质买地券、郧县唐代李世民儿子李泰家族墓志、宋代墓志、辗转递藏而来的宋代玉笋、明代藩王墓志（楚昭王墓志、宣德皇帝之弟梁庄王的墓志、封册、谥册）等，上面的文字、图案、纹饰等是研究当时社会历史、文学艺术、书法艺术、造型艺术、装饰艺术的珍贵资料。

墓志石刻方面，黄梅四祖寺、五祖寺有唐代诗人裴度、宋代著名文学家欧阳修、黄庭坚和元明清等许多名人诗文题刻。宜昌黄陵庙有历代诗人如李白、白居易、欧阳修、黄庭坚、陆游的诗篇。襄阳古隆中，自西晋、唐、宋、明、清以至近代，文人墨士大多来隆中树石立碑。黄冈东坡赤壁，李白、杜甫、杜牧、王安石、陆游、辛弃疾等唐宋著名文人留有诗篇。有前后《赤壁赋石刻》，清光绪十五年（1889）出土苏轼手迹《乳母任氏墓志铭》，清光绪年间，黄冈知县成都人杨藻初搜集苏轼书法名帖刻成《景苏园法帖》126方石刻。杨守敬手书《留仙阁记》石刻及《东坡赤壁游图》石刻等。武当山华阳岩石殿有《华阳严记》《浩然子愚斋记》《浩然子自赞画像碑》元代石碑三通。鄂城怡亭铭摩崖石刻，乃唐李阳冰篆，李莒八分书，裴虬为之铭，世谓三绝。襄阳米公祠石刻，有雍正八年（1730）摹刻米芾手书法帖30方，其子米友仁法帖两方，另有黄庭坚、蔡襄及赵子昂等著名书法家手迹石刻8方。宜昌三游洞石刻，前有唐白居易、其弟行简、友元稹，后有宋代苏洵、苏轼、苏辙，洞室内外壁存有欧阳修、黄庭坚、陆游、叶衡等宋人题刻十余处和明代重刻《三游洞序》石碑一通，及明清以来诗文题刻30余处。其他有长江西陵峡水文石刻，丹江口御制大岳太和山道宫之碑，碑文记述了武当山宫观的缘由，是研究武当山道教及其建筑的重要资料。

馆藏有11000多件碑帖。馆藏碑帖、书画文物主要来源有两方面：一是单位调拨，如原武汉市文管会、原中南文化部、原中南土展、文史馆等；二是藏家的捐赠，如徐行可、晏石卿、杨先梅等。以徐行可先生捐赠最多。代表性的有宋代《麓山寺碑》、宋代玉笋石刻及拓片、辛亥志士刘静安墓碑和拓片、王汉画像等。

北宋玉笋石刻,是北宋熙宁年间吴兴(即湖州)太守孙觉收集聚于郡治墨妙亭的众多石刻中唯一得以流传至今的重要文物。北宋时期高邮人孙觉知湖州时建有"墨妙亭",聚古名人碑刻于其中,后历经沧桑屡变,其收集在墨妙亭的古刻遭受到毁灭性的破坏。明代"白雪太守"湖广景陵(天门)人吴文企在吴兴郡斋古茂树草中,竟奇迹般发现了原墨妙亭中的一件石刻玉笋,视若珍宝。在吴文企离任时,将玉笋运载以归故里天门,置香雨楼,由其子孙世守。20世纪50年代初从天门征集入湖北省博物馆。玉笋实为一件石质文物,该文物高190厘米,重量不下数百斤。玉笋平放似琴瑟,竖立则如笋。上端阴刻"玉笋"二字,四面均有刻文。易均室(1886—1969)夫妇亲手毡拓"玉笋"四面拓片,连同其他拓片及少许书画作品捐献给了湖北省博物馆,非常难得。

(五)书画、陶瓷等器物上有诗文

有些博物馆藏有书法大家的书画和手稿,如浙江省博物馆藏黄宾虹书画和手稿,南京博物院藏傅抱石书画和手稿,湖南省博物馆、辽宁省博物馆、北京画院美术馆藏齐白石书画和手稿。湖北省博物馆藏有杨守敬书法对联、张裕钊书法,还有杨守敬的《学书迩言》《杨守敬评碑评帖记》《杨守敬题跋书信遗稿》等手稿,以及早年搜集的敦煌经卷、日本卷子。

杨守敬于光绪年间作为驻日使馆随员到日本,在日本致力于搜求在中国散失的汉籍。数载所得古籍其藏书乃至百余箱,古籍达20余万卷归国。其孙杨先梅将杨守敬的书法和祖父收藏的碑帖、古籍交给了文史馆,文史馆又转交给了湖北省博物馆。杨氏捐给湖北省博物馆的文物主要有碑帖、部分杨守敬书法作品,仅书法作品就达200多件(套),碑帖数以千计。其中包括许多日本经籍古卷子,主要为日本高山寺文书典籍,这批日本经卷计65件。

古代陶瓷器上亦多有诗文,以唐代长沙窑、宋代磁州窑最为典型。唐代长沙窑瓷器上的唐诗有100多首,多为五言诗,少量七言诗和六言诗。其历史背景有二:一是唐朝开明的政治环境促进了文学尤其是诗文的空前繁荣;二是科举制度的举行,促进了诗文的普及,诗歌与百姓的关系达到了前所未有的亲密程度,社会政治因素导致诗文"飞入寻常百姓家",诗歌在唐代几乎成了人们生活中必不可少的一部分了。因此，长沙窑瓷器上出现大量的诗文题记作品是十分必然的。代表性的诗文有："春水春池满，春时春草生。春人饮春酒，春鸟弄春声。""去岁无田种，今春乏酒财。恐他花语笑，佯卧醉池台。""二月春风酒，红泥小火炉。今朝天色好，能饮一杯无"和白居易《问刘十九》"绿蚁新醅酒，红泥小火炉。晚来天欲雪，能饮一杯无"相似。"君去远秦川，无心恋管弦。空房对明月，心在白云间。""须饮三杯万事休，眼前花发四肢柔。不知酒是龙泉剑，吃入肠中别何愁。""孤雁南天远，寒风切切惊。妾思江寒外，早安到边亭。""今岁今宵尽，明年明日开。寒随今夜走，春至主人来。""住在绿池边，朝朝学采莲。水深偏侧就，莲尽更移舡。""无事来江边，求福不得福。眼看黄叶落，谁为送寒衣。"这些诗文具有商业文化特性，浓郁的茶、酒文化特色，浓郁的生活气息，饱含地域风情。出自下层平民之口，反映了下层平民的思想情趣，是他们生活情感的真挚表露，是中国古代民间文学史上的一朵奇葩。

综上，博物馆、考古所等文博机构是一个文史资料富集的宝库，各有自己的特色收藏。查询、搜集、整理、研究文学史料，不仅要到图书馆、档案馆、文学名人馆、纪念馆、专题馆等机构中去，也要利用博物馆、考古所等文博机构。这是一个丰富的少为人知的宝藏，要打开眼界，拓宽视野，多方面多途径获取资料，会有意想不到的发现和收获。同时，文博机构不能单打独斗、闭门造车、"闭关锁国"，要和高校、研究所加强合作，发挥各自优势，各擅其长。比如，在竹简文物方面，我们和武汉大学简帛中心合作；在音乐文物方面，和武汉音乐学院合作；在辛亥革命研究方面，和华中师范大学合作；等等，成效显著，成果丰硕，实现了双赢。

古代灾害文学的文献价值及其利用刍议

李朝军

（西华大学文学与新闻传播学院）

我国历来多自然灾害，是世界上自然灾害十分严重的国家之一，也保存了世界上最为丰富的灾害历史文献。近年来，随着古今灾害文学研究的兴起和灾害史研究的深入发展，历代有关自然灾害的各类文学作品被大量检索出来，我国文学反映自然灾害的悠久历史得到初步揭示。据统计，上古时期《诗经》中涉及自然灾害的诗歌已达 36 首，[①] 唐代杜甫一人的此类诗作有 70 首，[②] 宋代这类诗歌有 6000 余首，[③] 清代收录浙江海宁一地劝赈救灾的诗歌总数有 1356 首，作者 323 人。[④] 由此不难推知，历代涉及自然灾害的诗歌当以数万计，再加上其他文体此类题材的写作，各体文学的涉灾篇目无疑将十分巨大。可见，有关自然灾害的文学书写其实是历代作家广泛参与的一个普遍文学现象，大量相关文学作品包含的灾害文献信息显然具有重要的学术价值和参考意义。我国素有"以诗为史""以诗证史""文史互证"的写作和学术传统。本文拟结合有关研究成果和经验，尝试从理论上对古代文学作品突出的灾害文献价值及其利用进行探讨，以求自觉推进灾害史、文学史和相关学科在此领域的深入开展和协同研究。

[①] 李瑞丰：《〈诗经〉灾异诗述论》，《河北大学学报》（哲学社会科学版）2014 年第 6 期。
[②] 刘艺：《杜甫天灾诗探微》，《杜甫研究学刊》2013 年第 1 期。
[③] 王宇飞：《宋诗与宋代灾害探研》，硕士学位论文，四川师范大学，2012 年，第 9 页。
[④] 朱浒：《灾荒中的风雅：〈海宁州劝赈唱和诗〉的社会文化情境及其意涵》，《史学月刊》2015 年第 11 期。

一　多科关注和多重价值

近三十年来，关涉诸多自然、人文社会学科的灾害史研究获得长足进展并成为学术热点。在此学术进程中，古代文学特别是诗歌的灾害文献价值已引起相关学科的关注和利用。如 20 世纪 80 年代江苏省地震局从整理地震历史资料和普及地震知识出发，组织编选了《中国历代地震诗百首》（程艾华、高立保编注，中国展望出版社 1989 年版）。进入 90 年代以来，利用文学文献取得的灾害史研究成果更是不断涌现。王星桥《读韩愈〈谴疟鬼〉诗》（《中医药文化》1990 年第 4 期），从唐代韩愈的诗歌里考察疟症的情况；李文海《晚清诗歌中的灾荒描写》（《清史研究》1992 年第 4 期），利用晚清诗歌研究当时的灾荒史，并将清人易凤庭编辑的诗歌专集《海宁州劝赈唱和诗》直接收入其主编的《中国荒政书集成》第 5 册（天津古籍出版社 2010 年版）；王双怀《历代"黄河诗"的史料价值》（《中国历史地理论丛》1996 年第 2 期），则从历代黄河诗里考察黄河决口和治理的情况。此外类似成果还有不少，如张颖华《古代湘省水灾、旱灾与诗》（《船山学刊》2004 年第 1 期）；刘冬《清高宗御制诗与乾隆四十三年仪封河决》（《历史档案》2010 年第 3 期）；张堂会《天灾与人祸——从诗歌看清代的自然灾害及其救济》（《兰州学刊》2011 年第 5 期）；汪志国《明清诗人笔下的淮河灾荒》（《古今农业》2012 年第 3 期）；等等。上述情况初步表明，遍及历代的灾害题材文学创作是史志以外记录历史灾害的一大文献宝库，具有重要的文献价值，多位学者分别从自己的学科本位立场对此做了明确的体认和阐发。且如：

> 这些发自肺腑的咏叹，不仅有血有肉，而且描述了大量有关地震当时的真实情景，包含有许多极有科学价值的内容，成为地震史料中独具一格的一个重要组成部分……（此选注工作）是一项不仅在诗歌文字，而且在历史地震资料的整理研究和普及地震知识等方面都颇有意义的工作。（《中国历代地震诗百首》，丁国瑜序）
>
> 通过对唐诗中疫病记载的分析，不仅可以拓宽唐代疫病的史料范围，为我们深入了解唐代疫病的种类、传播途径、传播源提供基础材

料，而且为探索疫病发生的规律、疫病与社会人文背景的相互关系提供了一个非常重要的视角。(闵祥鹏《唐诗中的瘟疫》，《医学与哲学》2005年第13期)

从浩繁的宋代文学作品中去探索出表1中若干有关灾害的文学作品的过程中，我们认识到历史、文学、灾害地理学三者联系极为密切。上述以王禹偁为代表的宋代文学家所创造的不朽作品为我们研究两宋灾害提供了非常珍贵的文学资料。(李铁松等《两宋时期自然灾害的文学记述与地理分布规律》，《自然灾害学报》2010年第1期)

由此可见，已有的探索经验表明，除了其固有的文学价值以外，古代灾害题材文学还具有突出的历史价值和一定的科学价值、现实意义。如果说以上论述还嫌粗略，那么本文不妨就此稍作申说。

首先，作为历代文学的重要题材和主题，灾害文学创作以往很少受到文学本位的关注。近年来，随着灾害文学研究的自觉兴起，灾害文学文献的汇聚和整理不但构成相关文学研究亟待解决的基本文献问题，而且还可望以大量的事实、确凿的数据确立"灾害文学"的文学史地位，推动其专门研究的形成，从而加深对中国文学多元面貌的认识。

其次，灾害文学文献之珍贵还特别表现在其灾害记录具有不可替代的独特性。一方面它具有突出的补史价值。以宋诗里的情况来看，它所反映的不少灾害事件，《宋史》《长编》等主要宋代史籍和有关方志以及今人的灾害史整理文献均不见记载。灾情较轻的，如梅尧臣《孔子庙震》反映的皇祐二年(1050)宣城孔庙的雷电灾害、《五月十三日大水》反映的至和二年(1055)宣城山洪暴发的情况；[①] 灾情较重的如刘敞《闻德州河

[①] 二诗中发生的时间、地点参见朱东润校注《梅尧臣集编年校注》(上海古籍出版社1980年版，第535、759、792页)。关于二诗反映灾情失载的情况，笔者还查阅过如下方志和灾害史整理研究成果：(清)洪亮吉等纂修《宁国府志》卷一《祥异附》，黄山书社2007年版，第34—35页；(清)张焘纂《宣城县志》卷二八《祥异》，清嘉庆十三年刻本；安徽省人民政府地震局主编《安徽地震史料辑注》，安徽科学技术出版社1983年版，第6—7、159页；王会安、闻黎明主编《中国地震历史资料汇编》第一卷，科学出版社1983年版，第109—139页；安徽省地方志编纂委员会编著《安徽省志·气象志》，安徽人民出版社1990年版，"西汉至元代气象灾害"，第74页；安徽省地方志编纂委员会编《安徽省志·自然环境志》，方志出版社1999年版，"西汉至元代洪涝灾害"，第435页；温克刚主编《中国气象灾害大典·安徽卷》，气象出版社2007年版，第九章《雷击灾害》；邱云飞《中国灾害通史·宋代卷》，郑州大学出版社2008年版，第149—157、339页。

决》、吕本中《商村河决》反映的黄河决溢灾情,① 刘敞的《夏寒》诗及其题注记载的"湖北地大震"。② 另一方面,由于文学书写形象化的特点,历代灾害文学都不同程度地展现了历史灾害发生和救治的具体鲜活场面,这是正史和其他史料一般不可能也不屑于去做的,这就决定了它们在一定程度上能够弥补历史记录的不足和不够具体,从而发挥证史、存史的作用。例如,关于北宋康定元年(1040)三月发生在京畿地区的一场严重的沙尘暴灾害,梅尧臣的《风异赋》十分生动地描述了这次灾害发生、为害、退却的全过程,对于仅有寥寥数语的史书记录,当属最好的注解,③ 其对沙尘暴天气的记述在现存古文献中可能也是最为详细的。又如,关于熙宁元丰之际(1077—1078)苏轼在徐州领导的那场抵御黄河决堤、洪水远道奔袭的抗洪斗争,苏辙《黄楼赋》仅赋序就有近四百字的生动记述,有的学者还据此证明《宋史·神宗纪》对此事的时间记载"不够准确"。④ 再如,关于清朝山西严重的自然灾害,有关研究表明:"方志灾祥部分常用'大饥'、'民相食'等语概括,相似且空洞的词汇使读者难以直观地感受灾害与灾民生活。所幸,艺文志中的一些诗歌对灾害进行了记载,它们帮助读者对清朝山西的自然灾害与灾民生活有了直观的了解。"⑤ 由此可见,灾害文学文献包含的直观形象的灾害信息是其文献价值的重要渊源。

---

① 对于这两次黄河决口,仅《宋史·郑骧传》有"河决德州,入王纪口"一语提及,属间接记载,今人搜辑研究黄河灾患史甚详,均不见胪列。参见黄河防洪志编纂委员会、黄河水利委员会黄河志总编辑室编《黄河志·黄河防洪志》,河南人民出版社1991年版;黄河流域及西北片水旱灾害编委会编《黄河流域水旱灾害》,黄河水利出版社1996年版;黄河水利委员会黄河志总编辑室编《黄河大事记》,黄河水利出版社2001年版;鲁枢元、陈先德主编《黄河史》,河南人民出版社2001年版;《黄河水利史述要》编写组编《黄河水利史述要》,黄河水利出版社2003年版;岑仲勉《黄河变迁史》,中华书局2004年版;[日]吉冈义信《宋代黄河史研究》,薛华译,黄河水利出版社2013年版;邱云飞《中国灾害通史·宋代卷》,郑州大学出版社2008年版。

② 对宋代地震年次搜集较全的当代灾害史整理文献亦未见这次震灾记录,参见王会安、闻黎明主编《中国地震历史资料汇编》第一卷,科学出版社1983年版,第109—139页;邱云飞《中国灾害通史·宋代卷》,第149—157页。

③ 参见拙作《论梅尧臣的自然灾害题材诗赋》,《贵州师范大学学报》(社会科学版)2011年第1期。

④ 程章灿:《唐宋元石刻中的赋》,《文献》1999年第4期。

⑤ 王璋:《清朝诗歌中的山西灾荒——以方志为中心的考察》,《中国地方志》2012年第1期。

再次，随着学术研究的推进和学术领域的开拓，历代灾害文学蕴含的丰富信息可望得到深度挖掘和运用，从而嘉惠于除文学史、灾害史以外更广泛的学术领域。正如人们在地震诗里发现的，它们不但有地震灾难的史实记录，"包含有许多极有科学价值的内容"，"同时还有作者的自身感受，这些感受广泛地从一个侧面述及到当时的社会、政治和经济背景，因此它也是研究社会学的重要线索"（《中国历代地震诗百首》，编者的话）。故而灾害文学文献也能对地震学、灾害社会学、灾害政治学、灾害经济学等学科提供宝贵的文献支持。丹麦著名文学史家勃兰兑斯说："文学史，就其最深刻的意义来说，是一种心理学，研究人的灵魂，是灵魂的历史。一个国家的文学作品，不管是小说、戏剧还是历史作品，都是许多人物的描绘，表现了种种感情和思想。"[1] 应对灾害的漫长斗争历程注定了灾害文学必然是历代中国人思想情怀的集中敞露，因此，古代灾害文学还是灾害心理学、灾害伦理学、民族精神史研究的重要文本和参考文献。

总之，灾害问题在古今社会生活中的重要地位决定了大量古代灾害文学文献必然引起当今关注灾害治理的诸多学科的关注，其多重灾害文献价值和海量信息资源理应得到广泛利用。

二 文献信息特点与利用的可行性

遗憾的是，历代文学的上述文献价值信息迄今并未得到充分利用，上文所涉以诗证史的灾害史研究成果只是个别例证，甚至一些专门清理灾害史料的研究成果也忽视了这一重要的文献领域。[2] 究其原因，固然与学界以往对此的认识不足有关，同时也与其文献信息的特点关系密切。相形之下，我国历代史志具有集中记载自然灾害的传统，[3] 但历代文学中的有关

---

[1] ［丹麦］勃兰兑斯：《十九世纪文学主流》（第一分册《流亡文学》），张道真译，人民文学出版社1980年版，"引言"。

[2] 参见闵祥鹏《历史时期灾害资料整理的图书文献来源——以科研与教学的灾害史研究为例》，《前沿》2011年第13期；陈业新《深化灾害史研究》，《上海交通大学学报》（哲学社会科学版）2015年第1期。

[3] 参见陈桥驿《浙江灾异简志》，浙江人民出版社1991年版，"序言"；闵祥鹏《历史时期灾害资料整理的图书文献来源——以科研与教学的灾害史研究为例》，《前沿》2011年第13期；胡连利、李瑞丰《"灾异文学"研究刍论》，《人民政协报》2014年10月20日第10版；陈业新《深化灾害史研究》，《上海交通大学学报》（哲学社会科学版）2015年第1期。

情况总体上却很零散。就比较集中的情况来看，大致有如下几种类型。

1. 灾害诗文专集，如前揭《海宁州劝赈唱和诗》、清张陶咏撰《张陶咏纪灾诗》。①

2. 诗文集里的灾害文学专辑，如清诗选集《清诗铎》，26 卷中专门编有灾荒诗 4 卷。

3. 部分类书里的灾害文学专辑。如唐编《艺文类聚》的灾异部在旱、祈雨等类目下收录了多种艺文篇目；清编《古今图书集成·庶徵典》在天变、日异、风异、地异、雨灾、丰歉等类目下收集了数百篇各体文学作品，这是目前发现集中搜辑灾害文学作品最多的类书文献。

4. 部分地方志编录的灾害文学专辑，如光绪《续修临晋县志》卷二祥异部附诗 7 首。

事实上，像《海宁州劝赈唱和诗》那样能够单独成书（集）的灾害文学文献可谓凤毛麟角，相对集中一点的灾害文学专辑也不多，涉及的作品数量也十分有限，因此存量上万计的灾害诗文作品主要是以单篇的形式分散在浩如烟海的古籍里，今人收集整理的古代灾害文学专集目前仍只有《中国历代地震诗百首》和《宋代气象灾害史料（诗卷）》（赵超编著，科学出版社 2016 年版）两种。因此，收集、整理灾害文学文献已成当前灾害史和相关研究的当务之急。同时，为了达到有效、便利使用这些文学文献信息的目的，光有作品、文献的简单汇集还远远不够。因为灾害文学文献不但分散，而且其文本和信息还有比较复杂的情况，下面试以宋诗为例来看有关情况。

首先，中国诗歌有着悠久的现实主义传统，在灾害书写中比起浪漫主义的写法占有绝对优势。同时，从北宋开始，"以诗为史"成为普遍思潮，在创作和接受中都同时存在。② 这就决定了诗歌的灾害书写有很多、很重的纪实成分，许多诗作因而呈现出可以直接采集的灾害信息。例如，有相当一部分诗作通过诗题、诗序、题注、夹注等内容及其相互补充直接注明了灾害发生、救治的时间、地点或事件内容，如王安石《丙戌五日京师作二首》、张耒《己未四月二十二日大雨雹》、刘弇《元丰辛酉七月

---

① 台湾"国家图书馆"藏清咸丰十年（1860）著者手稿本。

② 参见孙立《以诗为史与以史为诗——论史学介入诗体的两种不同方式》，《江汉论坛》1997 年第 5 期；周裕锴《中国古代阐释学研究》，上海人民出版社 2003 年版，第 234、242 页。

九夜大风四十韵》、范浚《叹旱》（题注：时年十八）、吴芾《癸巳岁邑中大歉，三七侄捐金散谷以济艰食，因成三十韵以纪之》等。同时更有一部分诗作正文直接模仿史家笔法、句法，把灾害事件的来由交代得十分清楚。请看：

> 熙宁壬子岁，少华忽然崩。七社民俱死，九泉神不宁。（邵雍《闻少华崩》）
> 元丰五年秋，七月十九日。猛风终夜发，拔木坏庐室。须臾海涛翻，倒注九溪溢。（郭祥正《漳南书事》）
> 建炎庚戌正月尾，阳山雨雹大如李。（吕本中《阳山大雹》）

值得注意的是，有些诗家在做这类灾害书写时还明确地表达了自觉的"纪实"和"诗史"写作观念。且如：

> 嘉定己卯岁，正月十七朝。新春才五日，大雪滂以飘。……作诗纪事实，持付村童谣。（陈宓《南康大雪》）
> 岁在乙酉孟春朔，天气凝滞云不开。一日二日三四日，或雪或雨或夜雷。山川失色万物病，寒气折骨淬没胫。……元日连阴至七日，老杜感时诗纪实。（陈著《后纪时行》）
> 甲申春仲夜廿六，怪事可无诗史书。（方回《夜大雷雨雹》）

三诗在运用史家笔调进行灾害叙事的同时，还表明了其"作诗纪事实"或效法杜甫"书诗史"的作意。因此上述诗作所述史实的可信度较高，其直接显明的有关信息完全有理由，也较容易用作确凿的灾害史料。

然而，文学书写毕竟不是专门的历史记载，不会机械地按成例来叙述史实，这就必然导致许多涉灾诗文有关灾害的一些关键性事项（如时间、地点等）信息不全，有的则会因为文学含蓄、艺术的写法而隐晦难明。在这种情况下，为了充分提取、利用文学作品蕴含的灾害信息，文史专业重视文献整理和长于考证训释的学风就可望发挥用武之地。

例如，前揭梅尧臣《孔子庙震》《五月十三日大水》反映的雷击、洪水，从诗作本身看，没有发生地点、年份的内容信息，但因朱东润《梅尧臣集编年校注》一书对梅尧臣的相关行踪和绝大部分作品的作年做了精审的考订，因而其灾害发生时间、地点等重要因素都可以迎刃而解。①又如地震方面，苏舜元、苏舜钦兄弟的《地动联句》开篇关于地震时间的记载今人一般难以理解："大荒孟冬月，末旬高春时。"但据《尔雅·释天》《淮南子·天文》对"大荒""高春"等语的训释，就不难得知此诗所述地震发生时间在天圣七年（1029）十月下旬一个傍晚。②刘敞的《夏寒》咏及的"湖北地大震"，诗中仅有一句比喻直接写到地震（"昆仑摇地轴"），根本没有具体的时间记载，但是由于该诗题注有云："是时湖北地大震，河溢六塔。"因此可以根据记载较多的"河溢六塔"事在嘉祐元年（1056）四月，③推定同时发生的地震就在此时，其补史的价值由此得以实现。再如，关于南宋的疫灾，陆游的《门外野望》（十二月二十五日）记述了他所见到的相关情形："僧呗家禳疫，神船社送穷。"虽然题注标明了月日，但没有年份、地点的交代，但我们可以依据钱仲联校注的《剑南诗稿校注》，将此诗反映的瘟疫情况确定为嘉泰元年（1201）的山阴，④而据宋代主要史籍和相关史料进行的多方统计调查结果表明，这次疫灾是没有历史记载的。⑤上述事例足以说明文史专业常用的文献整理方式和考证方法能够发现并考明灾害史研究所需要的大量信息资料。同时，联系前揭梅尧臣二诗所述灾情史志失载的情况不难看出，历代正史、方志当遗漏了不少较小的、地方上的灾害，这也是逐渐深入社会各个角落的古代文学书写可望发挥补史之缺的巨大潜力所在。

  古代文学、古代史等文史专业具有崇尚实学的传统，以人物年谱、文人别集编年笺注、文学编年史为代表的古籍整理成果集中展现了文史学界在时地、人物、故实、语汇方面的精细考释功夫。随着学界对这一文献领域的关注和整理，文史研究已经达到的精细化水平必将为深化灾害史、灾害学的研究提供更多、更好的文献支持和整理研究成果，对于改变这一领域过去主要从正史、典志、类书、方志等基本史籍里取材的史料局限意

---

① 朱东润校注：《梅尧臣集编年校注》，第535、759、792页。
② 傅平骧、胡问陶校注：《苏舜钦集编年校注》，巴蜀书社1991年版，第4页。
③ （宋）李焘：《续资治通鉴长编》卷一八二，嘉祐元年夏四月壬子朔条，第4400页。
④ 钱仲联、马亚中主编：《陆游全集校注》第五册，浙江教育出版社2011年版，第486页。
⑤ 参见邱云飞《中国灾害通史·宋代卷》，第166、409页；张全明《南宋时期疫灾的时空分布及其特点》，《浙江学刊》2011年第2期；龚胜生等《南宋时期疫灾地理研究》，《中国历史地理论丛》2015年第1期。

甚大。可以设想，如果充分利用分散在历代文学作品里经过甄别的史料和信息，历代灾害史、地方志编纂的许多数据和内容势必重写。并且，作为灾害史的基础史料和第一手文献，这些数据信息的改动引起研究结果的连锁反应是不可低估的。近年来，古代灾害文学研究已呈方兴未艾之势。如果说文学界对于历史灾害的关注起步较晚，那么现在轮到文学研究可以反补率先关注这一领域的诸多学科了。当然，逆向看，灾害史研究的累累硕果仍将一如既往地为灾害文学研究提供基础条件和参考借鉴作用，日益详明的灾害史料梳理和历代灾害的深入研究无疑会进一步促进相关作品的背景了解、时地考订、内容解读以及创作规律的探讨。如本来不晓作年的宋太宗《缘识》之四三（"河决洪波东南流迤逦……十二州民皆忧水"）、刘敞《夏寒》、晁补之《黄河》（"黄河啮小吴"）都可因为诗中所咏黄河决溢情况而据罗列详细的黄河决溢年表轻松予以系年。①可见，如此双向、多向的交互借鉴利用，既有利于发扬文（诗）史互证的优良学术传统，同时也深度契合学术发展的时代趋向，发挥跨学科研究相互促进的显著优势。

三　文献利用的目标、原则和路径

上文的考察表明，数量庞大的古代文学作品包含大量的灾害文献信息，具有补史、证史、存史和多重文献价值；文史专业能够发挥其长，有效获取其中显性、隐性的灾害信息。可是，由于此类文献信息的分散性、记录的随意性、隐晦性等原因，大量珍贵的灾害文献信息难以为灾害史和相关研究广泛利用。当前，全面搜求、整理历史灾害文献，已成为"深化灾害史研究"的迫切呼声。② 包含海量灾害信息资源的历代文学文献理应得到应有的重视和充分的利用。从文学研究的角度看，灾害文学文献缺乏整理的现状目前也正是制约灾害文学研究的弱项，补齐文献短板也是文学研究自身的需要。因此，推进历代灾害文学文献的整理和研究集中代表

---

①　参见拙著《宋代灾害文学研究》，中国社会科学出版社 2016 年版，第 99、252、373、386 页。

②　陈业新：《深化灾害史研究》，《上海交通大学学报》（哲学社会科学版）2015 年第 1 期。

了诸多相关学科学术发展的共同要求，也是实现其重要文献价值和传播大众的必由之路。

古代灾害文学文献的整理，从根本上说，就是要通过文献普查，建立一个体系庞大、层次分明、覆盖先秦至清末数千年的灾害文学文库，然后在此基础上系统进行深度的文献整理和信息数据的提取及精心的编辑，从而为灾害史、文学史和相关研究提供现成的文献信息资料和数据库。对于这样一个宏大的文献整理目标，如果要毕其功于一役，有必要组建专门的研究机构或设立若干个国家级课题组方能膺此重任。不过，从不同的学科和需要出发，化整为零，有步骤地推进大目标、总目标的实现或许更为实际。这样，即使是一己之力也可以有所作为。如借鉴编选《中国历代地震诗百首》的经验，可以辑成不同类目的系列灾害文学文献专集，在此基础上进行编年、系地和目标信息的提取，再以文体、灾种、时代、地域或作家为序进行辑录，同时配以相关索引和总目表以便检索查阅。因此，古代灾害文学文献整理、研究的成果形式，既可以是各种类目的作品汇编，又可以是内容翔实的编年笺注，同时还可以是此类文献或篇章的编目、索引。至于其利用途径，则上文引录的诸多例证已显示了灾害文学作品及其内容信息被广泛征引于地震学、医学、历史学、灾害学、水利学、政治学、地理学等诸多自然人文学科的情形，其整理研究成果对于这些学科的借鉴利用而言，显得尤为集中、显明、便捷。如果进一步对于编年笺注等整理成果进行白话翻译、赏析评论，就可以成为走向大众、培养防灾意识的普及读物。

尽管古代文史不分家，更没有明确的学科界限，但古代文学作品大多包含有程度不一的艺术虚构成分，对此我们既不能以此为由一概否定其史料价值和文献价值，也不能不加鉴别地全盘利用，而是要在坚持辨别史料价值与真伪的前提下，本着具体作品具体分析的原则，注重运用文史互证的方法，多方比对、验证各类相关文献资料，力求所用文学文献信息内容的真实有效。为此当然还有必要建立一个包罗广泛的相关文献资料数据库。

此外，值得注意的还有灾害文学研究的理论性成果的文献价值利用问题。例如拙著《宋代灾害文学研究》对宋代成百上千数量的灾害题材文学作品分文体、分灾种所作的阐述，事实上比较形象、集中地勾画了当时灾害肆虐、灾难深重的历史图景，复现了我们祖先艰苦卓绝的抗灾历程，一定程度上显示了各类自然灾害的灾象、特征和治理过程。王焕然《明清小说的灾荒书写》一文则系统梳理了明清小说反映灾荒情景、灾荒治理、灾荒中的人祸、灾荒起因的各种情形,总结了有关小说灾害书写的成果,"展示了恐怖的灾荒图景,描绘了灾民的悲惨现状,也写出了社会各阶层为救灾采取的种种措施及付出的诸多努力"。① 相信这类研究成果对于灾害史、灾害学等相关研究当具有一定的文献参考价值。

现阶段,随着国家古籍整理工作的推进和学术事业的迅速发展,历代文献得到大量整理出版,四库系列丛书和除明清诗文以外的各代文学总集已相继出齐,并且电子化程度大大提高,这些都为古代灾害文学文献的收集整理提供了良好的基础条件。可以想见,这一领域的整理研究成果对于诸多学科相关研究的重要文献价值和促进作用将得到显著发挥。

---

① 王焕然:《明清小说的灾荒书写》,《明清小说研究》2017 年第 2 期。

地域文化视野与两湖现代文学研究

刘保昌

（湖北省社会科学院）

从地域文化角度研究两湖现代文学，几乎与两湖现代文学创作的发展进程同步展开，也与其他地域现代文学研究相伴而行。何西来认为，"文学的地域文化研究，是在国人的世纪反思潮流中被提上日程的"。[1] 尤其是在1985年以后，这种地域文化反思潮流愈加来势凶猛，一个可以被普遍接受的理由是改革开放的时代洪流的激烈振荡，地域意义层面的外面世界和时间意义层面的现代未来双向同时打开，让生活在其中的人们在感到情感振荡、内心惶惑之余更加重视当下的此在、此地，更加迫切地想要确证、追溯自己安身立命的理由，地域文化因其悠久的传统性、亲切的此岸性和熟悉的日常性，引人流连，容易形成强烈的情感共鸣，因此被文学创作所重视。

在小说写作领域，地域文化已经成为重要的"小说美学准则"，诚如以乡土文学研究卓负声望的丁帆教授所说："从鲁迅、沈从文、茅盾、巴金、老舍到新时期'湘军''陕军''晋军''豫军'……的异峰突起，几乎是地域特征取决了小说的美学特征。就此而言，越是地域的就越能走向世界，似乎已是小说家和批评家们共认的小说美学准则。"[2]

两湖青年作家马笑泉在《小说的三重结构》一文中更是将小说写作的地域文化呈现的价值和意义，归纳为小说的"文化结构"的一种主要形式，他认为，在小说的语言、细节、人物，乃至小说氛围等"表层结构之下，有文化结构存焉。无论是千姿百态的行业文化如梨园文化、金融

---

[1] 何西来：《关于文学的地域文化研究的思考——从"二十世纪中国文学与区域文化"想到的》，《中国现代文学研究丛刊》1999年第1期。

[2] 丁帆：《20世纪中国地域文化小说研究简论》，《学术月刊》1997年第9期。

文化，难以精确定性但又确实存在的地域性文化如巫楚文化、吴越文化，还是国族性文化如儒家文化、道家文化，亦或是更大范围内的宗教文化如佛教文化、伊斯兰教文化，均可以内化为文本的深层结构。小说虽不负有阐释此种文化的责任，但小说的语言、细节、氛围乃至人物的性格、心理，都是从这一文化传统中生发出来，不但洋溢着该种文化的浓郁气息，而且小说的逻辑也符合这一文化的逻辑"。① 此论的确是创作金针。但要将地域文化因素与小说文本水乳交融，不拼贴、不僵化、不突兀、不造作，在小说叙事的表象之下构建精妙的文化结构，其难度也显而易见。

从地域文化角度研究两湖现代文学，其前提当然是两湖现代文学史上存在着鲜艳的地域文化书写的色彩斑斓的画卷，活跃着一批以地域文化书写为志业的作家，如鲁迅称许的"蓬勃着楚人的敏感与热情"的黎锦明，善于再现湘阴地方色彩的彭家煌，唱响湘西边城牧歌的沈从文，传神表达黄梅田园风味的废名，精确把握江汉平原地方风情的聂绀弩，将楚文化精神发扬光大的闻一多、胡风，文字洗练如雨后青山清新如茶子花开的周立波，展开湘南风俗画卷的古华，带着浓郁的两湖西部乡土气息和民族特色的黄永玉、孙健忠、蔡测海、叶梅、李传锋、马笑泉、田耳、于怀岸，书写两湖东部革命历史和乡村生活的刘醒龙、邓一光、何存中、林白，开掘长江中下游平原文化、保存历史记忆的刘继明、彭见明、达度、刘诗伟、王十月，立体表现汨罗乡村风情的韩少功，虚构出一片灿烂温暖的油菜坡村的晓苏，文字中巫风弥漫的残雪，攀爬上文坛神农架高度的陈应松，擅写长沙日常生活的何立伟和市井传奇的何顿，贴近武汉烟火人间的池莉、彭建新、何祚欢，寻找楚人风骨的熊召政、任蒙、王开林、王芸，等等。

值得指出的是，上述成名作家的群体性出现，并非偶然。诚如丹纳所说：每一个杰出艺术家的横空出世，都不是孤立的现象，总会"有一个包括艺术家在内的总体，比艺术家更广大，也就是他所隶属的同时同地的艺术家宗派或艺术家家族"，"这个艺术家家族本身还包括一个更广大的总体在内，就是在它周围有趣味和它一致的社会。因为风俗习惯与时代精神对于群众和对于艺术家是相同的：艺术家不是孤立的人"，"在传到我们耳边来的响亮的声音之下，还能辨别出群众的复杂而无穷无尽的歌声，像

---

① 马笑泉：《小说的三重结构》，《文艺报》2016 年 8 月 26 日。

一大片低沉的嗡嗡声一样,在艺术家四周齐声合唱。只因为有了这一片和声,艺术家才成其伟大"。① 根深才能叶茂,两湖地域文化书写成为一种群体性选择,一种令人瞩目的文学现象,当然离不开博大精深的两湖地域文化基础,离不开两湖地域人们的集体性的感觉文化认同。

从地域文化角度研究两湖现代文学的相关学术成果,可以大致分为三类。

第一类是宏观理论探讨。国外有孟德斯鸠《论法的精神》的自然气候论,斯达尔夫人《论文学》的西欧文学南北论,黑格尔《历史哲学》的"历史的地理基础"论,泰纳《艺术哲学》的种族、环境和时代论,等等。在我国古代则有《诗经》采辑十五国风,《礼记》"异制异俗"论,《文心雕龙》"楚人多才"论,《隋书》"江左河朔"文学风格之辨。此外,司马迁、班固、李延寿、袁中道、王夫之、顾炎武、沈德潜等也有相关论述。近代梁启超《中国地理大势论》《地理与文明之关系》,刘师培《南北文学不同论》,王国维《屈子文学之精神》,汪辟疆《近代诗派与地域》等涉及文学与地域文化的关联。20世纪80年代以来,金克木《文艺的地域学研究设想》、袁行霈《中国文学概论》、陈正祥《中国文化地理》、杨义《文学地理学会通》、何西来《文学鉴赏中的地域文化因素》以及李继凯、毛迅、邹建军、段从学、陶礼天、郝明工、李敬敏、周晓风、徐明德、张明、曾大兴、靳明全、张伟然等人的相关论著,都从宏观理论视角,探讨了地域文化与文学的关系。

第二类是区域个案与相关专题研究。如杨义、吴福辉的京派海派文学研究,王嘉良、黄健的两浙文化与现代文学研究,李怡、陶德宗的巴蜀文化与文学研究,段崇轩、傅书华的三晋文化与现代文学研究,严家炎主编的"二十世纪中国文学与区域文化丛书",王齐洲、王泽龙《湖北文学史》,陈书良主编《湖南文学史》等"省域文学史"撰述,以及凌宇《重建楚文学的神话系统》、周仁政《巫觋人文:沈从文与巫楚文化》、龚敏律《韩少功的寻根小说与巫楚文化》、《光明日报》"作家群现象"笔谈等专题研究中,都涉及楚文化与两湖现代作家、作品的关系。刘洪涛的专著《湖南乡土文学与湘楚文化》②虽然以"湖南乡土"命名,却并没

---

① [法]丹纳:《艺术哲学》,傅雷译,人民文学出版社1963年版,第5—6页。
② 刘洪涛:《湖南乡土文学与湘楚文化》,湖南教育出版社1997年版。

有被"湖南省"这一行政区划所囿拘,重点探讨沈从文、周立波及其影响下的作家群体与湘楚文化的意义关联,论著中的西部民族文学、先楚文化、近现代湖湘文化等概念及其内涵,虽然限于论题范围没有充分展开,却无疑具有两湖地域的共性特征。这些成果为我们的研究提供了借镜,并打下了较为坚实的学术基础。

第三类是在地域文化视野下的现代文学研究中涉及,或者重点论述到两湖现代文学研究。如田中阳《区域文化与当代小说》,[①] 重点论述区域风俗、地域方言、区域自然地理环境对于当代小说的重要影响与规范,兼具宏观理论高度和地域个性色彩,论著认为,"特定的区域文化同样孕育着小说家,塑造着小说家的主观世界。尤其是区域文化中的群体思维模式和心理因素,影响着小说家的包括直觉或感受方向在内的主观世界,诸如精神气质,情感内涵,表情达意的方式,乃至价值取向和思维方式,等等。因此他本身就成为某种区域文化的载体和体现者,以至于形成了与这种区域文化同质同构的心理定势"。[②] 樊星《当代文学与地域文化》[③] 将中国当代文学按照地域文化角度进行划分,分别研究北方文化系统中齐鲁的悲怆、秦晋的悲凉、东北的神奇、西北的雄奇、中原的奇异和南方文化系统中楚风的绚丽、吴越的逍遥、巴蜀的灵气,以及城市文化中的京味小说、海味小说、汉味小说等。贾剑秋在《文化与中国现代小说》[④] 中以关东作家、中原作家、西南作家、荆楚作家、浙江作家、台湾作家等来划分和命名中国各个地域的作家,对其创作进行文化审视,尤其注重凝聚于小说人物形象身上的风俗民情环境因素,论点令人信服。丁帆《中国乡土小说史》,[⑤] 着眼于乡土小说的发展流变,以历史时间为经线,以小说家与地域乡土为纬线,纵横交织探究地域乡土与小说书写的复杂关系,涉及的两湖地域乡土作家有废名、沈从文、彭柏山、冀汸、周立波、韩少功、池莉等。黄道友《地域文化与新时期湖北文学》[⑥] 从地域文化属性的角度,将当代湖北文学分为鄂西、武汉、鄂东三个文化区域,分别论证李传

---

① 田中阳:《区域文化与当代小说》,湖南师范大学出版社1996年版。
② 田中阳:《区域文化与当代小说》,湖南师范大学出版社1996年版,第24页。
③ 樊星:《当代文学与地域文化》,华中师范大学出版社1997年版。
④ 贾剑秋:《文化与中国现代小说》,巴蜀书社2003年版。
⑤ 丁帆:《中国乡土小说史》,北京大学出版社2007年版。
⑥ 黄道友:《地域文化与新时期湖北文学》,武汉大学出版社2014年版。

锋、叶梅、陈应松、池莉、林白、刘醒龙、邓一光、何存中等人的创作与地域文化的关系。

以上成果都没有对"地域文化视野中的两湖现代文学"做综合性的专题研究，同时存在着以下两个方面的问题。一是理论提升不够。无论是宏观理论研究，还是区域个案研究，沿袭传统的"文学南北论"和"文学东西论"的论述思维，都会显得较为空疏；既有研究成果对文学创作中所表现的风土人情、时令节俗、地貌风物、方言俚语等浅层性特征较为关注，对两湖地域文学特征、人文环境和文化心理结构，开掘不深；对作家主体的创造性和地域文化的流变性关注不够，地域文化与文学文本的关联研究较为勉强，有些成果甚至陷入封闭性的"循环互证"，不可自拔，最终形成僵化的文化决定论。二是实证研究不够。没有很好地实现定量统计与定性分析的有效结合；对两湖地域文学的审美价值重视不够、研究不足，对文本的审美体贴不够；研究视野不够开阔，历史现场感不强，文化空间还原不够；从线性历史中总结、归纳出的文化经验或规律，在论述中往往被"固化"或者"单面化"，没有充分关注到时间性历史形态的地域文化经验叠加的复杂性。

有鉴于此，我们采用地域文化的中观视角，研究两湖文学创作中的诸多事相和问题，具体来说有六点：一是从文本出发，以文学化的地域文化作为研究对象；二是注重作家的创作个性和独创性的文学史贡献；三是分辨具体文本中关于地域文化的经验性书写与想象性书写，及由此产生的审美意义；四是在文化、文学层面，研究地域与世界的相通性；五是注重地域文化的流变性和嬗递性，寻找到"变"与"常"的辩证演进规律；六是从文本出发，寻绎作家的童年经验和成长环境对其创作的重要影响。

开展地域文化视野中的两湖现代文学研究，可能会在以下两个方面形成学术突破。一是研究理论和方法的突破。此项研究系中观性的新选题，是对既有的省域文学研究、具体作家作品与地域文化对应研究等学术范式的突破，两湖文学有共同的高势位的楚文化源头，楚文化具有极强的横向辐射力和纵向影响力，在漫长的历史变迁中具有行政区域和文化传统的诸多地域共性，综合研究两湖现代文学与地域文化的关系，可以有效规避分省域研究的重复与视域的狭窄。二是对现代文学史研究现状的突破。中观选题可以形成学术研究的必要张力，既能在具体作家、作品等微观层面将材料弄扎实，进行地域文化的生命还原，又能在跨省域的宏观层面进行必要的理论提升，再现地域文化的强劲活力，从而为中国特色社会主义文化建设提供文学史意义上的理论借鉴。

地域文化视野中的两湖现代文学研究，可能会产生以下学术史意义。一是在理论上可以丰富现代文学史的研究内容，提供地域文化研究的理论视角，呈现两湖现代文学的生动性和丰富性，为其他地域文化与文学关系研究提供借鉴，为现代文学史研究、重写现代文学史提供地域性的实证性的研究材料。二是在实践中通过解读文本，弄清两湖地域文化与两湖现代文学之间的复杂关系和相互作用，探讨地域文化与中国文学现代转型的关系，为当下文学创作提供地域文化书写经验，进而为全球化背景下的中国文学写作实践、中国文化"走出去"提供历史的参照。

在研究视域上，我们将两湖地域文化与两湖现代文学作为一个研究整体，突破省域文学研究模式，突破既有文学研究的政治性、现代性框架，通过"双重发现"将地域文化传统与现代文学纳入考察视野，以中观视角切入，兼顾微观文本解读与宏观理论研讨，具有较强的操作性、灵活性、张力性和借鉴性。在研究方法上，我们将通过实证性研究，经由"文化还原"，回归历史现场，揭橥两湖现代文学地域性、反思性、复杂性和差异性相交织的真相；结合现代文学文本、两湖地域文化典籍和民族风俗等材料，相互参证，注重两湖现代作家的主体创造性和个体差异性，在传统文化的动态新变中考察其与区域现代文学的关系，是对已往研究多以地域文化特征论证作家创作、以作家创作印证地域文化特征的"封闭循环式"论证模式的突破，更具开放性。

而以现行行政区划作为论证依据的省域文学研究，虽然存在着现实必要性和理论可行性，某种程度上甚至可以说，国别文学史就是扩大的省域文学史，但省域文学史却又事实上在学理性方面为不少学者所诟病。如李仲凡、费团结就认为："首先，以当代政区作为划分文学地理的单位，忽视了山脉、河流、湖泊、气候等自然地理因素在文学地理单元形成过程中的重要作用。其次，这种做法忽视了民族、宗教、语言、生产方式等人文地理要素对文学的影响。再次，这种做法忽视了历史上政区变迁对于文学分布的内在影响。有的地区，与以前所归属的政区有着更密切的联系。政区边界重新划分后，它与新的政区的关系更为密切，地域特色也有所偏移。最后，这种做法忽略了同一政区之内文学的差异性与复杂性。一省之内，南北两端的文学，有时与紧邻省份的相似性反而大过与本省中心地带文学的相似性。政治和权力无法成为文学地理学区域划分的最具权威性的标尺。比如国家和地区之间的界线，人文疆界不但常常不如行政疆界清晰，二者之间也很难'严丝合缝'般地重合。"① 因此，我们将两湖现代文学视为一个感觉文化整体进行研究，同时在这个感觉文化整体之中，又以文本为依据划分若干亚文化地域，如武汉、长沙、武陵、神农架、江汉平原、洞庭湖平原、东部山地等，这种圈块结构的文学地域划分，与两湖现代文学发展实际庶几近之。

从地域文化角度研究两湖现代文学，需要辩证处理好以下几组关系。

一是传统与现代的关系。两湖地域文化有悠久的历史传统，现代时段位于传统长河的下游，在作为地域文化源头的楚文化之外，从秦汉迄于民国，两湖地域文化不断吸纳其他文化支流，加上时代主流文化的重要影响，现代两湖地域文化色彩斑斓，需要我们辩证地处理好传统与现代的关系，既不胶柱鼓瑟、抱残守缺，亦不随世俯仰、任意发挥，而要善于寻找和发现传统与现代的文化动态结构，在充分观照文化传统的同时，也需要格外注重两湖地域的文学创作与现代文化生态和时代精神的复杂关系，地域传统与现代精神之间形成的文化张力可能会令我们耳目一新。

二是动态与静态的关系。两湖地域文化本来是一条流淌不息的河流，我们在总结地域文化特征和提炼地域文化精神时，往往是一种抽象的归纳。与静态的文化特征论和文化精神论相对照的，则是地域文化浓郁的人间烟火气息和变动不居的动态现实，这就需要我们辩证处理好文化的动态与静态的关系。同时，作家的静态分布与动态分布也需要予以辩证的关注，作家的出生地、童年和少年所生活的故乡，属于"静态分布地域"；作家成年后的外地求学、迁徙谋生、四海漂泊等，属于"动态分布地域"。静态分布地域的文化对作家往往会产生更大的影响。卢卡奇在《小说理论》中说过：现代小说的特征，可以归纳为"对失去的家园的乡愁"。俄国作家康·帕乌斯托夫斯基认为，对于诗人或者作家来说，童年生活是"最可贵的礼物"："在童年时代和少年时代，世界对我们来说，和成年时代迥然不同。童年时代的太阳要炽热得多，草要茂盛得多，雨要大得多，天空的颜色要深得多，而且觉得每个人都有趣极了"，"诗意地理解生活，理解我们周围的一切——是我们从童年时代得到的最可贵的礼

---

① 李仲凡、费团结：《汉水流域新时期小说研究》，中国社会科学出版社2013年版，第5页。

物。要是一个人在成年之后的漫长的冷静的岁月中，没有丢失这件礼物，那么他就是个诗人或者是个作家。说到底，诗人与作家之间的差别是不大的"。① 而动态分布地域的文化影响，一般来说，是在静态分布地域的文化"前结构"的过滤下选择的结果，一旦经由作家主体的积极认同和创造性发挥，动态分布地域的文化呈现，也可能达到精彩绝伦的程度。如宋人马存在《赠盖邦式序》中分析太史公司马迁《史记》行文"有奇伟气"的原因时说："子长生平喜游，方少年自负之时，足迹不肯一日休，非直为景物役也，将以尽天下大观以助吾气，然后吐而为书。今于其书观之，则其平生所尝游者皆在焉。南浮江淮，溯大江，见狂澜惊波，阴风怒号，逆走而横击，故其文奔放而浩漫；泛沅渡湘，吊大夫之魂，悼妃子之恨，竹上犹斑斑，而不知鱼腹之骨尚无恙乎？故其文感愤而伤激；北过大梁之墟，观楚汉之战场，想见项羽之喑鸣，高帝之谩骂，龙跳虎跃，千兵万马，大弓长戟，交集而齐呼，故其文雄勇猛健，使人心悸而胆栗；世家龙门，念神禹之鬼功；西使巴蜀，跨剑阁之鸟道。上有摩云之崖，不见斧凿之痕，故其文斩绝峻拔而不可攀跻；讲业齐鲁之都，观夫子之遗风，乡射邹峄，彷徨乎汶阳洙泗之上，故其文典重温雅，有似乎正人君子之容貌。凡天地之间万物之变，可惊可愕，可以娱心，使人忧，使人悲者，子长尽取而为文章，是以变化出没，如万象供四时而无穷，今于其书观之，岂不信哉！"以当代作家周立波为例，他本是湖南益阳人，"40 年代他在东北参加土改，一部《暴风骤雨》就写得粗犷、豪放，一如那片林海雪原的风格；50 年代他回湖南参加合作化运动，又以清新秀丽的《山乡巨变》传尽湖南山水的灵秀！两种风格，统于一身，不正好揭示了文学与地域的缘分么？"② 染于苍则苍，染于黄则黄，此之谓乎！于此可见作家主体性创造的积极能动性和审美选择性功能的强大。地域文化对于文学创作的影响，就是如此意义重大！为了不至于产生凌空蹈虚的论述，我们将以作家的文本呈现作为论证的唯一基础和理论前提。

三是地域内与地域外的关系。从地域文化角度研究两湖现代文学，作家文本中的地域文化因素无疑是我们研究的出发点和重要研究对象。这就

---

① ［俄］康·帕乌斯托夫斯基：《金蔷薇》，戴骢译，上海译文出版社 2010 年版，第 26—27 页。

② 樊星：《当代文学与地域文化》，华中师范大学出版社 1997 年版，第 279 页。

意味着，两湖作家书写两湖地域文化的作品不仅是我们的重点考察对象，两湖地域之外的作家书写两湖地域文化的作品也是我们的重要考察对象，而那些没有书写或者很少书写两湖地域文化的作家及其创作则不在我们的考察范围之内，也就是说地域文化特征不强烈的文本将会被我们舍弃，即使该作家是两湖地域的终生土著或者著名作家也不例外。陈思和在评价张鸿声的著作《文学中的上海想象》时，就特别指出："不管作家是否在上海居住，只要他的创作是有关上海的描写，就能列入'想象'的谱系，呈现出'文学上海'的面貌。"[①] 我们的研究对象，也可以称为"文学的两湖"，即以文本中的两湖地域呈现及其审美意义和价值表达作为研究重心，并不认为作家的籍贯、出生地、生长地等地域性因素与其创作之间具备必然的意义关联。

四是文本与理论的关系。有学者指出，现代文学的地域文化研究已经形成僵化的理论模式，其学术操作步骤如下：界定某地域文化的特质——形成双向互证研究格局，以地域文化特质证明地域作家作品，以地域作家作品证明地域文化特质——片面注重历时性的地域文化构成——对地域文化做出积极的、正面的价值评估。形成这种僵化的理论模式，原因在于对"地域文化性质的界定在中国现代文学地域文化研究的内部预设了作为前提的宏大叙事，构筑了关于自身独特本质的神话，再以历时的几个特点进入到对作家和文学现象的解读，不可避免地将研究对象提纯，将丰富的作家精神世界和文学现象以简单的几条性质来割裂和泛化，形成一种决定论的思维方式"[②]。在地域文化特质与作家作品之间的循环论证，无疑是一种封闭性的理论操作，缺乏文学研究所必需的开放精神。同时，从历时性角度将地域文化静止化凝固化，无疑也是一种机械主义的僵化运作，缺乏对于文化流动性、交融性、变异性和主体创造性的充分考量。诚如杨义所说："讨论地域文化，千万不要将之看作封闭的、凝固的系统，而应该如实地看到，它只不过是中华大文明系统中的一个子文明、一个分支系统，而且是以其独特的因缘和相互的关系，而经常变异着的子文明或分支系统。正因其变，才在总体上形成中华文明多姿多彩的活力。"[③] 我们认为，

[①] 陈思和：《序》，《文学中的上海想象》，人民出版社2011年版，第4页。

[②] 邓伟：《地域文化建构与民族国家认同——中国现代文学地域文化研究的另一思路》，《文艺理论研究》2006年第4期。

[③] 杨义：《文学地理学会通》，中国社会科学出版社2013年版，第90页。

回归文本是唯一可行的路径,文本的丰富内涵将是冲破历时性固化传统的生生不息的力量。

五是种族、环境与地域文化的关系。1864年,英国博物学家华莱士写道:"欧洲人的智力、精神以及身体的素质都是优等的;曾经使他在几个世纪里从野蛮的游牧部落状态上升……到他现在的文化和进步的状态……那种同样优越的力量和能力,使他能够在与野蛮人的生存斗争中征服对方,以野蛮人的牺牲作代价来扩展自己的势力。"[1] 针对此种种族论,汤因比分析说:"在今天的西方世界,以'种族'原因来解释社会现象的做法相当流行。人类在体质上的种族差异,不仅被看成是不可改变的,而且还被当成人类心理方面的、永恒的种族差异的论据。人们以为,这些差异是我们亲身见到的各人类社会具有不同的命运和成就的原因。然而,目前西方流行的种族主义,与现有的科学假设风马牛不相及。像这样如此强烈的偏见不能用如此理智的原因来解释。现代西方的种族偏见既是对西方科学思想的一种歪曲,又是对西方种族感情的一种虚伪的思想反映。"[2] 事实上,单纯的种族决定论和单纯的环境决定论,都以其学理的偏执及其与现实的冲突而无法成立,因为任何时候、任何事实都有例外,任何静态的论证结论都无法适应永恒运动的现实世界。但是,汤因比也并没有因此否定种族和环境对地域文化所起的作用,其《历史研究》第十五章《艰苦环境的刺激》指出,"艰苦的环境对于文明来说非但无害而且是有益的"。[3] 汤因比坚定地认为,"挑战和应战"是产生人类文明的重要动力。这与歌德的《浮士德》中的魔鬼靡非斯托的功能相似,在《天堂里的序幕》中上帝告诉靡非斯托:"人在努力时太容易松懈,/很快会爱上绝对的清闲;/因此我乐意造一个魔鬼,/让他刺激人,与人作伴。——/而你们真正的神的孩子啊,/享受这生动而丰富的美吧!/永恒的造化生生不息,但愿它/呵护你们,用温柔的爱之藩篱。/世间万象缥缥缈缈,动荡游移,/坚持思考,

---

[1] 转引自[美]马文·佩里主编《西方文明史》下卷,胡万里等译,商务印书馆1993年版,第162页。

[2] [英]阿诺德·汤因比:《历史研究》,刘北成、郭小凌译,上海人民出版社2005年版,第64页。

[3] [英]阿诺德·汤因比:《历史研究》,刘北成、郭小凌译,上海人民出版社2005年版,第95页。

把它们凝定在心里。"① 上帝因此将糜非斯托称为"否定的精灵",派他下到凡间人世,"让他刺激人,与人作伴",以"否定"的力量,引导人们在"挑战和应战"之间前行。从强调差异性的地域文化角度研究两湖现代文学,既要关注到两湖地域环境对于地域内人们性格、精神的塑造,地域内人们对环境的挑战和应战的历史过程,也要警惕种种诸如"湖南人""湖北人""南方人""湘西人""武汉人"等潜藏着种族、血统含义的冠名所带来的文化前见和偏见。种族、环境决定论都不可取。

六是要警惕地域文学研究的自我"他者化"倾向。从地域文化角度研究现代文学,是因为认识到地域文化因素对于现代文学创作"产生了有时隐蔽、有时显著然而总体上却非常深刻的影响,不仅影响了作家的性格气质、审美情趣、艺术思维方式和作品的人生内容、艺术风格、表现手法,而且还孕育出了一些特定的文学流派和作家群体",② 因此,地域文化的独特性理所当然地成为研究者的首要关注点,在研究方法上,一般总会"选择那些有明显区域文化特征的重要作家、文学流派或作家群体作为研究对象,探讨区域文化怎样渗透进了这种文学,为这种文学打上了多么独特的印记"。③ 毫无疑问,地域文化的研究方法和研究视域,是对现代文学整体性研究的深化和拓展。但是,这种对于地域文化独特性的"审美偏执",这种对于地域文化风情的"奇观化"展呈,在有的学者看来,仍然是"为了建构关于现代文学的大叙事",即"建构关于现代文学的大叙事这个先在的目的,引出了从地域文化的角度来研究现代文学的需要"。④ 现代性大叙事的迷误在于时间膜拜,以时间统驭空间,将地域文化的功能性差异编排进先后早晚的时间序列,各种偏远地域被想当然地"安排"进时间序列的前现代阶段,供人凭吊和感伤,而无法形成共时性的有效的平等对话关系。一方面,对地域文化、文学独特性的强调,具有质疑和破解中心文化霸权与反思和批判现代性叙事的现实功能;另一方面,在地域文学研究中,我们也需要警惕自我"他者化"倾向,即不能凭空构建地域文化和地域文学的本质神话,在共时性对话的表象之下重复着自说自话的个

---

① [德]歌德:《浮士德》,杨武能译,长江文艺出版社2012年版,第17页。
② 严家炎:《二十世纪中国文学与区域文化丛书总序》,《理论与创作》1995年第1期。
③ 严家炎:《二十世纪中国文学与区域文化丛书总序》,《理论与创作》1995年第1期。
④ 段从学:《地域文化视角与现代文学研究》,《广西民族学院学报》(哲学社会科学版) 2003年第5期。

体独白。

　　从地域文化视野切入研究，我们会发现，两湖现代文学可以也应该作为一个整体进行研究，这是地域文化发展的新阶段，是地域传统文化的现代呈现，既是对传统的继承，也是对传统的开拓；地域书写是两湖现代文学民族化、大众化的重要标志之一；地域文化的现代书写加强了两湖现代文学创作中民族文化的深层意蕴和精神纵深度，增强了富含地域特色的文学魅力；地域文化促进了两湖现代作家创作理念、表现形态和艺术精神的形成，推动了传统文学的现代性转换，塑造了两湖现代作家的艺术个性；两湖文化传统中热心向洋、九死未悔与冷眼观世、逍遥自适的精神张力性结构，在两湖现代文学中也有特色彰明的精彩呈现，并对现代文学观念、现代文学精神和现代文学审美品格的形成，具有特别的意义和价值；两湖现代文学不是西方现代性的横向移植，而是根植于地域文化传统的创造性转换，两湖作家以自己的方式继承、改造了地域文化的审美特征和精神传统，建构了新的文学表现场域、美学形态、艺术精神和意义空间。

宋元古泉州石刻文献研究的回顾与展望

徐　华　邢继连

（华侨大学文学院）

2021年7月25日，"泉州：宋元中国的世界海洋商贸中心"入选《世界遗产名录》，以一座城市的名义申遗成功，应该说既与近百年来一代又一代考古文博领域和致力于泉州历史文化研究的中外学者的热爱和努力分不开，又说明了古泉州（刺桐）城在中外文化交流史上都具有极其特殊的地位和重要意义。

近一百年来，关于古泉州文化形态与中外交流的研究，首先是以石刻文献的发掘、搜集和整理为起点。涌现出一批奠基性的重要著作，也推动相关研究的不断向前发展。笔者主要围绕古泉州石刻文献的搜集和整理、古泉州石刻文献的研究、存在的问题及下一步的研究空间三个方面进行总体鸟瞰。

一　古泉州石刻文献的搜集与整理

关于古泉州石刻文献的搜集，最早开始于1926—1927年厦门大学国学院张星烺、陈万里等一行人三次结伴泉州访古，至1928年，本土学者吴文良在此推动下开始以一介中教的身份投入调查搜集和研究遗留在泉州的各类宗教石刻。1938年、1950年厦门大学林惠祥再率厦门大学考古队到泉州考古。这样一个两地学术互动的成果就是直接促成了第一部古泉州石刻文献集的面世。通过林惠祥向北京考古研究所夏鼐、郑振铎报告，中央首任文物局局长郑振铎在其所编《中国历史参考图谱》[①]中录入18幅

[①] 郑振铎编：《中国历史参考图谱》，书目文献出版社1994年版。

吴文良先生提供的泉州外来宗教石刻照片，以补元代海外交通之缺。此后，在郑振铎所长、夏鼐副所长、《考古》杂志副主编陈梦家的协助下，吴文良的《泉州宗教石刻》①在1958年正式出版，成为研究古泉州文化以及石刻文献搜集的奠基之作。其书主要以图谱图录的形式编写，收录图片180余幅，按照泉州古伊斯兰教石刻、泉州古基督教石刻、泉州古摩尼教石刻、泉州古婆罗门教石刻以及海外交通有关石刻排列，并进行简要介绍和研究。此书的面世解决了两个重要的问题：一是中外历史学家们都知道"刺桐城"在宋元时代是一个重要的国际贸易大港，但并不知所指哪里，通过日本学者桑原骘藏的考证和此书的石刻实物材料，证明了刺桐城就是泉州；二是多元宗教石刻遗存证明泉州的中世纪时代，确是一个五方杂处、中外商贸往来繁盛的中心港口城市。

从1965年开始，此书经吴文良、吴幼雄父子相继增订完善出版《泉州宗教石刻》（增订本），②分作古伊斯兰教、古摩尼教、古印度教、古佛教、古道教、古民间信仰、纪功贞节牌坊及其他八个部分，实物图片也比原著增加三倍多，文字增加四倍多。而且增加了全部古阿拉伯文的释文、译文。作者对其中具有历史意义的碑文，做了系统的考证，为泉州史及其海外交通的研究，奠定了坚实的基础。而以之为基础的《泉州伊斯兰教石刻》③《十字莲花：中国元代叙利亚文景教碑铭文献研究》④等专题的文献整理与研究论著也得以相继问世。

此外，以泉州各地方、各博物馆或文保部门为单位，通过选编的方式，陆续将本区域或本馆藏的相关石刻公布出来，如粘良图选注《晋江碑刻选》⑤（后增补为《晋江碑刻集》，增订至248篇），黄天柱编《泉州稽古集》⑥，泉州市文物局等编《泉州文物国保篇》⑦，泉州南建筑博物馆

---

① 吴文良编著：《泉州宗教石刻》，科学出版社1957年版。
② 吴文良原著，吴幼雄增订：《泉州宗教石刻》（增订本），科学出版社2005年版。
③ 陈达生主撰，陈恩明英文翻译，福建省泉州市海外交通史博物馆编：《泉州伊斯兰教石刻》，宁夏人民出版社、福建人民出版社1984年版。
④ 牛汝极：《十字莲花：中国元代叙利亚文景教碑铭文献研究》，上海古籍出版社2008年版。
⑤ 粘良图选注：《晋江碑刻选》，厦门大学出版社2002年版。
⑥ 黄天柱：《泉州稽古集》，中国文联出版社2003年版。
⑦ 泉州市文物局、泉州市文物考古研究所编：《泉州文物国保篇》，九州出版社2021年版。

编《泉州南建筑博物馆馆藏碑刻选》①，黄柏龄编著《九日山志》②，吕荣哲、潘英南编《南安碑刻》③，许添源主编，清源山管理委员会编《清源山志》④《清源山摩崖选粹》⑤，何丙仲编纂《厦门碑志汇编》⑥，泉州府文庙文物保护管理处编《泉州府文庙碑文录》⑦，吴乔生、林德民、林胜利编《泉州古城历代碑文录》⑧，陈立献、王焕民、孙陈清主编《泉郡碑刻百篇译注》⑨，黄真真、高俊仁主编《安平桥志》⑩，泉州市文物保护管理所编《洛阳桥石刻》⑪，惠安县博物馆编《惠安碑刻拓片选编》，政协泉州市泉港区委员会编《泉港石刻选编》，丁毓玲主编《泉州海外交通史博物馆藏宗教石刻精品》⑫，等等，这些石刻文献的选编和初步整理，都为学界的进一步研究提供了便利条件。

厦门大学郑振满、丁荷生编纂的《福建宗教碑铭汇编：泉州府分册》⑬，其书除了收录现存的宗教碑铭外，还从历代地方志、金石志、寺庙志、水利志和文集、族谱中搜集有关资料，其搜索的范围不局限于古城区，全面包括今大泉州、厦门所辖的地区。从时间范围上也涵盖从隋唐到近代，其中从隋唐到明洪武年间的碑刻共计152通，不含外文宗教石刻，已经算是目前搜集整理最为系统的一部著作了。

从整理的方式来看，目前所见多以纯文字过录为主，如陈彬强等主编《泉州海上丝绸之路历史文献汇编：初编》⑭，郑振满、丁荷生编纂《福建

---

① 泉州南建筑博物馆编：《泉州南建筑博物馆馆藏碑刻选》（内部资料），2020年。
② 黄柏龄编著：《九日山志》，上海辞书出版社2006年版。
③ 吕荣哲、潘英南编：《南安碑刻》，作家出版社2003年版。
④ 许添源主编，清源山风景名胜区管理委员会编：《清源山志》，中华书局2004年版。
⑤ 许添源主编，清源山风景名胜区管理委员会编：《清源山摩崖选粹》，中华书局2004年版。
⑥ 何丙仲编纂，厦门市文物管理委员会、厦门市文化局主编：《厦门碑志汇编》，中国广播电视出版社2004年版。
⑦ 泉州府文庙文物保护管理处编：《泉州府文庙碑文录》，海潮摄影艺术出版社2009年版。
⑧ 吴乔生、林德民、林胜利编：《泉州古城历代碑文录》，中国文史出版社2009年版。
⑨ 陈立献、王焕民、孙陈清主编：《泉郡碑刻百篇译注》，中国文联出版社2014年版。
⑩ 黄真真、高俊仁主编：《安平桥志》，厦门大学出版社2014年版。
⑪ 泉州市文物保护管理所编：《洛阳桥石刻》，海峡书局2016年版。
⑫ 丁毓玲主编：《泉州海外交通史博物馆藏宗教石刻精品》，海洋出版社2020年版。
⑬ 郑振满、[美]丁荷生编纂：《福建宗教碑铭汇编：泉州府分册》，福建人民出版社2003年版。
⑭ 陈彬强、陈冬珑、王万盈主编：《泉州海上丝绸之路历史文献汇编：初编》，厦门大学出版社2020年版。

宗教碑铭汇编：泉州府分册》①，吴乔生、林德民、林胜利编《泉州古城历代碑文录》②，等等，都只包括文字过录、标点和出处。也有一些是文本加译注，如陈立献、王焕民、孙陈清三位古稀老人所作的《泉郡碑刻百篇译注》一书，收古泉州地域范围的历代碑文百篇，并加以译注，编纂的初衷是"为读者提供读古碑文的文化快餐"，③由于依据的底本就是今人整理本，故在可靠性方面略有欠缺。此外就是各博物馆或地方单位出版选编类集册或期刊论文中虽包含有一定的文图对照，但毕竟仅为散见选本。

在对古泉州石刻文献的目录编纂方面，相对比较欠缺，目前并没有一部专门的古泉州石刻文献目录问世。福建全省的石刻目录书如清人《闽中金石志》《闽中金石略》《福建金石志》《闽碑存目》等著作，或过录原文，或加以提要介绍，或进行按语考证，具有重要的参考价值。但由于涵盖全省，故对于泉州的石刻也多有遗漏。所见收录最全面的当属随2007年第三次文物普查编成的《中国文物地图集：福建分册》④。其中按大泉州区域介绍普查的文物，包括各种碑刻文献，主要是收录不可移动文物，不包括在博物馆等公私机构中所收藏的可移动文物。可以说是目前所能见到唯一一部影响较大的收录相关石刻文献的目录书。

二 古泉州石刻文献的研究

古泉州石刻文献是古泉州文化研究的根本基础，整体上看，呈现热点集中和散点新发的态势。热点集中主要是大多数研究的目光集中在与外来宗教和中外商贸主题相关的石刻研究上。

就外来宗教方面来说，伊斯兰教、印度教、景教、摩尼教等石刻研究既是重点又是特色。具体包括碑文考释、内容研究、时间断代、思想文化

---

① 郑振满、[美]丁荷生编纂：《福建宗教碑铭汇编：泉州府分册》，福建人民出版社2003年版。
② 吴乔生、林德民、林胜利编：《泉州古城历代碑文录》，中国文史出版社2009年版。
③ 陈立献、王焕民、孙陈清主编：《泉郡碑刻百篇译注》，中国文联出版社2014年版，第1页。
④ 国家文物局主编：《中国文物地图集：福建分册》，福建省地图出版社2007年版。

与文化融合、教寺数量及聚居地、传播路径、传教者身份等诸多方面。比较有代表性的著作，如陈达生主撰《泉州伊斯兰教石刻》[①] 一书不仅收录已发现的伊斯兰教碑刻两百余方，而且进行了通篇全译，史实分析。宋末元初，在泉州掌管贸易的回族官商蒲寿庚也是一个研究的热点。日本学者桑原骘藏著《蒲寿庚考》[②]、罗香林著《蒲寿庚传》[③]、蒲发韧著《蒲寿庚行谊与先世籍贯》[④] 等都考订蒲寿庚是回族人，但是，蒲寿庚是从西域还是从四川、广州迁至泉州，则无定论。1988 年四川成都出土《宋故太令人蒲氏墓志铭》，则为罗香林的蒲氏从四川迁到泉州的说法增添了新的证据。关于蒲寿庚弃宋降元，吴幼雄《蒲寿庚家族事迹考评》[⑤] 利用新近发现的宋黄仲元为夏璟撰写的《夏武将军墓志铭》，梳理蒲寿庚指挥夏璟有步骤地逼宋皇室败亡的过程。此外，关于蒲寿庚的任职、屠杀南外宗子、商业实力、促成忽必烈对妈祖的加封、兴建佛道寺庙等活动都有一系列的考证，兹不一一列举。

印度教石刻的研究，有 1958 年吴文良撰写的《漫谈元代婆罗门教寺》《从古泉州婆罗门教石刻的发现谈到中印关系》，指出，"宋元时代，泉州人或侨寓泉州的印度人民，筑坛以奉祀婆罗门神的，就不止一所"。[⑥] 1978 年，印度学者库玛拉耍弥用英文发表《中古时代中国的泰米尔人聚居地》[⑦] 一文，翻译了泉州发现的泰米尔文碑。此后泉州的印度教传入问题受到了中外学者广泛的关注，取得了丰富的成果。20 世纪 80 年代，国内学者庄为玑、韩振华、杨钦章、吴幼雄、美国学者彭慕兰等纷纷撰文专门探讨。美籍华人余得恩英文著作《泉州印度教石刻艺术的比较研究》[⑧]、

---

① 陈达生编：《泉州伊斯兰教石刻》，宁夏人民出版社、福建人民出版社 1984 年版。
② ［日］桑原骘藏：《蒲寿庚考》，陈裕菁译，中华书局 2009 年版。
③ 罗香林：《蒲寿庚传》，台北中华文化学术基金会 1955 年版。
④ 蒲发韧：《蒲寿庚行谊与先世籍贯》，转引自李玉昆《20 世纪蒲寿庚研究述评》，《中国史动态研究》2001 年第 8 期。
⑤ 吴幼雄：《蒲寿庚家族事迹考评》，《泉州师专学报》1990 年第 3 期。
⑥ 吴文良：《漫谈元代婆罗门教寺》《从古泉州婆罗门教石刻的发现谈到中印关系》，《泉州海外交通史料汇编》，1983 年。
⑦ T. N. Subzamahiam, "A Tamil Colony in Me—dieavel China", *South Indian Studies*, Madras, 1978.
⑧ 余得恩：《泉州印度教石刻艺术的比较研究》，王丽明译，《海交史研究》2007 年第 1 期。该著述的英文并未正式出版，作者将文稿直接投至《海交史研究》，节选其中一部分翻译成中文发表。

美国哥伦比亚大学李俏梅2012年博士学位论文"Constructing Community：Tamil Merchant Temples in India and China, 850—1281"、中国社会科学院世界宗教研究所邱永辉研究员出版著作《印度教概论》[①] 等的问世和流传，以不同的视角，阐明印度教的主要派别毗湿奴派和湿婆派，均在泉州存在过。在印度教石刻遗存不断发掘的基础上，发现了从石笋、泉州幼儿师范学校祭坛与番佛寺、开元寺石柱、泰米尔碑文、白耇庙、锡兰后裔，以及1986年出土的湿婆舞王等遗迹，系列的无可辩驳的文献支撑。至今已发现近300方印度教寺建筑构件，为国内仅见。这些物证直接推翻了之前学术界关于"印度教没有传入中国"的说法。

关于宋元时期景教、天主教的碑铭石刻研究，早期有英国学者约翰·福斯特在《英国皇家亚洲学会杂志》根据吴文良《泉州宗教石刻》资料的研究成果，认为通过这些资料可以确定古泉州和扬州存在景教教堂，但"大部分石刻，至少在目前尚不能肯定是景教的或者是天主教方济各派"[②]。20世纪80年代以来，随着景教遗物的发现与考订，中国内地的景教研究出现高潮。吴幼雄增订版《泉州宗教石刻》提供了古基督教石件76方。此外，有夏鼐《两种文字合璧的泉州也里可温（景教）墓碑》[③]、杨钦章《泉州景教石刻初探》[④]《元代南中国沿海的景教会和景教徒》[⑤]、朱谦之撰写《中国景教》[⑥]、照那斯图《元代景教徒墓志碑八思巴字考释》[⑦]、2003年牛汝极在《世界宗教研究》上发表《从出土碑铭看泉州和扬州的景教来源》[⑧]，大体讨论的核心问题是：景教何时传入泉州及传来的路线。杨钦章认为，"景教传入泉州曾经由不同路线——陆路和海陆汇聚于刺桐港"。[⑨] 吴文良、牛汝极、田志馥等认为，传入路线仅为陆路。

关于摩尼教石刻的研究，最早有陈垣先生1923年于《国学季刊》第

[①] 邱永辉：《印度教概论》，社会科学文献出版社2012年版。
[②] ［英］约翰·福斯特：《刺桐城墙的十字架》，杨钦章译，《海交史研究》1989年第2期。
[③] 夏鼐：《两种文字合璧的泉州也里可温（景教）墓碑》，《考古》1981年第1期。
[④] 杨钦章：《泉州景教石刻初探》，《世界宗教研究》1984年第4期。
[⑤] 杨钦章：《元代南中国沿海的景教会和景教徒》，《中国史研究》1992年第3期。
[⑥] 朱谦之：《中国景教》，人民出版社1993年版。
[⑦] 照那斯图：《元代景教徒墓志碑八思巴字考释》，《海交史研究》1994年第2期。
[⑧] 牛汝极：《从出土碑铭看泉州和扬州的景教来源》，《世界宗教研究》2003年第2期。
[⑨] 杨钦章：《元代南中国沿海的景教会和景教徒》，《中国史研究》1992年第3期。

1卷第2号发表《摩尼教入中国考》①，从文献的角度阐释摩尼教的在华传播史。1923年法国伯希和在《通报》上发表《福建摩尼教遗迹》②，考订在泉州城南四十里当有草庵遗址。至20世纪50年代，草庵遗迹最终发现并确认，最先由厦门大学的庄为玑先生在1956年发表《谈最近发现的泉州中外交通的史迹》③，相关图片亦收录于吴文良《泉州宗教石刻》一书中，并肯定庵中遗存的摩尼光佛石刻坐像，是元代摩尼教的遗物。刘铭恕则在1958年6月发表《泉州石刻三跋》，考证草庵是"研究元代摩尼教的典型资料"。④ 与草庵研究相关的，还有围绕1940年出土的双语墓碑，碑文曰："管领江南诸路明教秦教等，也里可温马里失里门阿必思古八马里哈昔牙，皇庆二年岁在癸丑八月十五日帖迷答扫马等泣血谨志。"⑤ 林悟殊《20世纪的泉州摩尼教考古》综合各家说法，将此碑汉文部分译作"献给江南诸路摩尼教和景教等的管领者，最尊敬的基督教主教马里失里门"。而旁边的两行用叙利亚字母拼写的突厥语，大意是："是为尊者教区主教失里门高僧之墓 癸牛年八月十五日扫马等人志。"⑥ 墓碑的成功破译具有重要意义，说明元朝将江南诸路摩尼教、景教置于一位基督教领袖的管领之下，当时的摩尼教亦称为"明教"，且不被视作邪教，而是作为合法宗教而存在。但仍不能解释的是，墓主人是一位基督教教主，但其墓碑却没有基督教碑常见的十字架。

就中外商贸主题来说，泉州是联合国教科文组织认定的唯一海上丝绸之路起点城市，石刻文献也是与整条海上丝路关联度很高的部分。近年新发现的出土石刻也在不断丰富宋元时期海丝通道的历史内涵。比如20世纪70年代在文莱发现的《蒲公墓碑》，德国汉学家傅吾康、饶宗颐、庄为玑，中国台湾学者陈铁凡、林少川，中华书局编审谢方，等等，都围绕这方墓碑发表己见，但"蒲公"何许人？仍然是个谜。尚有待文献、考古的新发现。

与海洋商贸密切相关的石刻遗存是九日山遗留的十余方祈风石刻及与

---

① 陈垣：《摩尼教入中国考》，《国学季刊》1923年第1卷第2号。
② ［法］伯希和：《福建摩尼宗教遗迹》，《通报》1923年第22卷。
③ 庄为玑：《谈最近发现的泉州中外交通的史迹》，《考古通讯》1956年第3期。
④ 刘铭恕：《泉州石刻三跋》，《考古通讯》1958年第6期。
⑤ 原碑今藏福建泉州海外交通史博物馆。
⑥ 林悟殊：《20世纪的泉州摩尼教考古》，《文物》2003年第7期。

祭海有关的石刻文献。这些是国内仅存的记述有关宋代泉州郡守官员"祈风"活动的珍贵实物资料。围绕这些祈风石刻，相关研究成果很多，包括祈风石刻本身的研究，祈风制度，祈风仪典与祈风文化的研究，祈风祭海与祈雨的关系研究，祈风祭海与伊斯兰教、摩尼教祈祷仪式关系的研究等方面。代表性成果如厦门大学庄景辉《泉州宋代祈风石刻考释》[1]、吴泽艺《宋代祈风活动与摩尼教史事钩沉》[2]、陈达生《宋元时期泉州穆斯林祈风祭海之踪迹》[3] 等。

关于泉州港海外交通的历史发展，李玉昆撰《泉州海外交通史略》[4]、陈丽华《大德八年出使异域兵部侍郎许静山墓志考》[5]《元代畏吾儿航海家亦黑迷失与泉州港——以三方碑刻为中心》[6] 等文章围绕元代中外使节往来进行了梳理。

交通网络中的桥梁建造也是一个众所关注的热点，代表性成果有庄为玑《宋元明泉州港的中外交通史迹》[7]、吴鸿丽《两宋时期泉州地区造桥热潮的原因探析》[8]、黄江华与陈聪艺《泉州市海岸长桥群碑解析》[9]、陈少丰撰《宋初海上贡道考索》[10] 等。

海外汉学界对于古泉州的关注大多从经济贸易方面着眼，来看中外文化问题。如苏基朗出版专著《刺桐梦华录：近世前期闽南的市场经济（946—1368）》[11]，结合文化史与制度经济史的概念，对宋元泉州为何繁荣做出了解释，尤其对宋元泉州理学的"重商倾向"予以强调。1997 年在

---

[1] 庄景辉：《泉州宋代祈风石刻考释》，《江西文物》1989 年第 2 期。
[2] 吴泽艺：《宋代祈风活动与摩尼教史事钩沉》，《福建史志》2021 年第 2 期。
[3] 陈达生：《宋元时期泉州穆斯林祈风祭海之踪迹》，《海交史研究》1986 年第 1 期。
[4] 李玉昆：《泉州海外交通史略》，《泉南会刊》2002 年第 2 期。
[5] 陈丽华：《大德八年出使异域兵部侍郎许静山墓志考》，《福建文博》2013 年第 3 期。
[6] 陈丽华：《元代畏吾儿航海家亦黑迷失与泉州港——以三方碑刻为中心》，《海交史研究》2017 年第 1 期。
[7] 庄为玑：《宋元明泉州港的中外交通史迹》，《厦门大学学报》（社会科学版）1956 年第 1 期。
[8] 吴鸿丽：《两宋时期泉州地区造桥热潮的原因探析》，《泉州师范学院学报》2006 年第 1 期。
[9] 黄江华、陈聪艺：《泉州市海岸长桥群碑解析》，《福建文博》2012 年第 1 期。
[10] 陈少丰：《宋初海上贡道考索》，《海交史研究》2018 年第 2 期。
[11] 苏基朗：《刺桐梦华录：近世前期闽南的市场经济（946—1368）》，李润强译，浙江大学出版社 2012 年版。

荷兰莱顿召开主题为"宋元时期泉州地区的海上贸易和经济社会发展"的国际学术研讨会，并编写一部集中研讨宋元泉州的论文集《世界货舱：公元1000—1400年的海上泉州》①，其中收录了包括贾志扬《宋朝的影响：泉州海外贸易中的宗室》②、克拉克《宋代泉州的海外贸易与社会变迁》③、萧婷《金属的角色与泉州引入会子对于宋朝海上贸易的发展》④、皮尔森《港口、城市与内陆：考古视角下泉州及其海外贸易》⑤、约翰·盖伊的《泰米尔商人行会与泉州贸易》⑥、罗德里希·普塔克《泉州：地处一个东南亚"地中海"的北部边缘》⑦。研究集中关注的是10—14世纪的泉州，固有的西方中心视角已有所转变，而且是从朝廷、官府、社会、文化等方面，对地方繁荣的原因进行解释，所提出的"东南亚地中海"的说法也同样具有启发意义。

除了上述两大研究热点外，近年来，关于古泉州石刻文献的研究也逐渐发展出一些新的增长点，包括石刻文献与佛教文化、与道教文化、与民间信仰、与宋元士大夫及家族文化、与国家机器经济制度、不同文化接触和交融问题、人类学视角下的古城等关系的研究，可以说越来越走向丰满立体。如李玉昆有《泉州佛顶尊胜陀罗尼经幢及其史料价值》⑧《泉州佛教碑铭的史料价值》⑨《泉州道教碑铭的史料价值》⑩，温玉成《泉州三世

---

① Angela Schottenhammer, "The Emporrium of the World: Maritime Quanzhou, 1000—1400", *Leiden: Brill*, 2001.
② Angela Schottenhammer, "The Emporrium of the World: Maritime Quanzhou, 1000—1400", *Leiden: Brill*, 2001, pp. 13 – 46.
③ Angela Schottenhammer, "The Emporrium of the World: Maritime Quanzhou, 1000—1400", *Leiden: Brill*, 2001, pp. 47 – 94.
④ Angela Schottenhammer, "The Emporrium of the World: Maritime Quanzhou, 1000—1400", *Leiden: Brill*, 2001, pp. 95 – 176.
⑤ Angela Schottenhammer, "The Emporrium of the World: Maritime Quanzhou, 1000—1400", *Leiden: Brill*, 2001, pp. 177 – 236.
⑥ Angela Schottenhammer, "The Emporrium of the World: Maritime Quanzhou, 1000—1400", *Leiden: Brill*, 2001, pp. 283 – 308.
⑦ Angela Schottenhammer, "The Emporrium of the World: Maritime Quanzhou, 1000—1400", *Leiden: Brill*, 2001, pp. 395 – 428.
⑧ 李玉昆：《泉州佛顶尊胜陀罗尼经幢及其史料价值》，《佛学研究》2000年第3期。
⑨ 李玉昆：《泉州佛教碑铭的史料价值》，《闽台缘》2018年第2期。
⑩ 李玉昆：《泉州道教碑铭的史料价值》，《泉州文博》2019年第2期。

佛造像再探》①，崔红芬《泉州清源山三世佛造像记考论》②，陈立华《元代藏传佛教在福建地区的遗迹考——以泉州清源山三世佛石刻题记为中心》③，等等。与外来宗教相比，本土宗教的关注度显然低了许多，但也有了进一步全面探究的空间。

  石刻文献与民俗民间信仰研究起步较早，顾颉刚 1928 年随厦大考古队一同进入泉州考古，主要关注的就是民俗的环境，并写成《天后》《泉州的土地神》两篇文章，开辟了一方领域。近年来，探讨民间信仰与海洋文化的关系成为新的生长点。探讨的方向主要是与海洋关系密切的神祇或者神祇的升降变迁问题。如通远王、真武大帝、妈祖在宋元泉州被奉为海神的信仰，实际上有一个变迁的过程。谢应祥与王元林《泉州海神通远王源流与信仰流变新探》④、吴鸿丽《通远王崇拜：宋元时期泉州的神缘与商缘》⑤等文章认为，北宋末年，发生了通远王由山神向海神转变；黄明珍《泉州真武庙的海神信仰及其建筑形制初探》研究认为，法石古港的真武庙"所承载的海神信仰是宋元时期商人群体从事海洋贸易的重要精神寄托"。⑥李立人《宋元之际"妈祖"取代"南海神"考——兼论南宋庆元三年大奚山起义》⑦、王耕《浅谈泉州与妈祖封神》⑧、陈桂炳《泉州神女与元代泉州海外交通》⑨、徐晓望《论泉州港与元代天妃崇拜》⑩等系列论文则重点探讨了妈祖信仰与泉州商港兴起的重要关系。

---

  ① 温玉成：《泉州三世佛造像再探》，《敦煌研究》2000 年第 4 期。
  ② 崔红芬：《泉州清源山三世佛造像记考论》，《民族研究》2011 年第 3 期。
  ③ 陈立华：《元代藏传佛教在福建地区的遗迹考——以泉州清源山三世佛石刻题记为中心》，《中国藏学》2013 年第 4 期。
  ④ 谢应祥、王元林：《泉州海神通远王源流与信仰流变新探》，《海交史研究》2017 年第 2 期。
  ⑤ 吴鸿丽：《通远王崇拜：宋元时期泉州的神缘与商缘》，《福建论坛》（人文社会科学版）2014 年第 10 期。
  ⑥ 黄明珍：《泉州真武庙的海神信仰及其建筑形制初探》，《福建文博》2020 年第 3 期。
  ⑦ 李立人：《宋元之际"妈祖"取代"南海神"考——兼论南宋庆元三年大奚山起义》，《海交史研究》2020 年第 3 期。
  ⑧ 王耕：《浅谈泉州与妈祖封神》，《世界宗教研究》2000 年第 4 期。
  ⑨ 中国航海学会、泉州市人民政府编：《泉州港与海上丝绸之路 2》，中国社会科学出版社 2003 年版。
  ⑩ 徐晓望：《论泉州港与元代天妃崇拜》，《守望与传承——第四届海峡两岸闽南文化学术研讨会论文集》，2007 年，第 265—270 页。

石刻文献与士大夫及家族研究方面，主要关注点有《唐故颍川陈夫人墓志》《北宋泉州都知兵马使王习墓记》《宋故富春县君孙氏墓志铭》、宋《傅察夫人赵氏墓志》（清源郡先太夫人墓志），以及围绕朱熹知同安以及相关活动的石刻、围绕元代孙胜夫家族、卢庆龙到其子卢琦的惠安圭峰卢氏家族等。

石刻文献与社会制度、管理机构方面，主要涉及唐五代泉州海外贸易管理、"回易务与回图务""榷利院"等类似市舶司的商贸管理机构的设置，具体官员与官职等问题。

多元宗教综合研究与文化接触问题。吴幼雄《泉州宗教文化》①，通过多年的观察与研究，探讨世界多元宗教能够在泉州共存的原因，认为是宗教与民间信仰借"佛"立足和发展，又通过"佛生日"的民俗祭祀仪式产生了广泛影响，然而归根结底是中国优秀传统文化——儒家思想的博大、精深、兼容与并蓄。吴幼雄《闽南多元宗教文化和谐共处探源——以泉州为例兼谈闽南文化生态保护》②进一步申论，宋明新儒学的"理一分殊"说，是吸纳不同的文化，兼容多样性的理论基石。生于泉州的学者王铭铭《刺桐城：滨海中国的地方与世界》则通过"综合方志学、历史人类学、社会学以塑造区位生命"③，提出一种与一般研究不同的眼光和方法，值得今后研究的认真借鉴。

三 存在的问题及下一步的研究空间

古泉州实物考古及文献整理与研究可以说奠定了相对扎实的基础，但也存在一定的问题。首先是关于古泉州的石刻文献究竟有多少存世？目前并没有一个总的统计和全面的介绍。虽然开展过三次文物普查，一村一村摸排，形成了《中国文物地图集：福建分册》④（泉州部分），但毕竟仅仅是对不可移动文物的普查，并不能涵盖全部。包括泉州各地博物馆、厦

---

① 吴幼雄：《泉州宗教文化》，鹭江出版社1993年版。
② 吴幼雄：《闽南多元宗教文化和谐共处探源——以泉州为例兼谈闽南文化生态保护》，《泉州师范学院学报》2011年第1期。
③ 王铭铭：《刺桐城：滨海中国的地方与世界》，生活·读书·新知三联书店2018年版。
④ 国家文物局主编：《中国文物地图集：福建分册》，福建省地图出版社2007年版。

门博物馆、文物部门、私藏以及分布在金门、国内其他地方、海外各地的宋元古泉州石刻、拓片等文献，从文献学的角度来说，无疑迫切需要进行一次地毯式的搜集和全面的整理。古泉州的石刻文献的整理，也存在收文不全、水平不高的问题，且尚无一部系统集成性的整理著作，没有一份全面的石刻文献叙录。有不少搜集整理的成果只是基于各博物馆、各遗产所在地等收藏单位为基础的编订。搜集成果虽然不少，但基本处于点式散发的状态，而且很多成果属于内部交流的出版物，其他人很不容易见到，流通不广。况且还有不少石刻实物散落厦门、泉州古城之外县市区或民藏手里，不为人知。对于一般研究者来说，要基于石刻文献开展研究，就会遇到文献极大不足的阻碍。过去的不少研究在某些点上或线上相当深入，产生过重要影响，具有重大的学术价值，但是也应当看到，既有研究成果多偏向一些领域，而忽略另一些领域，如对商贸和海外交通关注的多，对社会生活、世俗文化相关的石刻文献关注较少；对外来宗教研究较热，对本土宗教研究较冷；对与海外交通相关的民间信仰、士大夫等关注的比较多，对其他的民间信仰、士大夫则关注较少。整体视角下的研究成果更是少之又少。很多石刻文献的发掘和整理，被选择性地指向泉州宋元商港的繁荣、宗教多元共生、中外交通发达等现实的印证。那么需要反思的是，任何现象的发生必然是建立在时代和社会的土壤之上，建立在世界大格局的框架之中。如果只是选择性的印证，必然导致所呈现的只是前预设的论点，而非完整的、本真的历史规律。新的研究依然会得出重复的结论。单独强调中西交通，而忽略制度和管理，忽略本土文化的主体性传统，忽略其背后广泛联系的社会网络，必然导致历史土壤的缺失。进入 21 世纪，海洋文明与海洋中国理论研究和历史研究已然兴起，尤其是一带一路战略、人类命运共同体理念的提出，进入一个新的世界格局之中，更需要更新理念，回归宋元泉州城市形态学和中国古代海洋文明的整体宏观视野下的学术研究。从目前的研究看，立基于整体文献整理基础上关于宋元中国海洋文明的研究尚未见相关成果。

饶宗颐先生在《星马华文碑刻系年》曾言："有可据之史料，尔后有翔实之史书。碑刻者，史料之最足征信者也。"[①] 因此，石刻文献的进一步全面搜集和整理，是深入推进相关学术研究的根本路径。正如泉州本地

---

① 饶宗颐：《星马华文碑刻系年》，《新加坡大学中文学会》，1969 年。

老一辈学者王连茂所质疑的那样，"我们虽然认为在长达九个世纪之久的'夷夏杂处'，'四海舶商，诸番琛贡，皆于是乎集'，必然会带来不同文明之间的频繁接触、对话、交融甚至碰撞，但这种嘈杂而有趣的历史场景却已经模糊不清，至于因此而形成的泉州文化的多元性，其组合成分就更是踪迹难觅了"[1]，困境在于基础史料虽有一定的汇集，但尚未形成集大成式的汇集，故难以对历史形态的原貌形成全面立体的了解。走出这一研究困境的途径，无疑只有通过更广泛更深入的史料挖掘，尤其是能够反映历史现场的第一手史料——石刻文献。

因此，在古泉州石刻文献研究领域还存在可进一步探讨、突破与发展的空间。

首先，对古泉州石刻文献做一次集大成式的全面搜集和整理，包括全面的目录和全面的图录、图文对照的全面释读整理等，突破过去研究过程中文献基础不够厚实的局面。

其次，归结到"文化接触"[2] 问题。包括探讨汉民族母体文化与外来多元文化的关系，寻找多元文化碰撞交融过程中规律性的东西，费孝通先生曾说泉州有个"文化接触"问题，可见多元宗教文化接触问题。此问题在宋元时代最为突出，我们能否在文化接触（对话）问题上提炼出"泉州经验"。

再次，以泉州为独特的地域样本，结合石刻文献与历史文献，运用金石证史的方法，以宋元和世界商贸文化交流为背景，深度还原宋元古泉州所代表的海洋中国向度，包括经济形态、政治形态、文化形态、民俗形态等所构成的整体城市性格。

最后，可望澄清一些历史悬案。如古文献中所说的"民夷杂居"[3]，南宋侨民是以独立社区生活为主还是混居生活为主，元代又如何发展；儒学思想在宋元泉州的影响方式究竟如何；还有拓展关于蒲氏家族的研究，事关宋元鼎革交替；再如李清照研究中，对于其后代迁往泉州的探讨，可否通过《金石录》研究及泉州碑铭资料得以澄清。

---

[1] 王连茂：《"泉州学"与海交史研究刍议》，《海交史研究》1999 年第 2 期。
[2] 王连茂：《"泉州学"与海交史研究刍议》，《海交史研究》1999 年第 2 期。
[3] （宋）刘克庄：《后村先生大全集》卷 62，《吴洁知泉州》，《四部丛刊》本。

清代别集中的古文自记

余祖坤

(华中师范大学文学院)

清代别集与前代相比，无论在收录内容上，还是在编纂体例上，都呈现出一些新的特点。其中，很多单篇作品之后附有作者的"自记"（有的作家也写作"自识"或"附记"），就是一个颇值得注意的现象。本文所说的自记，不是泛指作家记录的一切文字，而是指在单篇作品之后附上的补充性文字。自记的运用，不限于某一种文体，诗、词、古文、骈文、八股等文体中都有，但在古文创作中最为多见，因此本文的探讨以清代古文自记为中心。

一　自记的产生过程及其在清代的流行

自记作为一种副文本形态，其产生明显受到了序跋的影响。序体创作源远流长，自《尚书》《毛诗》等经典之后，就广泛运用于典籍编纂。东汉以后，它又开始出现在单篇的诗赋作品之中。[①] 依据作者的不同，序文可以分为自序和他人之序两种类型。跋在唐宋时期产生以后，就一直是古代散文创作中的重要文体。从功能上看，序主要是说明典籍或单篇作品的写作缘起、主要内容以及思想主旨等；跋则主要用于发表作者在阅读典籍、文章或金石书画之后所产生的感受，也可用来陈述自己的相关见解。当作家借鉴自序和跋文的形式，而在单篇文学作品之后附上一段补充性文字之时，自记就水到渠成般地产生了。[②]

[①] 参见吴承学《论古诗制题制序史》，《文学遗产》1996年第5期。

[②] 自记一般位于作品正文之后。魏禧《魏叔子文集外篇》中有20余处自记，多在文末，但有四文（《相臣论》、《留侯论》、《正统论中》及《正统论下》）的自记，却在正文之前，这透露了自记与自序之间的血缘关系。

自记的雏形产生于唐代。韩愈《师说》的末尾写道："李氏子蟠，年十七，好古文，六艺经传皆通习之。不拘于时，请学于余。余嘉其能行古道，作《师说》以贻之。"① 这段话虽没有和文章的主体分离开来，但它位于文章之末，且又是对写作缘起的补充说明，与后世的自记相似，因此可以视为自记的雏形。

苏轼《文骥字说》之末的一段文字，作者虽没有标注"自记"字样，但实乃清人所谓之自记：

> 东坡居士言：骥孙才五岁，入吾家，见先府君画像，曰："我尝见于大慈寺中和院。"试呼出相之，骨法已奇，神气沉稳。此儿一日千里，吾辈犹及见之。他日学问，知骥之在德不在力，尚不辜东坡之言。元祐三年十月癸酉门下后省书。②

据张志烈等先生的研究，此文作于元祐三年（1088），分为两部分，前一部分作于九月十八日，后半部分（即上文所引）作于同年十月。③ 也就是说，此文末段文字，乃是作者补写的，可以说是名副其实的自记。由此可以看出，自记作为一种文本形态，在宋代已经正式形成，尽管人们还没有将它明确定名为"自记"。

元代也有类似的例子，如谭景星在其《明明德斋记》的正文之前交代了此文的写作缘起："《大学》一句之义，统乎一篇，曰明明德而已矣。子乃私之以名斋，无乃不可欤？对曰：人得之天，均有是德，在吾之所以明之之何如尔，其庶几乎。乃记。"④ "乃记"一语，透露出作者的"自记"意识。明代自记比宋元稍多。如归有光《归先生文集》卷一《洪范传》正文之后写道："昔王荆公、曾文定公皆有《洪范传》，其论精美，

---

① （唐）韩愈撰，刘真伦、岳珍校注：《韩愈文集汇校笺注》卷2，中华书局2010年版，第140页。

② 《苏轼文集校注》卷10，载苏轼撰，张志烈、马德富、周裕锴主编《苏轼全集校注》第11册，河北人民出版社2010年版，第1047页。

③ 《苏轼文集校注》卷10，载苏轼撰，张志烈、马德富、周裕锴主编《苏轼全集校注》第11册，第1047页。

④ 李修生主编：《全元文》卷1000，第31册，凤凰出版社2004年版，第279页。据《全元文》的整理说明，谭景星此文辑自其《村西集·文集》卷7，日本宫内厅书陵部藏元刻本。

远出二刘、二孔之上。然予以为先儒之说亦时有不可废者,因颇折衷之,复为此传。若皇极言'予攸好德',即五福之'攸好德',而所谓锡福者,锡此而已。箕子丁宁反覆之意,最为深切,古今注家未之及也。不敢自谓得箕子之心于千载之下,然世之君子,因文求义,必于予言有取焉矣。"① 这段话交代了正文的写作缘起及主旨,其功能与清代很多自记已别无二致。此外,卓发之《漉篱集》、施绍莘《秋水庵花影集》、倪元璐《倪文正公遗稿》等,也都有数量不等的自记,而且都明确标注有"自记"二字。这表明,关于自记写作,部分明代作家已经有了明确、自觉的意识。

通过梳理可知,自记从宋代正式形成之后,一直为人们所沿用。不过从总体上看,在宋、元、明三代,其运用并不普遍。有的作家不过是偶尔为之,像施绍莘用得算是多的,但也不过十余次,而且这样的人在清代之前寥寥无几。

到了清代,自记写作逐渐蔚为风气。只要浏览一下《清代诗文集汇编》,就不难发现,清代运用自记的古文家远远多于前代。虽然无法精确统计其具体人数,但据笔者的有限阅读可以肯定,清代至少有近百位古文家使用过自记,其中不乏名家,如李世熊、张自烈、黄宗羲、尤侗、魏禧、彭士望、吴肃公、任源祥、归庄、施闰章、徐枋、储大文、盛大谟、方苞、全祖望、沈德潜、陈兆崙、袁枚、彭绍升、徐经、郝懿行、牟愿相、管同、方东树、盛大士、徐湘潭、吴敏树、杨彝珍、李元度、平步青、薛福成、郭嵩焘等。翻开清人别集,自记虽不能说触目皆是,但说它是一种比较常见的副文本,应该不算夸张之词。需要指出的是,清代很多别集的单篇作品之后附有同时代人的评点。因此作者对自己所作的补充性文字,一般会明确标上"自记"字样,以区别于他人之评点,② 例如,张自烈《芑山文集》、魏禧《魏叔子文集外篇》、全祖望《鲒埼亭集》等,都是如此。正因为有如此众多明确标识"自记"的实例,自记作为一种成熟的副文本形式才得以确立。

清代别集所附之古文自记,有两点特别值得我们注意。一是很多古文

---

① (明)归有光:《归先生文集》卷1,载《明别集丛刊》第2辑,第72册,黄山书社2016年版,第21页。

② 关于别集附以评点的问题,可参见余祖坤《古文评点向清代别集的渗入及其文学史意义》(《文学遗产》2019年第5期)。

家使用自记的频率大大超过前代之人，如魏禧《魏叔子文集外篇》、吴敏树《枬湖文录》、郭嵩焘《郭侍郎奏疏》都有二三十处，方东树《考槃集文录》甚至有四十多处。二是很多自记篇幅都比较长。前代的自记大多只有几十个字，比较简练；而清代的古文自记，虽然也有短小精悍的，但多数篇幅比前代长，数百字的很常见，有的甚至达到一千多字。例如，郭嵩焘《郭侍郎奏疏》卷十二《因法事条陈时政疏》的自记有三百余字，徐经《雅歌堂文集》卷四《读聂政传》的自记有近四百字，蔡衍鎤《操斋集》文部卷十五《先妣慈肃李太君行述》的自记有五百余字，汤来贺《内省斋文集》卷十三《粤东乡约记》的自记有六百来字，蒋汾功《读孟居文集》卷一《与友人论孟子文书》的自记有一千四百余字。清代古文自记的这两个特点，说明它在当时已成为一种表情达意的重要形式，受到了很多古文家的重视。清代刻书费用高昂，如果作家或编刊者认为自记无足轻重，是断不会将它刻入集子的。

综上所述，古文家在其作品之后附上自记，在清代已不是一种偶然行为，而是一种较为盛行的、特别引人瞩目的创作风气，并在别集编纂和刊行中得到呈现。

二　古文自记与清代学风

如上所述，自记作为一种副文本，在宋代即已形成，且元明两代皆有人沿用，那为何直到清代才为人们所广泛运用并频繁地出现在别集之中呢？这与清代的学术风气大有关系，尤其与清代古文家关于辞章与学术之关系的深入思考紧密相关。

清朝最高统治者如福临、玄烨、弘历等为了加强文治，大力推行崇学右文的国策；而清代士人为了革除明人空谈心性、束书不观的流弊，也大多重视读书，讲求经世致用。经过官方和士人的共同努力，清代学术呈现出十分兴盛的景象。

在浓厚学术氛围的影响下，清人的古文观念呈现出鲜明的学术化倾向。戴名世说："今夫能文者，必读书之深而后见道也明，取材也富，其于事变乃知之也悉，其于情伪乃察之也周，而后举笔为文，有以牢笼物态而包孕古今。"① 邵长蘅说:"学文者,必先浚文之源,而后究文之法。浚文之源者何?在读书,在养气。"② 焦循说:"学者以散行为古文,散行者质言之者也,其质言之何也?有所以言之者,而不可以不质言之也。夫学充于此,而深有所得,则见诸言者自然成文。"③ 这都是在强调学术对于古文创作的决定作用。类似的说法在清代别集中比较常见,难以一一列举。由此可见,强调"文"本于"学",主张"文""学"融合为一,乃是很多清代古文家的共识。

这一古文观念,通过当时的别集编纂方式也可以看得出来。其中,大量自记的出现,就是清代古文学术化的一个表征。

清人治学,普遍注重实证,反对因袭前人陈说,他们在以古文论学时,也鲜明地体现出这一倾向。例如,方苞在《书刺客传后》认为,关于聂政之姊的事迹,《战国策》的原文不符人之常情,"世有乍见所亲皮面、抉眼、屠肠,而从容赞美如途人者乎?观太史公所增损,乃知本文之疏且拙也"④。显然,方苞认为《史记》经过增损之后,比《战国策》的原文更加精彩动人。但徐经却不这么看。其《读聂政传》自记曰:

> 太史公用《国策》,多有增损,后人谓远过于本文。……盖其姊者,烈女也,"勇哉"一叹,乃欲往视时之言;及见政尸,则抱而哭,表政里居、姓名而外,无多一语,遂死尸下,盖始终恐累严仲子也。仲子交其弟,姊娄岂有不知?政既虑韩举国而与仲子为仇,则其姊亦何肯宣言韩市,以贻累于仲子?乃《史》称其既见政尸而列其名,并为严仲子死,是仲子不殆于聂政而殆于姊娄也,岂烈女之行哉?余读望溪《书后》,特为发明,使知《策》文本非疏拙,而太史

---

① (明)戴名世撰,王树民编校:《戴名世集》卷2,《方逸巢先生诗序》,中华书局1986年版,第37页。

② (清)邵长蘅:《邵子湘全集·青门簏稿》卷11,《与魏叔子论文书》,载《清代诗文集汇编》第145册,上海古籍出版社2010年版,第252页。

③ (清)焦循:《雕菰集》卷10《文说》,载《丛书集成新编》第69册,台北:新文丰出版公司2008年版,第95页。

④ (清)方苞撰,刘季高校点:《方苞集》卷2,上册,上海古籍出版社1983年版,第55页。

公所增损,则未免有语病也。①

这就是说,在《战国策》中,聂嫈见到其弟的遗体,只说此人乃是吾弟轵深井里聂政,此外无须多言;而《史记》在叙述这个故事时,却对聂嫈临死前的一番话进行了删改。徐经认为,司马迁这一改写固然生动,但他无意中使聂嫈透露了聂政刺杀侠累的幕后主使乃是严仲子。这就将严仲子推到了十分危险的境地,而这正是聂政所不愿看到的;何况聂嫈深知其弟,且其侠义一如其弟,她是无论如何也不可能说出这番话的。所以徐经认为,《史记》所叙聂嫈临死之前的一番话,乃是《史记》删改《战国策》原文之后所产生的一个败笔。通过比较可知,方苞是以文学眼光来看《史记》增损的,而徐经则重在追求历史真相,采用的是史家眼光。徐经这段自记,显示了清代实证学风对古文创作的深刻影响。

清代考据学十分兴盛,受其影响,许多古文家主张义理、考据、辞章三者不可偏废,考据因此成为古文创作的一个重要内容。这一创作风气,自然也渗透到自记之中。例如,管同《徽州府汪氏祖墓祠碑》自记曰:"右予为邓中丞代作汪氏祖墓祠碑,其祖宗官爵、名字,一本其子孙所记录,而多可疑者。龙骧将军爵秩显矣,为是官何以又为会稽令?汉讳武帝名'彻'为'通',故'蒯彻'改为'蒯通',后来之臣,安得敢以'彻'为名乎?王莽始封新都侯,既而定有天下,之号曰'新',东汉封侯,必不更以'新都'为号。大抵六朝以来,谱牒之书多附会不足信。为人作文,不能斥其依托谬妄也,然而辨不可少矣。"② 这篇文章是作者依据他人提供的文献而为其祖先所作的碑文。在这段自记中,作者通过前代避讳的惯例,断定正文所据文献必然存在一些讹误,这明显体现了作者信则传信、疑则传疑的考据思维。又如,关于《全上古三代秦汉三国六朝文》的纂辑者究竟是严可均,还是孙星衍,自嘉庆以降,就一直存在争议。其中,谭献的观点最有影响,他曾在日记中写道:"浙中书局将刻严铁桥《全上古三代秦汉六朝文》,不知能竟此业否。铁桥以未入《全唐文》馆,发愤编次唐以前文字。予在全椒见《吴山尊日记》手迹,言纂

---

① (清)徐经:《雅歌堂文集》卷4,《读聂政传》自记,载《清代诗文集汇编》第433册,第121页。

② (清)管同:《因寄轩文二集》卷3,《徽州府汪氏祖墓祠碑》自记,载《清代诗文集汇编》第532册,第346页。

辑实出孙伯渊，铁桥攘为己有耳。"① 平步青在《与汪荔墙论〈上古三代秦汉三国南北朝文〉编目书》自记中，依据姚振宗《师石山房书目》、沈涛《国清百录跋》、严可均《四录堂类集》等，驳斥了谭献之说，认为此书的纂辑，孙渊如虽有首倡之功，而且也付出了一定的劳动，但主要还是由严可均完成的。② 这一有理有据的辨析，充分显示了自记在清代考证文章中的作用。

  清代古文家多有崇实尚博的精神，故其为文，少不了要引述一些史料；而为了避免枝蔓，有的史料不便于正文中叙述时，那么在文末另作补充，自然就成为一种合适的选择。事实上，很多清代古文家的自记都是基于此种考虑。如王源《于忠肃公传》自记曰："按实录，公巡抚山西、河南及守京以后事功颇众，他载籍多不详，兹一一补入，但多用总叙、虚叙法，不可繁也。至守京事，为实录所不载者，亦不敢雷同附会，阙疑非疏漏也。公奏议第存大意，而字句多剪裁润色，总为文章计耳。知我罪我，俟之后人。"③ 王又朴《孝子金生实迹》自记曰："此无为州孝子金生实行也。新安汪子槎庵来州，访得其人，为余道之如是。前署牧别驾冯君亦与交，如槎庵言。询之诸绅士，无不同者。余重其晦名，敦实行，惧久而湮，因纪之以备后之重修州志之能采择者。"④ 夏之蓉《黄贞女传》自记曰："贞女所许适为孝感王国俊，死节在顺治初年，邑乘载焉。乾隆丁巳，邑豪涂艳贞女名，私改邑乘，冒以涂易王，结学校之亡行者，请为申报。女之曾侄孙榜年七十余，稔其事，讼之官，久未决。予过广水，闻其颠末如此，为附识之，以俟采风者。"⑤ 诸如此类，不胜枚举。传记之文乃是古文中的一个重要部类，历代别集中都十分多见，但前代很少有像清人这样以自记形式补充史料、交代史源的。毫无疑问，清代古文家的这种做法，也是当时学术风气渗入古文创作的自然结果，从一个侧面体现了清

---

  ① （清）谭献撰，范旭仑、牟晓朋整理：《谭献日记》，中华书局2013年版，第111页。
  ② （清）平步青：《樵隐昔寱》卷4，《与汪荔墙论〈上古三代秦汉三国南北朝文〉编目书》自记，载《清代诗文集汇编》第720册，第216—217页。
  ③ （清）王源：《居业堂文集》卷1，《于忠肃公传》自记，载《清代诗文集汇编》第174册，第13页。
  ④ （清）王又朴：《诗礼堂古文》卷5，《孝子金生实迹》自记，载《清代诗文集汇编》第248册，第362页。
  ⑤ （清）夏之蓉：《半舫斋古文》卷2，《黄贞女传》自记，载《清代诗文集汇编》第287册，第466页。

人无征不信的学术理念和实事求是的学术精神。

清代古文家崇尚的"学者之文",往往出经入史,旁征博引,表现出鲜明的羽翼圣道的学术宗旨。这一特点,也时常体现在他们的自记之中。如徐经《管蔡论辩》自记曰:

> 太史公以中国言六艺者,折衷于孔子,而董江都亦谓诸不在六艺之科、孔子之术,皆绝其道,勿使并进。今选古文家,多采子章《管蔡论》,使无知之徒皆悦而向之,淫辞邪说,害于人心,亟宜辩明,以正学术,有功世教不浅。明时人好异说,如王弇州《秦论》以汤武例秦。秦以势并六国,六国不得不入于秦;汤武以德孚诸侯,不能不归于汤武。汤武顺天应人,何谓逆取?何谓孔子姑为之称?敢于侮圣人之言,与郭子章同一获罪名教,学者慎之。殷制:一生一及。武王终,管叔以为当立,而周公立武王之子成王,所以管恶周公以流言,继以殷畔,非为殷也,欲借殷而自立也。何后世多不晓,直是臆说。①

针对明人郭子章《管蔡论》扬管蔡、诋周公的论调,徐经写下这篇《管蔡论辩》,力驳其谬。这段自记在其正文的基础上,进一步揭示了郭氏观点的悖妄和危害,体现了作者辟邪说、正人心的现实关怀,而这又从根本上体现了清代儒家学术思想的影响。类似的例子当然不在少数,由此可见,对于很多清代古文家而言,自记乃是一种重要的论学渠道。

三 古文自记与清人的文学传播意识

自记之所以在清代别集中大量出现,除了学术风气的影响之外,还与清人的文学传播意识有关。

任何一个作家都渴望自己的作品能被广大读者所接受,并能在历史上产生深远影响,这在任何时代都是如此。但很多清代古文家的文学传播意

---

① (清)徐经:《雅歌堂文集》卷7,《管蔡论辩》自记,载《清代诗文集汇编》第433册,第184页。

识，却明显强于前人。他们在完成写作之后，不是被动地等待社会的评判和历史的选汰；相反，他们会积极、主动地采取各种方式推动其作品的传播，如请名家作序、题辞，将自己的作品交由时人评点，在自己别集的显要位置标注评点者或审定者的姓名，等等。虽然这些行为在前代即已出现，但清人在这方面的热情和投入精力远远超过前人。

例如，薛熙就曾接二连三地将己作寄送给惠周惕评点，并请他为自己即将出版的集子作序。对此，惠周惕专门给他写了一封信。信中说：

> 数日前辱示未刻文五篇，既又得杂文六篇，今续寄序记二篇，前后文共十有三，中间再赐手书，勤勤恳恳。……足下但益培其材，益养其气，益充其体，修其辞以求合乎古之道，道合矣则虽数百世之后，必有知道者为足下助而张之，无论今世之知不知可也。若以求名，则今之千人倡、万人和者，果足以为名哉？不足以为名而是之求，徒为丧吾道而不得名也。……传不传在足下，岂在他人耶？今窃观足下意似汲汲焉唯恐世之不知，而求知焉者，吾恐足下名之得而道之丧也。①

在惠周惕看来，一个作家的古文创作不能仅仅满足于取悦当世之众人，而应将合乎古道作为其写作准则和最高目的，只有这样，其作品才能传之久远、获得长久的生命力。因此，他对薛熙汲汲于获取当世之声誉的做法，提出了十分中肯的批评。这种批评，恰恰从反面透露了清人热衷于传扬己作以邀时誉的风气。薛熙的行为只是时代风气的一个缩影，这只要从大量清代别集所附之古文评点就可以看得十分清楚。惠周惕的这封信，不仅是写给薛熙的，更是写给所有时人的，是他针对当时之风气而借题发挥的产物。"文字只求千百世后一人两人知得，不求并时之人人人知得"②，刘大櫆此言和惠周惕之说一样，不过是少数人心中的高远理想，却从反面暗示了当时古文家热衷于求取时誉的事实。自记在很大程度上，也是这种时代风气的一个产物。

---

① （清）惠周惕：《砚谿先生集》卷下，《与薛孝穆书》，载《清代诗文集汇编》第 209 册，第 98 页。

② （清）刘大櫆：《论文偶记》，载范先渊校点《论文偶记　初月楼古文绪论　春觉斋论文》，人民文学出版社 1959 年版，第 3 页。

很多古文家选择运用自记，就是为了有效地推广己作，从而提升其知名度和影响力。例如，李绂《拟汉置五经博士诏》自记曰："此余乡试首举第二场首篇也，座主长洲吴公、睢州王公极加叹赏。与论诰表策并刻以进呈，因存之集中，志知遇之感焉。"① 沈彤《与方望溪先生书》自记曰："望溪先生得书，明日来寓斋，甚是余说，但以修改烦，不能尽用，乃为去其太甚者。"② 袁枚《高帝论》自记曰："此与《郭巨论》同作，年甫十四，受知于杨文叔先生。虽于事理未协，而笔情颇肆，存之以志今昔之感。"③ 在这些自记中，作者都说自己的作品曾受到名家的赏识，这虽然有不忘知遇之恩的意思，但其主要目的，显然是借名流以自重。

描述同时代之读者对于己作的接受与传播，是清人古文自记中的又一常见内容。例如，吴肃公《送孙无言归黄山序》自记曰："此序邮去，原稿旋佚，无言客死，亦无从索也。后过濑上唐岸人，口诵不遗一字。岸人初未识予，每构予文，必手录，或暗记之。予交岸人始此。岸人才而夭，今念之怆然。"④ 夏之蓉《越山诗集序》自记曰："迦陵读此序，竟涕泗横流，几欲失声，旋肃衣冠，拜谢于庭，盖其天性真挚有过人者。"⑤ 在这里，作者通过记录同时代人阅读其作品之后的反应和评价，间接显示了他们作品的魅力与水准。不用说，作者亲近之人的共鸣、倾倒，以及作者本人绘声绘色的描述，有助于激发其他读者（包括后世之人）的阅读兴趣。再举一例，在鸦片战争期间，面对英军的坚船利炮，清政府十分被动，彭蕴章乃作《审敌策》一文，力主战守不可偏废，并强调要加紧造船，以消除敌我之间的力量悬殊。作者在文末的自记中说："道光辛丑岁，夷氛未靖，奉诏求言，其时部员皆得献策，上官酌核，具奏多所采录，见诸施行。余以郎中值枢垣，是年九月献此策于军机大臣，以备采

---

① （清）李绂：《穆堂别稿》卷38，《拟汉置五经博士诏》自记，载《清代诗文集汇编》第233册，第366—367页。

② （清）沈彤：《果堂集》卷4，《与方望溪先生书》自记，载《清代诗文集汇编》第264册，第369页。

③ （清）袁枚著，周本淳标校：《小仓山房文集》卷20，《高帝论》自记，载《小仓山房诗文集》第3册，上海古籍出版社1988年版，第1593页。

④ （清）吴肃公：《街南文集》卷10，《送孙无言归黄山序》自记，载《清代诗文集汇编》第100册，第705页。

⑤ （清）夏之蓉：《半舫斋古文》卷5，《越山诗集序》自记，载《清代诗文集汇编》第287册，第512页。

择，不求入奏。次年始有旨，命川楚购材木，造战舰。旋闻夷酋就抚，事遂寝。"① 在这里，作者虽然没有肯定地说朝廷"购材木，造战舰"即是出于他一个人的主张，但事实本身，却说明他的主张是可行的。换言之，这段自记通过对作品社会效应的叙述，向读者展示了作者的卓识和写作水平。

上文说过，清代很多古文家在写出一篇或数篇作品之后，往往会将其寄送给自己的师长、友人或后辈评点，这无疑有主动宣扬己作的用意。当这种做法形成风气之后，有些自负、大胆的古文家干脆就在自记中自评己作。如彭士望自评其《九牛坝观觝戏记》说："寄托亦自《圬者》《梓人》二传来，而意旨、机轴迥相悬绝，且窈邈之思、危苦之音，亦大异于元和，不敢作韩柳后尘也。"② 茹敦和自评其《曾敬五诗叙》一文说："反复唱叹，且颂且规，乃都无一点浪墨。"③ 徐继畬自评其《书王印川广文诗注后》说："村学究见此议论，未免惊讶，然皆平正通达之言，不读书者自不知耳。文体欲仿壮悔堂，参以柳州之廉刿，虽未成体而八股俗调已去太半。"④ 这些古文家当然清楚，在以儒家为主流的传统观念中，露才扬己是不可取的，但他们不顾可能遭致的非议，大胆地在其自记中夸耀己作的水平，甚至将自己和前代公认的大家相提并论。这种一反前人传统的做法，充分体现了他们急欲获得广泛认同的心理。

记录作者写作时的心情，或者追记作者在一段时间之后再次读起己作时的感受，也是清代古文自记的主要功能之一。例如，黄晋良有感于汉成帝以来爵禄日重而为害愈深的事实，乃作《癸亥十一月十八夜偶书》，写毕，情犹不能自已，于是又在自记中写道："夜深读书，触事命笔，不觉极其沉痛，词无诠次，不足成篇章也。"⑤ 又如，朱奇龄在读到自己多年

---

① （清）彭蕴章：《归朴龛丛稿》卷4，《审敌策》自记，载《清代诗文集汇编》第577册，第621页。

② （清）彭士望：《耻躬堂文钞》卷8，《九牛坝观觝戏记》自记，载《清代诗文集汇编》第32册，第154页。

③ （清）茹敦和：《竹香斋古文》卷上，《曾敬五诗叙》自记，载《清代诗文集汇编》第347册，第59页。

④ （清）徐继畬：《松龛先生文集》卷4，《书王印川广文诗注后》自记，载《清代诗文集汇编》第589册，第622页。

⑤ （清）黄晋良：《和敬堂全集》卷10，《癸亥十一月十八夜偶书》自记，载《清代诗文集汇编》第54册，第191页。

前写的《又答陈敬之书》时，深感物是人非，于是又在文末写道："此予戊辰秋日答敬之书也。其明年春，敬之遂奄然辞世。呜呼！钟子期死，伯牙为之不鼓琴。庄生过惠子之墓，顾谓从者曰：'自夫子之死也，吾无以为质矣，吾无与言之矣。'呜呼！敬之而既殁矣，吾安得如敬之者而与之言哉！"[①] 自记作为一种文本形态，没有任何形式或内容上的约束，作家可以随意、自由地书写，因而其流露出来的情感一般比较真挚。当我们读到上述黄晋良、朱奇龄那样沉痛的语句时，不能不为之动容。由此不难推想，当作者写下此类文字时，他们是多么希望得到世人的理解，多么希望后世的人们产生共鸣！

中国历史上，历来就有标榜声气的风尚，其中尤以明、清两代最为突出。很多清代古文家也受到了这一风尚的影响，上述古文自记的各种内容，就体现了他们自我揄扬、自我标榜的动机。对于这些作家，后人不能从传统道德的角度，对他们的人格和行为进行苛责，而应从他们所处时代的语境出发，做同情之理解。首先，清代文学十分繁荣，当时作者之多，作品之繁，竞争之激烈，都远超此前任何一个时代。这样，如何有效推动己作的传播，使自己不至于默默无闻，就成为很多作家不得不考虑的重要问题。其次，清代古文家大多崇尚同人之间的交流和砥砺，认为这是做好古文的前提之一。黄宗羲说："文章之道，非可一蹴而至者。苟好之，则必聚天下之书而读之，必求天下之师友而讲之，必聚一生之精力而为之，其文有不工者乎？"[②] 所谓"必求天下之师友而讲之"，即是强调互通声气的重要性。黄氏这一观点，乃是很多清代古文家的共识。正是在这种观念的作用之下，他们当中的很多人养成了喜讨论、好争辩的习气，表现出一种强烈的表达欲望。最后，清代古文家之中，很多都有经世致用的思想，主张文须有益于天下。而为了使自己的作品成为有用之文，他们必须努力宣传自己，以获得尽可能多的读者和知音。正是这些原因，使很多清代古文家都有自觉、强烈的文学传播意识，而当他们发现自记这一形式的便利之后，大量地运用它，并将其收入自己的别集之中，就成了一件自然而然的事。

---

① （清）朱奇龄：《拙斋集》卷1，《又答陈敬之书》自记，载《四库全书存目丛书·集部》第251册，齐鲁书社1997年版，第594页。

② （清）黄宗羲撰，沈善洪主编：《南雷诗文集》序类《戴西洮诗文题辞》，载《黄宗羲全集》第10册，浙江古籍出版社1993年版，第102页。

四 清代古文自记的理论意义与文献价值

随着创作的繁荣，清代古文家十分热衷于文章写法的探讨。其探讨的方式可谓多种多样，文话、评点、序跋、笔记等，都是他们发表理论见解的渠道，自记当然也是其中的一种。

有的古文家在完成一篇作品之后，又在其后记下自己的写作感受，此类自记，往往体现了作者关于古文写法的观点或倾向。如吴肃公在《送梅振先授徒巢县序》的自记中写道："初有结语云：'不然，巢固有巢父之迹、梅福之洞焉，其一访以归耳。'梅朼司亟赏之，而予叔季埜先生乙去之，曰：'文学八家，岂得参巧隽语？'朼司称服。"① 在这里，吴氏现身说法，表达了古文不得参入巧隽语的观念，体现了他崇尚高古、浑朴之风的创作倾向。沈廷芳在《方望溪先生传》的自记中转述其师方苞对他说："南宋、元明以来，古文义法久不讲。吴越间遗老尤放恣，或杂小说家，或沿翰林旧体，无一雅洁者。古文中不可入语录中语、魏晋六朝人藻丽俳语、汉赋中板重字法、诗歌中隽语、南北史佻巧语。"② 方苞此言，体现了他对古文语体纯粹性的努力维护和对雅洁文风的自觉追求，这已成为文学史研究中的一个常识。值得特别注意的是，方苞这一著名的理论观点，乃是由其弟子沈廷芳在其古文自记中转述而来的，自记对发表和传播古文理论的意义，由此可见一斑。

古文的繁简问题是清代文章学的重要内容之一，关于这个问题，清人展开过热烈的讨论，提出了各种不同的见解。③ 这在清代古文自记中也有所体现。例如，王芑孙《故明二杨将军传》自记曰：

> 彭（引者按：据正文可知为彭厚惠）作《双忠传》，几六千言，

---

① （清）吴肃公：《街南文集》卷10，《送梅振先授徒巢县序》自记，载《清代诗文集汇编》第100册，第704页。
② （清）沈廷芳：《隐拙斋集》卷41，《方望溪先生传》自记，载《清代诗文集汇编》第298册，第539页。
③ 参见蔡德龙《论清人对文章学繁简理论的重建》，《四川大学学报》（哲学社会科学版）2014年第4期。

余今删取为二千余字，而文气转若有余。盖易堂数子立志太高，推其意，皆欲直接班、马而自异于韩、欧，每作一文，无处不用加一倍法，未免急与之角而力不敢暇，卒之去韩、欧远甚。震川不敢自异于韩、欧，卒之不求异而有以自异，以此见文章不在高谭也。易堂数子承七子伪体之余，当时文盛行之际，自觉高出一世，其于震川犹隔尘也，何暇他问？惟"三魏"中，叔子最疏宕有奇气，名故不虚耳；虽然，今日震川，莫知所在。苛论前贤，第增惶悚。嘉庆戊午十月自记。①

显然，王芑孙主张人物传记当以高简为贵，不宜铺写过繁。他认为在这一方面，韩愈、欧阳修之文堪称典范，归有光亦有可取之处；易堂九子中，只有魏禧之文疏宕有奇气，其余诸人皆失之于繁。

同样是关于传记之文，方东树的看法却与王芑孙迥然有异。他在《朝议大夫贵州大定府知府姚君墓志铭》自记中说：

> 章法完密，于叙事中一一点缀，风韵焕发，韩、欧、王法也。或言：艾繁不可删者，亦有说？念此为伯山平生第一得意，第一功名，英姿飒爽，毛发俱动，平心而论，实多有足为后来治剧之谱。若贪惜笔墨，裁损字身，缩减文句，以求合所谓义法，则伯山面目性情不出，文章精神亦不出。如宋子京《新唐书》，反成伪体。墓志即史家纪传，宜实征事迹。如太史公诸列传，各肖其人，描写尽致，自成千古，故韩、欧、王三家志文，皆学史迁法。若但以长短为胜劣，则子由志东坡，亦六千字，东坡状温公，至万言以上。虽昔贤之论苏氏文不登金石之录，然二公亦尚非全流俗门外汉也。且伯山之为政，与吾之为文，自行意而已，固不规规傍人门户，指前相袭用，一律作优孟衣冠也。此意何当？与吾伯山地下共论之。②

方东树认为，传记之文不当以繁简为优劣，对于经历丰富、事业显赫的传

---

① （清）王芑孙：《惕甫未定稿》卷9，《故明二杨将军传》自记，载《清代诗文集汇编》第442册，第394页。

② （清）方东树：《考槃集文录》卷10，《朝议大夫贵州大定府知府姚君墓志铭》自记，载《清代诗文集汇编》第507册，第296页。

主，就应尽情铺叙和摹写，只有这样，才能将其面目性情淋漓尽致地刻画出来。正是基于这一观点，他对苏轼、苏辙的人物传记进行了重新评价。其迥异于前人的看法，对于今人重新认识二苏的传记文，乃至整个古代传记的写作传统，都有较大的启示意义。

上述例子足以证明，古文自记是清人阐发其文学观念的载体，蕴含着较为丰富的理论资源，值得深入挖掘。

作为一种副文本，清代古文自记另一重大意义是，保存了一些与正文有关的信息，诸如写作的动机、背景、经过，作者构思或行文的匠心，作品的本事及相近之史实，以及作品最初的传播接受情况，等等。这对今天的清代散文研究具有重要的史料价值。如张符骧《海烈妇传》自记曰：

> 传烈妇者三家，王岩筑夫、周筼青士、周启巂澹木，看来都不成文理。澹木不知九廷以私怨告显瑞，而称为义侠，又言妇跪谢二姬，尤误。青士具狱词太费，筑夫琐琐道白金可厌，又言妇厉叱杨二，既厉叱，则有量宜与二绝矣，后何以又信其所绐而就显瑞乎？且九廷私怨，何必费辞？海氏，一流离乞食妇人，岂有胡天胡帝，而诸家特言其美艾？来常踪迹，亦何足深言？予于此颇有斟酌。题不曰"陈烈妇"，而曰"海烈妇"，与熙甫《书张贞女事》同意，皆欲绝之于夫家也。①

在这里，作者通过指摘他人之作的谬失，展示了自己对人情物理的深刻把握，以及在史料剪裁和文字详略轻重上的匠心，这对于读者的阅读与理解来说无疑是一种有效的引导。再如，鞠濂在《李丕翁室于孺人墓志铭》自记中写道：

> 不能如古人随意为文，故寻一蹊径入亡室作起结，孺人之贤即以亡室语虚挚于前，为中幅四段之纲，末路不再见亡室则意不显，而无端漫及又太痕迹，故留三语叙于后，即接叙孺人子女与卒年。此下若

---

① （清）张符骧：《依归草》卷二，《海烈妇传》自记，载《清代诗文集汇编》第212册，第474页。

明应"有感"句，又嫌太显无意绪，折归先生借映之，结孺人，并结亡室。盖入亡室，则下伤悼语乃不类无病呻吟。铭中翻作慰意语，而悲怆乃益深，凡此皆篇中用意处也。①

毫无疑问，作者关于其正文意脉及具体笔法的细致介绍，对于读者深入领会其艺术匠心，进而准确评判其创作水平，都有较大的参考价值。又如，盛大士《汪青州家传》自记曰："厚夫太守居官有政绩，为御史尤敢言，余特举其大者。作传之体，书人官阶，不系以最尊，必系以最后，此传详载御史事，而题标青州，从其后者而言也。"② 这段话向读者说明了两点：其一，由于传主汪彦博一生最突出的事迹就是其在担任御史期间多次抗疏，名闻朝野，因此，文章将笔墨主要集中于此；其二，文章标题于传主之官职，不称"御史"而曰"青州"，乃是为了遵循"书人官阶，必系以最后"的作传原则。如此明确的交代，不仅有利于消除疑虑、解答疑惑，而且能帮助读者快速抓住文章的主要内容和书写特点。

此外，卢锡晋自评其《书〈商子〉后》一文说："学史公赞，只到得欧、苏门庭"③，茹敦和说其《楚两节妇传》与"震川学《史记》文字"相类，④ 田兰芳自述其《慎斋记》乃"学子由《东轩》、子固《学舍》二记而卒不得肖"⑤，等等，都有助于读者把握作者的创作倾向，启示后人将其正文本置于相关的作品谱系中去做纵向的比较和准确的评判。

"文章千古事，得失寸心知。"⑥ 作家对自己作品的介绍与评价，往往

---

① （清）鞠濂：《悦轩文钞》卷下，《李忝翁室于孺人墓志铭》自记，载《清代诗文集汇编》第 235 册，第 479 页。

② （清）盛大士：《蕴愫阁文集》卷 4，《汪青州家传》自记，载《清代诗文集汇编》第 501 册，第 294 页。

③ （清）卢锡晋：《尚志馆文述》卷 2，《书〈商子〉后》自记，载《清代诗文集汇编》第 161 册，第 92 页。

④ （清）茹敦和：《竹香斋古文》卷下，《楚两节妇传》自记，载《清代诗文集汇编》第 347 册，第 75 页。

⑤ （清）田兰芳：《逸德轩文集》卷中，《慎斋记》自记，载《清代诗文集汇编》第 108 册，第 61 页。

⑥ （唐）杜甫：《偶题》，（清）仇兆鳌注：《杜诗详注》卷 18，第 4 册，中华书局 1979 年版，第 1541 页。

比他人更能道出其中的奥妙,① 因为其作品的写作背景、思路技巧、最初的接受传播等,作者本人是最清楚的。因此可以肯定地说,在指导读者的阅读方面,自记具有其他文献无法替代的价值。

---

① 很典型的一个例子就是苏轼,其《自评文》曰:"吾文如万斛泉源,不择地皆可出,在平地滔滔汩汩,虽一日千里无难。及其与山石曲折,随物赋形,而不可知也。所可知者,常行于所当行,常止于不可不止,如是而已矣。其他虽吾亦不能知也。"(张志烈、马德富、周裕锴主编:《苏轼文集校注》卷66,《苏轼全集校注》第19册,第7422页)迄今为止,所有关于苏文的评价,依然还是以苏轼本人的这段话最为精彩、贴切。

四川早期新诗的历史价值

李 怡

（四川大学文学与新闻学院）

中国现代新诗发展之初，四川人郭沫若影响最大，《女神》对新诗艺术的巨大开拓之功，无人否认。不过，再要论功行赏，恐怕能够上榜的其他四川人就不多了。

但这恰恰是历史的误解。

五四前后，四川虽然远在内陆腹地，表面看距近代文明的中心城市十分遥远，欧风美雨浸润无多，但是，作为新诗的积极实践者却绝非只有郭沫若这样"稀缺"的天才，认真梳理，其实存在一大批的新诗爱好者、尝试者、参与者，他们各自形成一些相互交流、相互切磋的小群体，彼此又存在某种松散的关注和对话，在整体上构筑起了一个气氛浓郁、规模庞大的"四川新诗场域"，就像我们说尝试者胡适不是一个白话诗的独行者，他的周围是留美同学（梅光迪、任叔永、赵元任等）的文学改良讨论群、《尝试集》改诗群一样，我们同样知道，郭沫若也不是"一个人在战斗"，在他成长的同时，四川新诗写作的人群不断发展壮大，使四川成为五四前后诗歌氛围最浓厚的中国区域。这个事实，长期被我们的诗歌史、文学史所漠视，以致我们今天的历史梳理，不仅出现了太大的残缺，而且更不利于解释一些内在的艺术规律。

一

胡适的《尝试集》是我们公认的第一部个人白话诗集，而几乎同时，成都人叶伯和也开始了类似的探索。

叶伯和（1889—1945），原名叶式倡，字伯和。成都人。1907 年，他与父亲叶大封及12岁的二弟仲甫一同赴日本东京留学，就读于日本法政大学。不久，又自行进入东京音乐学校学习，1911年冬回到成都。1914年，应聘四川高等师范学校（四川大学前身）教授，筹建手工图画兼乐歌体操专修科，开中国音乐高等教育之先河。在日本留学期间，叶伯和不仅自主选择了音乐专业，也开始阅读拜伦、泰戈尔、爱伦·坡等的诗歌作品。叶伯和的第一部诗集《诗歌集》于1920年5月由华东印刷所出版，仅仅比胡适的《尝试集》晚了两个月。《诗歌集》的编排表明，其中的诗作曾经分期刊印，在朋友间传阅交流，也就是说实际的民间传播其实还早于1920年5月。叶伯和当之无愧属于中国最早写作白话新诗的诗人之一。

  叶伯和的新诗创作选择见证了白话新诗发生的第二条路径——在胡适的借鉴西方文学民族语言（白话口语）复兴历史，输入外来诗歌样式之外，从"乐歌"创作中获得灵感，由"唱"而"写"，借助音乐旋律的启示构建白话口语入诗的可能。在当时一批知识分子的留日经验中，就是对"学堂乐歌"资源的发掘和运用。

  现代欧美国家，包括唱歌在内的艺术课程是现代教育的主要组成。"脱亚入欧"的日本更将"乐歌"提升到政府决策的高度，以学校唱歌"德性涵养"，这是"军国民"教育的重要内容。这给留日知识分子留下了极为深刻的印象。沈心工、李叔同、曾志忞、路黎元、高寿田、冯亚雄等在日本留学的第一代音乐人，见证了"乐歌"在日本的学校教育、政治宣传及人民生活中的巨大作用。这一日本体验将"乐歌"引入中国，近代新式学堂中开始仿效国外教育，发展艺术教育，出现乐歌（唱歌）课。1904年，清政府颁布由张百熙、张之洞、荣庆共同制定的《奏定学堂章程》，提出"在新式学堂中开设乐歌课"，"学堂乐歌"的概念由此诞生。留学日本又研习音乐的叶伯和成了乐歌在中国的实践者。

  叶伯和是在为师范生准备教学案例之时，自己动手编写"乐歌"的，他自己也做了分类，"没有制谱的，和不能唱的在一起，暂且把他叫做'诗'。有了谱的，可以唱的在一起，叫做'歌'"。[①] 合在一起，就是《诗歌集》。看得出来，既有传统诗学修养又具音乐专业素质的叶伯和对音乐与诗的关系是有精准把握的。

  《诗歌集》正文，"歌类"10首，"诗类"25首，"诗类"数量远远

[①] 叶伯和：《诗歌集·自序》，华东印刷所1920年初版。

超出一般"学堂乐歌"的结集,是真正的"诗集",诗集还有附录,也分"诗类"和"歌类",收入旧体创作。这说明叶伯和具有清醒的语言问题意识,他竭力推动的是最具有现代语言形式的白话新诗。

除了具有日本"乐歌"经验的叶伯和,试图借助音乐来激活中国诗歌变革的四川人还有两位——王光祈与吴芳吉。

王光祈(1892—1936),今天我们常常提及他的身份包括音乐家、少年中国学会的发起人之一、社会活动家等,但他的诗人身份却几乎被我们遗忘。

王光祈诗作不多,到目前为止,被发现的诗作包括旧体诗9题19首,新诗2首,歌词13首。值得注意的是,这仅有的2首新诗,就有1首被著名的音乐理论家、指挥家李焕之先生等多位作曲家谱曲传唱,13首歌词也是有词有曲,所有曲谱皆由王光祈亲自绘制,这都体现了诗人的作品具有鲜明的音乐性。王光祈有创作,更有对音乐文学的研究,他的《德国国民学校与唱歌》《各国国歌评述》《论中国古典歌剧》《中国诗词曲之轻重律》《西洋音乐与诗歌》《西洋音乐与戏剧》等专题研究显示了他对中外文学与音乐关系的系统关注。在代表作《中国音乐史》《西洋音乐史纲要》《东西乐制之研究》等著作中,又将"音乐"提升为一种关乎民族文化、民族精神的根本性问题。"吾国孔子学说,完全建筑于礼乐之上,故礼乐者与中华民族有密切关系,礼乐不兴,则中国必亡。"①"我们中国古代的法度文物,以及精神思想,几乎无一不是建筑于音乐基础之上。假如没有音乐这样东西,中国人简直将不知道应该怎样生活。""吾将登昆仑之巅,吹黄钟之律,使中国人固有之音乐血液,重新沸腾。吾将使吾日夜梦想之'少年中国'灿然涌现于吾人之前。"②

在中国现代文学史上,吴芳吉身份尴尬,他的大量的旧体诗作使之难以在"新文学"的主流叙述框架中现身,同时,他又置身于五四时期,无法在晚清诗坛中获得一席之地,因为与吴宓的私人关系,有人试图将之归为"学衡派",但是,其学术背景分明又与那批"学贯中西"的白璧德弟子并不相同。随着五四激进主义受到某些"重估",吴芳吉对新文化派

---

① 王光祈:《德国音乐与中国》,原载《申报》1923年10月,引自冯文慈、俞玉滋选注《王光祈音乐论著选集》上册,人民音乐出版社1993年版,第21页。

② 王光祈:《东西乐制之研究·自序》,引自冯文慈、俞玉滋选注《王光祈音乐论著选集》下册,人民音乐出版社2009年版,第1、7页。

特别是胡适的质疑开始引起人们的关注，一些学者开始肯定他的"保守"立场，发掘其诗歌理论在"继承中国优秀传统文化"方面的积极意义。其实，这里依然是误解多多，吴芳吉诗歌之于中国新诗的探索的真正的启示尚未得到深入的总结。

吴芳吉并不是一位刻意要回到"传统"的诗人。他反对五四新文化派对于传统文化的某些否定之词，那只是不满于在他看来的偏激主张，力主继承与发展的"中正之道"。对于新文化运动、文学革命本身，他多次表示认可。1918年4月3日，他在日记中写道："寄绮笙师一书，谓文学革命之言虽多过当，亦不可概抹煞之。"[①] 1920年7月致信上海《民国日报》记者邵力子，称："以根本论，我对于今之新文化运动，是极端赞成的。"[②] 数年后，在自我总结的论述中，他更是说得清楚："国家当旷古未有之大变，思想生活既以时代精神咸与维新，则自时代所产之诗，要亦不能自外。……故处今日之势，欲变亦变，不变亦变，虽欲故步自封而势有不许。"[③] 对于中国古典诗歌的发展困境，作为诗人的吴芳吉与白话诗人一样深有体会，绝不是一个冥顽不化的"冬烘"先生。

结合诗人的创作，我们更容易理解这一点。有学者统计说："迄今为止所见吴芳吉诗总计有237题812首（段），其中律诗53题146首……其余184题666首（段）多数都可以算现代新诗。"[④] 当然，这184题666首（段）诗是不是我们通常意义的"新诗"呢？笔者觉得还可以商榷，因为它们的语言自由度也还与郭沫若与其他五四白话新诗有别，不过，大多数的吴芳吉诗歌，与我们所熟悉的近体诗不同却是真实的。在这里，白话词居多，有的还融入了方言，韵律宽泛，句式长短不齐，极为自由，有两言、三言、四言、五言、六言、七言，甚至十四言，语言体式之多，在任何一位传统的中国诗人（包括晚清"诗界革命"诗人）那里都不曾有过。尽管与典型的现代新诗有异，却不能不承认，吴芳吉立意对中国诗歌展开全新的改革，努力为我们探索出一种新的诗歌形态。语言样式多，体式变化频繁，实际上就是诗人在自由调用不同的韵律、节奏方式，达成那"顺、圆、熟"的艺术效果。在创作中，他有意识突破格律严苛的近体律

---

① 吴芳吉：《吴芳吉集》，巴蜀书社1994年版，第1220页。
② 吴芳吉：《答上海民国日报记者邵力子》，《吴芳吉集》，巴蜀书社1994年版，第657页。
③ 吴芳吉：《〈白屋吴生诗稿〉自序》，《吴芳吉集》，巴蜀书社1994年版，第555页。
④ 李坤栋：《论吴芳吉的现代格律诗》，《重庆工商大学学报》（社会科学版）2003年第2期。

诗的限制，将中国古典诗歌史上出现过的众多的韵律样式都加以尝试、运用，包括乐府、歌行体、民歌民谣、词、曲等。吴芳吉为我们留下的许多名作从诗题都可以看出这些体式的存在：

  行：《儿莫啼行》《海上行》《步出黄浦行》《巫山巫峡行》《曹锟烧丰都行》《思故国行》《短歌行》《痛定思痛行》《红颜黄土行》《北望行》《北门行》《固穷行》……
  歌：《吴碧柳歌》《君山濯足歌》《汉阳兵工厂歌》《聚奎学校校歌》《聚奎学校食堂歌》《巴人歌》《渝州歌》《江津县运动会会歌》《埙歌》……
  曲：《笼山曲》《可怜曲》《浣花曲》《甘薯曲》……
  谣：《非不为谣》《摩托车谣》……
  词：《婉容词》《明月楼词》《护国岩词》《忧患词》《五郎词》《杜曲谒少陵先生词》……

在传统诗歌写作日益衰弱的民国初年，诗人吴芳吉再一次弹奏了各式各样的传统音调，试图为新的诗歌变革注入源头活水，融冰消雪，在自由和谐的旋律中实现中国诗歌的凤凰涅槃。如果说叶伯和、王光祈他们尝试从中外音乐的韵律中寻觅新诗的活力，那么吴芳吉则是试图从中国古老的音乐曲谱中发现中国诗歌自我更新的机会。思路有别，理想如一。

二

  考察晚清民初的四川诗坛，我们还会发现一个重要的现象，那就是无论是走出夔门的郭沫若、王光祈，还是重归乡土的叶伯和，在他们的周围都会聚了一大批的本乡本土的志同道合者，他们或小有成就，或初出茅庐，或忠贞于文学或别有术业，但在一定的时期内，都不约而同地注目新诗，热衷于诗歌问题的讨论，背景不同却焦点一致。这些人群的聚集可能并非一处，各自构成紧密不等的交往圈，但是，不同圈群又总能在不同的点上纵横交叉，以致在总体上显示了"四川诗人群"蔚为大观的阵势，在当时中国诗坛并不人声鼎沸的景观中，给人印象深刻，属于中国新诗史上一个引人瞩目的历史现象。

叶伯和个人的日本体验让他走上了"乐歌"与新诗的探索道路,但是这一尝试在民国初年的成都并不孤单,他的周围很快围聚了一批新诗爱好者。"果然第一期出版后,就有许多人和我表同情的,现在交给我看,要和我研究的,将近百人;他们的诗,很有些比我的诗还好。"① 百人的新诗写作队伍,活动在民国初年的内陆城市成都,这是足够壮观的了。这些诗作的完整面貌我们今天已难看到,不过,从《诗歌集》中附录的近十首来看,② 基本都是叶伯和自述的生活的"白描",属于初期白话新诗的常见样式,例如为诗集作序的穆济波,"穆济波君新诗的作品很多"③,叶伯和诗集保存了他的第一首白话新诗《我和你》:

倦了!那曼吟的歌声;悠扬的琴声;一齐和着!
调和纯洁的精神!祷祝平安的幸福!
这样自由的空气里,笑嘻嘻的只有我和你!

两年后,叶伯和组织了四川第一个文学社团"草堂文学研究会",出版《草堂》期刊。除叶伯和本人外,草堂文学研究会的主要成员包括陈虞裳、沈若仙、雷承道、张拾遗、章戡初等。大体都是当时成都思想活跃的青年,例如张拾遗、章戡初、沈若仙曾与巴金等同为无政府主义社团半月社的成员(巴金以笔名"佩竿"在《草堂》第 2、3 期上发表过小诗),张拾遗、雷承道等后来又是四川第一家诗报《孤鸿》的主要撰稿人。《草堂》创刊于 1922 年 11 月 30 日,至 1923 年 11 月 15 日共出版了四期。《草堂》第 2 期的《编辑余谈》中表示:"我们的文学会,是几个喜欢文艺的朋友的精神组合。并没有章程,和会所。一时高兴,又把几篇小小的作品印了出来。承许多会外的友人,写信来问入会的手续。我们在此郑重地答复一句话:'只要朋友们不弃,多多赐点稿件,与以精神上的援助,便算入会了。"④ 这道出了草堂文学团体及杂志的同人性质。"诗歌"是《草堂》的首席栏目,四期期刊共发表新诗 112 首。较之于叶伯和的《诗

---

① 叶伯和:《诗歌集・再序》,华东印刷所 1920 年初版。
② 穆济波 1 首,陈虞父 1 首,董素 1 首,彭实 1 首,文鑑 1 首,SP 2 首,蜀和女士 2 首。
③ 叶伯和:《诗歌集・我和她(有序)》,华东印刷所 1920 年初版。
④ 《编辑余谈》,《草堂》1923 年第 2 期。

歌集》,《草堂》同人的新诗作品开始跳出个人生活感兴的狭小范围,开始迈入历史、社会、自然、风俗等更为宽阔的领域,体现出新诗发展中可以清楚观察到的进步。

1923年5月15日,成都诞生了第一份新诗报纸《孤吟》,半月一期,每期8开4版,至1923年8月1日止,共出版6期,其中第3期含"儿童诗歌号"4版,共8版。诗报第5期上公布了"本社社员名单",从中我们可以了解这一诗歌群体的同人构成及诗报的基本分工,其社员有刘叔勋、雷承道、杨鉴莹(主管收费兼通信)、张拾遗(主管编辑)、张望雲(主管发行)、张继柳(主管发行)、章戬初、唐植藩、徐苏陔、唐苇杭(主管编辑)、周无歝11人。经常发表作品的人员还有窦勤伯、刘叔勋、立人女士、KT、思绮、成章、叔汉、非空等,巴金以笔名PK和佩竿发表了长诗《报复》和小诗7首。《孤吟》主要的编辑张拾遗与社员雷承道、章戬初等曾经是《草堂》的主要成员,张拾遗、章戬初和巴金又同为《半月》社员,由此可见,诗报是四川文学青年的又一种组合方式,是作为民初四川诗人相互交叉、彼此呼应的重要传播领地之一。1923年8月1日出版的《孤吟》第6期上,有一则"蜀风文学社启示",称"本社系由《孤吟》和《剧坛》组合而成,依出版先后定《孤吟》为第一种刊物,《剧坛》为第二种刊物,均定每月一号及十六号出版(本社简章俟《剧坛》出版时披露)"。"蜀风社"应当是他们拟议中的团体名目,可惜《孤吟》只到此为止了,《剧坛》也未曾发现。

在对新诗的探索与经营方面,《孤吟》较《草堂》又有了明显的进步,这体现在两个方面。

一是加强了对一些独特的诗歌样式的探索,如小诗和儿童诗,小诗出现在1921—1925年的中国新诗运动中,当时国内的新文学刊物如《晨报副刊》、《时事新报·学灯》、《民国日报·觉悟》、《文学》周报、《诗》月刊,甚至《小说月报》等都大量刊载小诗,《孤吟》显然是有意识汇入这一时代主潮,第二期打头便是佩竿(巴金)的小诗,以后又陆续发表了唐苇杭、徐苏陔等人的小诗创作。"儿童诗"这一概念最早出自《晨报副镌》,1922年5月11日,副镌发表了程苑的《镜中的小友》,诗前附注里提及了"儿童诗"。不过在当时,刊登"儿童诗"的主要阵地却不是新文学期刊而是专业性的读物,如北京大学歌谣研究会1922年12月创刊的《歌谣》,"儿歌"被列为民间歌谣搜集整理的对象。再如1922年1月16

日上海商务印书馆创办的《儿童世界》、1922年4月6日中华书局创办的《小朋友》周刊。《孤吟》在第3期的附加增刊《儿童诗歌号》发表儿童诗歌28篇,此后,第4、5期又以专栏形式分别发表4篇,第6期再发表5篇,至终刊共发表了41首,作者多来自各中小学校。《孤吟》是成人的新文学报刊中第一个推出"儿童诗"专辑的,可谓是对中国新诗也是对儿童文学的一种独特的探索。

二是加强了诗歌理论的探讨。诗报的创刊号上推出了张拾遗的《〈惠的风〉的我见》,直接介入当时国内诗坛的争论中,此后,诗报又先后发表了UJ《孤吟以前的作风的轮廓》、[1] GL《新诗与新诗话》、思纔《谈旧诗·赤脚长须之厄运》、[2] 既勤《我对于读诗的一个意见》、[3] 张拾遗《从〈儿童诗歌号〉得到的教训》及KT《我们出儿童诗歌号的旨趣》、[4] 张拾遗《毛诗序给我们的恶影响》、[5] KT《说这里诗》等论文,[6] 就新诗的价值、四川新诗的历史、新旧体诗歌的关系、诗歌的欣赏、儿童诗的定位等问题展开论述,最集中地表达了当时四川新诗界对新诗发展相关问题的理论思考。值得一提的是,四川的青年诗家已经开始自觉地总结四川新诗的发展历程,历史的总结之中,流露着对区域文学建设的深深情感和自觉。UJ《孤吟以前的作风的轮廓》一文对四川新诗发展的史料多有梳理,今天其中的部分史料已经难以完整寻觅了,如《直觉》《半月》《平民之声》等。不过,透过这1923年的概括,我们也可以知道,20世纪20年代之初的四川新诗几乎遍及了当时四川的主要的期刊,除了纯文学类的《草堂》《孤吟》,其他的思想文化类杂志也都刊登新诗作品。一句话,新诗在四川这一地域的新文化读物中,真是遍地开花。

不过,从《孤吟》继续前行,最终推出自己独立诗集的作者似乎不多。到目前为止,我们只找到一位作者——张蓬洲。他1904年生人,原名映璧,后又名蓬舟,成都人。接受过私塾教育,又求学于强国、华英等新式学校,1921年,17岁的他第一次在四川《国民新闻》第7号发表了

---

[1] 《孤吟》1923年第2期。
[2] 以上两文见《孤吟》1923年第3期。
[3] 《孤吟》1923年第4期。
[4] 以上两文载《孤吟》1923年增刊。
[5] 见《孤吟》1923年第5期。
[6] 《草堂》1923年第6期。

新诗《落花》，1923年6月13日，他在《孤吟》第4期上发表了一篇诗论随笔《玉涧读书》，也是在这一年，他自费印行了自己的第一部诗集《波澜》，收入诗歌8题共15首，以质朴清新的语言描述他在四川及沪宁一带的旅行感受。其中《落花·小序》道出了一代青年诗人对于破旧立新的新诗浪潮的由衷的欢迎："自从有人提倡'打破旧诗''创设新诗'以后，附和的人，犹如风起浪涌一般！在试办的期内，居然成功的好的创作，就已不少！专集既有几种，散见于报纸和杂志上的，更是拥挤十分！大家为什么这样努力呢？是好育从新奇吗？决定不是；因为大家都受着'旧诗'形成上的拘束，凡是一字一句，都要墨守死人的陈法，不能够将真正的精神畅所欲言的写出来。"① 在这里，诗人提到了新诗见刊"十分拥挤"，在诗集前的《断片的卷头话》中，又称自己的作品在成都重庆的报纸上"简直是'照登不误'"，② 在一定程度上也反映了当时四川媒介对于新诗创作的宽容度。

当《草堂》《孤吟》这些四川早期白话诗人努力于成都之时，另有一批四川的文学青年也在当时的新文化中心城市组团结社，尝试着群体性的新文学建设。这就是以林如稷为核心的浅草社。浅草社1922年初成立于上海，1923年3月创办文学杂志《浅草》季刊，至1925年2月出版第4期后终刊，其间又先后为《民国日报》编辑副刊《文艺旬刊》和《文艺周刊》，至1924年9月16日止。浅草社的骨干、《浅草》季刊及《民国日报》的两个副刊之主要编辑大部分为京沪两地的四川青年，包括林如稷、陈炜谟、陈翔鹤、李开先和王怡庵，杂志的主要撰稿人如邓均吾、高世华、马静沉、陈竹影、胡倾白等也来自四川，所以我们完全可以将这一群体视作五四时期跨出乡土的四川青年如何在文化中心结社奋斗的典型。《浅草》创刊的"卷首小语"与"编辑缀话"生动地告诉我们，这些来自外省的默默无闻的学子多么孤寂，如何渴望在彼此扶助中抱团取暖："在这苦闷的世界里，沙漠尽接着沙漠，瞩目四望——地平线所及，只一片荒土罢了。""我们不愿受文人相轻的习俗熏染，把洁白的艺术的园地，也弄成粪坑，去效那群蛆争食。"③

---

① 张蓬洲：《落花·小序》，《波澜》，1923年出版（自印）。
② 张蓬洲：《断片的卷头话》，《波澜》，1923年出版（自印）。
③ 《浅草》1923年第1卷第1期。

浅草同人多外文系的学子,《文学旬刊》上翻译介绍过法、美、英、德、俄、日、印等多国的文学经典,创作也有效法欧美 19 世纪以降浪漫主义—现代主义之处。不过这主要体现在小说创作中,其新诗写作还比较质朴,以传达步入社会的青年一代的孤寂彷徨为主,与同一时期成都的孤吟社一样,力图发出"失路者的呼声","发挥青年的时代的烦闷"。[①] 站在中国新诗整体发展的角度,我们以为浅草社的主要贡献在于他们通过自己跨省(四川和省外其他青年诗人)、跨城(上海—北京)、跨院校(北京大学、复旦大学等)的活动,建立起了一个联系广泛的文学共同体,大大地推进了青年文学群体内的思想与艺术交流,彼此提振志业信心,为中国新文学及中国新诗的坚实发展厚植了基础。浅草社的活动虽然到 1925 年告一段落,但其骨干成员如冯至等在此基础上继续努力,创立沉钟社,兴办《沉钟》,一直坚忍不拔到 1934 年,成为鲁迅心目中"最坚韧,最诚实,挣扎得最久的团体"。[②]

《浅草》创刊之际,成都的《草堂》第 3 期为之刊登了目录,还特别以乡情博取读者认同:"浅草社的社员大多是川人旅外者。"《浅草》创刊后,也特地在目录页后显著位置为《草堂》做广告,用了一句很吸引人的话——内容极美。就是这种文学群体间的良性互动巩固着新诗发展初期的内部交流,为一代青年诗人的成长疏通道路。例如邓均吾本人也是创造社成员,于是,"通过邓均吾的介绍,1922 年夏天林如稷、陈翔鹤先后与郁达夫、郑伯奇、郭沫若、成仿吾等相识并成为好友"。[③] 创造社元老郑伯奇也这样描述浅草—沉钟社的四川人:"由于均吾的介绍,我认识了沉钟社的陈翔鹤先生。均吾翔鹤都是川人。此次入川,都在成都遇到,偶尔谈到当年上海的情形,彼此都有不堪回首之感。当时沉钟社是新兴起来的青年作家团队。他们的倾向跟创造社很相近,可说是创造社的一支友军。"[④] 浅草成员来自四川又联系京沪,跨越多个地域和不同的高等院校,甚至通达域外,与创造社这样活跃而人员籍贯不确定的团体交流往还,四

[①] 《我们底使命》,《孤吟》1923 年第 1 期。

[②] 鲁迅:《〈中国新文学大系〉小说二集序》,《鲁迅全集》第 6 卷,人民文学出版社 1987 年版,第 244 页。

[③] 邓颖:《邓均吾在创造社和浅草社的文学活动》,《红岩》1999 年第 1 期。

[④] 郑伯奇:《二十年代的一面》,原载《文坛》1942 年第 1—5 期,引自饶鸿竞等编《创造社资料》下册,福建人民出版社 1985 年版,第 761 页。

川的诗人也就与外省外域的诗群融为了一体。

和浅草社一样主要成员来自四川，又与中国主流知识界关系密切，最终引领时代潮流的另外一个重要群体是少年中国学会。

少年中国学会发起的最早动议来自四川青年王光祈和曾琦，前期参与筹划的还有四川同乡周太玄、陈愚生等人。1919年7月1日，学会宣布成立，7月15日，《少年中国》创刊，至1924年5月停刊共出版12期。1920年1月，《少年世界》出版，至当年底终刊也出版了11期。王光祈、曾琦和周太玄与李劼人、魏时珍、李璜、蒙文通、郭沫若都曾是成都四川省城高等学堂分设中学丙班的同学，因为这层学缘地缘的关系，成都也成为学会重要的活动之地，少年中国学会的三个分会中成立最早、活动开展也最有声势的是成都分会，主要成员李劼人、穆济波、周晓和、李思纯、李晓舫、彭举等人与少年中国学会创始人——王光祈、周太玄和曾琦等人之间互动密切。在王光祈的建议下，成都分会仿效北京《每周评论》创办《星期日》周报。《星期日》始于1919年7月13日，至1920年8月停办，共出版52期。"据统计，在少年中国学会会刊《少年中国》杂志上，有会员56人，共发表文章564篇，其中同班同学王光祈、曾琦、魏时珍、周太玄、李劼人共发表133篇。如果再将康白情、陈愚生等四川同乡会员的文章加起来，就可以清楚地看到，同乡同学在社会团体组织中的纽带作用。"[①]

少年中国学会"本科学的精神，为社会的活动，以创造少年中国"，[②]它通过期刊创办、图书出版、社会调查、社会运动、思想传播等方式极大地推动了现代中国的思想启蒙，是五四时期影响最大的青年社团。五四时期的各路思想俊杰几乎都参与了这一学会的活动，包括李大钊、邓中夏、恽代英、张闻天、高君宇、毛泽东、黄日葵、赵世炎、刘仁静、杨贤江、沈泽民、左舜生、张申府、卢作孚、康白情、田汉、黄仲苏、宗白华、舒新城、方东美、李初梨、许德珩、朱自清、杨钟健等，未来影响中国的主要思想潮流——共产主义、国家主义、无政府主义都可以在学会的成员中找到最初的来源，现代中国在不久以后的政治、经济、思想、教育、

[①] 陈俐：《郭沫若与少年中国学会同乡同学关系考》，《新文学史料》2007年第4期。

[②] 见《少年中国学会周年纪念册》，上海亚东图书馆出版1920年版，第4页（尚海等主编《民国史大辞典》，中国广播电视出版社1991年版，第118页）。

文化、实业等诸界领军人物都曾浸润在"少年中国主义"的世界之中。似乎还没有哪一个五四知识分子群体成为如此丰富的思想策源地，少年中国学会的出现和思想文化运动的开展最终开启了未来现代中国思想的主流。

由几位四川青年发起的这一思想文化团体当然也扩大了四川之于现代中国主流思想的参与度，并在中国新诗的发展史上烙下了深刻的印迹。

除了王光祈、曾琦作为少年中国学会总会领袖的巨大推动外，成都分会的活动特别是《星期日》周报也在全国范围内产生了重要的影响，《星期日》刊发了极具时代性的思想檄文，如吴虞《吃人与礼教》《说孝》，陈独秀《男系制与遗产制》，李大钊《什么是新文学》以及高一涵的《言论自由问题》，等等。《吃人与礼教》很快被《国民公报》、《新青年》和《共进》转载，轰动一时。北京、上海的新文化领袖（如陈独秀、李大钊、胡适、潘力山、张东荪等）也纷纷赐稿。这些文论"犹似巨石投入死水，立刻在青年和社会中绽开了璀灿的火花"。① 可以这样说，进入现代历史以来，四川一地的媒体深入参与中国主流的思想运动，成为主流精英的舆论阵地，也吸引了全国读者的关注。这还是第一次。

虽然是思想文化的期刊，但是，无论是北京的《少年中国》、南京的《少年世界》还是成都的《星期日》，都表现出对文学与诗歌的持续关注。《少年中国》《少年世界》和《星期日》等都开辟了很多篇幅来发表新诗创作和新诗研究。《星期日》被《孤吟》总结为四川新诗第一阶段的主要载体，上面刊登过《三十年前做孩子的事情》《节孝坊》《送报》《月夜》《法》《爱》《我和你》《鹦鹉》等大批白话体新诗。"仅在已出版的四卷《少年中国》月刊中所发表的诗作就达近一百五十首，而在有九卷之多的《新青年》中所刊的新诗亦不过二百多首。"② 作为思想文化杂志，它还组织了两期"诗学研究专号"，更是绝无仅有。今天学界已经充分意识到，从早期白话新诗的无序写作到20世纪20年代中期以后逐渐步入艺术形式的讲究与探求，"少年中国"群体所发出的声音是一个重要的推手，"初期白话诗创作和理论在审美心理和形式观念上存在的一些根本问题，直到

---

① 穆济波：《成都"少年中国学会"与〈星期日〉周报》，四川省文史研究馆编：《巴蜀述闻》，上海书店出版社1992年版，第39页。

② 钱光培、向远：《"少年中国"之群——现代诗人及流派琐谈之三》，《文学评论》1981年第2期。

《少年中国》真正地找到了症结所在"。① 在这方面,几位四川诗人和诗论家是积极的投入者。周无(周太玄)《诗的将来》,康白情《新诗底我见》,李思纯《诗体革新之形式及我的意见》《抒情小诗的德性及其作用》,李璜《法兰西诗之格律及其解放》等文章,都较早明确提出了新诗的诗体建设问题。周无提出了诗歌与小说、新诗与旧诗的文体区别;② 李思纯则不满于时下之白话诗"太单调""太幼稚""太漠视音节",提出了输入范本、融化旧诗等主张;③ 李璜介绍了法兰西诗歌格律的演进,强调说:"诗的功用,最要是引动人的情感。这引动人的情感的能力,在诗里面,全靠字句的聪明与音韵的入神。"④ 康白情虽然认同胡适的白话自由诗方向,却着力于诗与散文的区别、新诗的音节与刻绘、新诗与新词、新曲等形式问题。⑤ 这都是"有什么话说什么话"的简陋的初期白话诗所无暇虑及的。

经过以四川青年为骨干的少年中国学会同人的努力,中国新诗开始了朝更成熟的方向的迈进。中国新诗的创立之初,以某一城市、区域为中心形成大面积的创作队伍,彼此呼应,共同发展,实在罕见。四川诗人由此成为中国新诗发展史上的特殊贡献者。

---

① 陈学祖:《〈少年中国〉与中国新诗审美形式观念的确立》,《江西社会科学》2003 年第 1 期。
② 周无:《诗的将来》,《少年中国》1920 年第 1 卷第 8 期。
③ 李思纯:《诗体革新之形式及我的意见》,《少年中国》1920 年第 2 卷第 6 期。
④ 李璜:《法兰西诗之格律及其解放》,《少年中国》1921 年第 2 卷第 12 期。
⑤ 康白情:《新诗底我见》,《少年中国》1920 年第 1 卷第 9 期。

论现代疫病灾害小说中的伦理危机

李汉桥

（湖北第二师范学院文学院）

"疫病"是中国文化典籍中一个常见的名词，尤其是对致命性传染疾病的恐惧已化为国人无法磨灭的精神梦魇。《说文解字》中解释"疫"为"民皆疾也"。意思是凡接触者都易染病。这种强烈的传染性与高致死率，正是疫病灾害的显著特征。凡是历史上所记载的重大疫情，每次都给广大民众带来巨大的伤痛与难以估量的损失。根据史学和医学资料的整理来看，晚清以来的近代中国依然是疫病发生的一个高峰期。由于民国时期政局动荡、战乱频仍，政治、经济、文化都处于风雨飘摇中，疫病灾害也乘机抬头，给人们带来了深重灾难。据夏明方《民国时期自然灾害与乡村社会》一书中的资料统计，1912—1949年，死亡万人以上重大灾害达75次，其中疫灾高达19次，平均两年就要发生一次，占重大自然灾害的25%。[1] 面对惨痛的民众创伤，在现代文学创作中，亦有不少反映疫病灾害的小说直击灾难现场，不仅描摹和铭刻了灾难发生时的苦难影像，而且深刻反思了疫灾创伤下的人与自然、国家、社会、人际之间的道德困境与伦理危机之所在。本文将从灾害伦理的角度出发，结合现代小说中的疫病书写，针对灾害文学中凸显的伦理问题展开深入分析，以此来探索灾害伦理危机的治理方法与途径。

一 疫病病因与生态伦理

人类发展的历史一直与疫病相生相伴，却对致病的根源所知甚少。尽

---

[1] 夏明方：《民国时期自然灾害与乡村社会》，中华书局2000年版，第400页。

管在长期的疫病斗争中，人们探索出了诸如天花、疟疾、伤寒、麻风、鼠疫、霍乱等传染性疾病的种类，然而肉眼无法观察到病菌的滋生与传播，只能将致病因素同天时节气、冷热风寒联系起来，像"时疫""疫气""温病""伤寒""热疫"都是古代医家对传染病的代称。中国先民已经初步认识到周遭自然环境和生活环境的改变会带来疾病，如《礼记·月令》中反复强调时令倒错将会引发疫病："孟春行秋令，则民大疫"，"季春行夏令，则民多疾疫"，"仲夏行秋令，则民殃于疫"，"仲冬之月，地气沮泄，……则民必疫"①。如今看来，这种认识不免有"天人感应"的蒙昧主义，但也蕴含着生态伦理的原初智慧。伴随近代医学的发展，人们才真正认识到疫病不仅是一种"天灾"，更是一场生态伦理危机——人类活动与生态环境之间关系的失衡现象。这种失衡主要指因人类不合理的活动导致基本生态系统（包括自然环境和生活环境）的结构和功能的破坏，甚至是生命维持系统的瓦解，从而引发巨大的生态灾难。

鲁迅写于1935年11月的拟古小说《理水》中便描写了由于卫生条件恶劣所引发的一场疫病灾害。虽然这篇小说写的是上古时期大禹治水的故事，但同时也是1935年影响全国大水灾的现实反映。据《中国灾荒辞典》记载："长江、黄河泛滥，鄂、湘、赣、皖、冀、鲁、豫、苏8省被灾面积6490.4万平方公里，灾民2059.5万人，财产损失4.15亿元。"②令人印象深刻的是，曾学过医的鲁迅已经预见了"大灾之后有大疫"的出现，在这篇小说中，一段官员和学者之间的对话为可能出现的疫灾埋下了伏笔。被大禹委派来了解灾情的官员问及了灾民的生活情况，学者们"报喜不报忧"，介绍下民虽食用"榆叶"和"海苔"维生，不仅味道不坏而且富含"维生素W"和"碘质"，"可医疗病病，两样都极合于卫生"，唯一不卫生的便是饮水，"他们要多少有多少，一万代也喝不完。可惜含一点黄土，饮用之前，应该蒸馏一下的。敝人指导过许多次了，然而他们冥顽不灵，绝对的不肯照办，于是弄出数不清的病人来……"③虽然这是学者们"自欺欺人"的回答，但作者也隐晦表达了对灾民饮食卫生条件堪忧的担心——广大受灾百姓农田被淹，几无可食，只能以树叶、

---

① 崔高维校点：《礼记》，辽宁教育出版社2000年版，第51页。
② 孟昭华、彭传荣编：《中国灾荒辞典》，黑龙江科学技术出版社1989年版，第152页。
③ 鲁迅：《故事新编》，《鲁迅全集》第2卷，人民文学出版社1973年版，第491页。

水草、苔藓、贝壳、鱼虾等生冷腥膻的"食物"为生，而且极度缺乏干净生活用水，在无法加热蒸煮的条件下，只能饮用污浊不堪的泥水，这些无疑都是引发传染病的先兆。果不其然，在写完这篇小说的第二年，即1936年，苏北淮阴等水灾横行之地开始流行瘟疫，患"黑热病"者达到惊人的两千余万人，而且直到1937年瘟疫才慢慢减弱，然而，死者已经是不计其数了。疫灾往往与自然灾害相生相随，水灾过后往往会出现痢疾、血吸虫、霍乱等急性传染病，像带有寄生虫性质的"黑热病"也较为普遍，其中主要病因便是消毒不到位、饮食不洁。诚然，这是受灾民众为了活命的无奈选择，但是，将个体的急性染疾病引发为大面积的疫病灾难，却是"人祸"，尤其是民国政府的防控不力、敷衍塞责为疫病的蔓延埋下祸根，这在小说中已经有生动的刻画。因此，从这个层面来说，疫病灾难归根结底还是生态伦理关系的危机。

如果说《理水》主要表现了自然灾害（水灾）间接引发的生态失衡，那么，沈从文的《泥涂》（1932）则直接将人为因素在生态伦理危机中的推波助澜搬到台前。这篇小说与1931年发生的一场蔓延江淮的瘟疫同样有着千丝万缕的联系，表现了长江中游地区一个市镇因天花流行、死者枕藉的疫灾惨状。这一地区的下层民众生活十分贫苦，生活环境更是极为恶劣，所居住的地势低洼潮湿，就像一群"无数卑贱的为天所弃的人畜"。这里无疑是疫病传播的最佳温床，"九月来，在这些仿照地狱铺排的区域里，一阵干燥，一阵霪雨，便照例不知从何处而来的流行病，许多人家小孩子都传染着天花"[①]。天花最早被称为"虏疮"，又称"痘疹"。这是一种由天花病毒引起的烈性传染病，是仅次于伤寒的第二大致死疾病，主要通过空气飞沫或直接接触感染，临床表现为严重的病毒血症，因皮肤上出现大量的疱疹和脓疮（民间称为"水痘"）而得名，免疫力低下者尤其是儿童容易感染。小说中所描绘的正是大量儿童死去的画面：这疫病就像一阵风，来无影去无踪，在人群聚集的地方大量传染，几乎每家每户都有患者，也有大量死去的孩童，被人用"小篮儿或破席，包裹了小小的尸身向市外送去"，更有甚者，在公厕或者空阔地方，总能发现"那种死去不久、全身发胀崩裂、失去了原来人形、不知什么人弃下的小小尸骸"[②]。

[①] 沈从文：《泥涂》，《如蕤集》，上海生活书店1935年版，第146页。

[②] 沈从文：《泥涂》，《如蕤集》，第147页。

预防天花疫病最好的办法是接种疫苗，对于天花患者除了对症治疗和药物辅助之外，要进行严格的隔离，对病人的衣物、用具、排泄物等进行卫生消毒和处理。然而这些对于贫民窟的民众来说是根本不可能的事情，至于"聪明的当局"，唯一提供的救济办法，就是在贫民窟通往市区的街口，派驻了一些巡警，禁止抱小孩的贫民出入。屋漏偏逢连夜雨，由于连日的秋雨，低洼的贫民窟已经汇流成小湖，街面污水横流，渐渐要漫入穷人家中。附近的大通公司成为压垮民众的最后一根稻草，由于挖沟排放厂房积水，导致贫民窟成为一片泽地。百姓组织起来向警察所状告工厂欺压，但没有得到一点同情和支持。众多百姓尚未从肆虐的水患中解脱出来，到了夜里又被一场突如其来的大火烧毁了半条街，终于火势渐熄。在人们惊魂未定之际，许多家庭出痘的小孩，因为水火无情，惊吓惶恐间夭折了生命……俨然一派人间惨剧。如果从灾害伦理的角度分析疫病发生的原因，除了天花病毒的凶猛，很大程度上也归因于民国时期地方管理部门的无所作为、漠视民命，至于药铺、当铺借疫病之势大发不义之财，更是将广大贫民逼入了水深火热的绝境，从而造成疫灾泛滥时的无力抵御。

近代科学史的创立者乔治·萨顿曾说："一切灾难，是由不可驾驭的自然力量和不能制止的人类愚蠢行为造成的。"[1] 从灾害的历史来看，古代疫病灾害的致病因子纯粹是自然因素，然而近代以来，随着科学技术的发展，"人类日益参与到自然的新陈代谢之中，这一过程推动了人类生活的发展，但同时也带来了出乎人类意料的生态危机，导致了人类社会和自然生态的巨大冲突"[2]。科学是一把"双刃剑"，尤其是当这把利剑掌握在一些邪恶势力的手中，足以引发巨大的生态灾难。萧红的小说《生死场》（1934）曾描写过日据时期的东三省鼠疫灾难，其中隐秘的历史可能比纸面的文字更加惨无人道。在《近代中国灾荒纪年续编 1919—1949》一书中记载了东三省的两起疫灾："1932 至 1934 年，吉林鼠疫流行，死亡 3243 人"，"1933 年，9 月 20 日，东北两个城市鼠疫，死亡 1000 多人"[3]。与此同时，日本学者松村高夫在《战争与恶疫——日军对华细菌战》一

---

[1] ［美］乔治·萨顿：《科学的生命》，刘珺珺译，上海交通大学出版社 2007 年版，第 63 页。
[2] 刘雪松、王晓琼：《汶川地震的启示——灾害伦理学》，科学出版社 2009 年版，第 37 页。
[3] 李文海等：《近代中国灾荒纪年续编 1919—1949》，湖南教育出版社 1993 年版，第 410 页。

书中写道:"(1932年石井四郎)在哈尔滨东南约70公里的五常县背荫河的防疫班(东乡部队)开始了细菌战研究。"① 这两段历史如果同萧红写于1934年的文字联系起来,很可能揭露出一个残酷的事实:那就是日本人以医疗救助为伪装,对东北人民开展了军事目的的病毒生化试验。东北连续三年难以扑灭的局部鼠疫,正是细菌战的试验场所,而鼠疫的传播途径很可能是通过不起眼的蚊虫,因为在《生死场》第八、九章中大量出现了蚊虫叮咬的描述:"太阳血一般昏红;从朝至暮蚊虫混同着蒙雾充塞天空。高粱、玉米和一切菜类被人丢弃在田圃,每个家庭是病的家庭,是将要绝灭的家庭。"② 正当瘟疫如火如荼的蔓延发展时,日本人便不失时机地出现了,带着白口罩,拿着注射器,像修理机器一样给患者注入不知名的药水,虽然打着"治病"的旗号,但是被"治疗"后的患者并不见好转,反而"(平儿)整夜呕着黄色的水、绿色的水,白眼珠满织着红色的丝纹"③,以至于死亡依然笼罩在这个人烟稀少的悲剧村落。尽管萧红对于家乡的"传染病"着墨不多,但是其中隐含的信息却令人触目惊心。如果以上猜测能被证实,那么,驻扎在东三省的日本军队在这场生态危机中所扮演的角色已经冲破人类道德伦理的底线,他们对于疫病"武器"的操控与运用,对于人类和自然环境之间的生态伦理关系带来了巨大的破坏和冲击,已经构成一种泯灭人性的反人类行为。

从疫病原因来看,现代小说反映出生态伦理危机中人为因素所占的比例越来越大,甚至造成了疫灾的恶性循环,且长期得不到治理。天灾与人祸的双重作用,导致人与自然关系的极端化发展——一方面是疫病防控方面的无所作为,其中民国政府的抗疫不力和医疗救助能力的缺失占据主要原因;另一方面是对疫病灾害的人工操控,甚至将生态危机转变为戕害人类自身的武器。然而,人类主导能力的增强也可以变害为利,随着中华人民共和国的成立,中国政府能够以人民为福祉,不断提升防疫抗疫能力,不断完善医疗卫生体系,同时注意自然环境的保护和百姓生活环境的改善,极大地扭转了人与自然之间的失衡关系,取得了历次抗疫战争的最终胜利。当然,此次的新冠疫情也提示我们,在生态伦理关系的调整方

---

① 解学诗、[日]松村高夫等:《战争与恶疫——日军对华细菌战》,人民出版社1998年版,第6页。
② 萧红:《生死场》,奴隶社1934年版,第129页。
③ 萧红:《生死场》,第134页。

面，我们依然还有很大的提升空间。

二　疫病疗救与信仰伦理

在西方文化中，疫病是"天罚"，惩戒缺乏信仰的罪人；在中国文化中，疫病是"瘟神"，如附骨之疽难以摆脱。无论是上帝的旨意还是恶鬼的把持，二者都将疫病视为一种超自然的力量存在，久而久之，便成为信仰伦理的重要部分。为了消病去灾，人们将疫病当作神鬼来对待，或以跪拜表示请求，或以祭祀表达讨好，或以忏悔来表达屈服，或举行仪式进行驱赶。从信仰伦理的角度而言，这是"信仰者对超世存在的无限崇敬及全力奉献……而渴望信仰对象的命令构成他们绝对的道德律令"[1]。到了民国时期，人们对于疫病有了科学的认识和控制手段，但是在新旧思想交替的过渡时期，封建信仰伦理同科学理性伦理之间有着巨大的矛盾冲突，从广大老百姓对于疫病的态度来看，几千年来，融合了巫术、道、佛、鬼神、民俗和禁忌等内容的疫病文化，在人们头脑中建构起来的迷信思想几乎根深蒂固。在现代小说中，便有很多关于迷信盛行、抵制科学的细节描写。这种信仰上的危机对于科学防疫抗疫、治病救人形成了巨大阻力。

在疫情发生之后，民众多用请神禳灾的迷信方式来救灾。如王鲁彦小说《岔路》（1934）描写了浙东地区两个普通的村落——吴家村和袁家村，正在暴发一场瘟疫，而百姓却束手无策："这是鼠疫，可怕的鼠疫！它每年都来，一到春将尽夏将始的时候，它毁灭了无数的生命，直至夏末。它不分善和恶，不姑恤老和幼，也不选择穷或富。谁在冥冥中给它撞到，谁将完了。绝没有例外。"[2] 村民们既不清楚病因，也不懂如何疗救，但在生死关头唯独相信"关帝爷"能够驱散这可怕的疫灾，于是决定抬出庙里的"关帝爷"神像出巡为村民驱邪祈福。这是传统因袭下深入灵魂的信仰，其中既有教育不昌、民智不开的因素，也有医疗卫生、救助能力的极度缺乏，以至于百姓将虚无缥缈的神仙鬼怪，作为死亡挣扎线上最

---

[1]　王文东：《宗教伦理学》（上），中央民族大学出版社2006年版，第244—245页。
[2]　李威主编：《鲁彦经典》，京华出版社2001年版，第159页。

后的救命稻草。正如小说中提到的:"虽然村中的人仍在不息地倒下,不息地死亡,但整个的空气已弥漫了生的希望,盖过了创痛和悲伤。"① 村中的男女老幼开始忙碌着"关帝爷"出巡的事情,金箔扎花、香烛纸炮、锣鼓喧天、诵经念佛,这一系列的仪式将百姓的虔诚同神的庇佑联系起来了。然而,剧情并没有按照人们希望的那样发展,浩浩荡荡出巡的路上,两村人为了争执"关帝爷"先去哪个村而大打出手,两村的和谐在私利面前土崩瓦解,人们刀棍相向,拳脚相加,鲜血到处喷洒,械斗之后开始刀枪相见,争斗中死去的民众比死于疫病的还多,至于村民崇拜的"关帝爷"也泥菩萨过江自身难保面临肢解命运。小说的深刻性在于,"让我们领略了旧中国农村的封建迷信和宗法家族制度的严重危害"②,至于科学理性伦理的发展进步在这两种势力的联合绞杀之下可谓寸步难行。

避疫驱鬼也是当时广大民众抗疫疗救的迷信"药方"。在中国古人看来,疫病是一种"邪祟",通过传播疾病的方式向人们施加影响或报复,人们可以通过驱赶的方式赶走鬼神。这种认识来源极古,巫术便是驱除疫病的一种仪式,礼记有云:"傩,人所以逐疫鬼也。"《吕氏春秋》中也记载:"腊月前一岁,击鼓驱疫,谓之逐除。"时至今日,民间习俗和信仰之中依然有着避疫驱鬼的鲜活记忆,比如上巳节(三月三)的"祓禊"仪式、端午节悬艾草、正月饮屠苏酒等,都是古人驱疫避邪的民俗文化。吴组缃写于1933年的小说《黄昏》描写过民间喊魂驱鬼治疗天花的习俗,一个老太太家可谓祸事连连,儿子做生意赔了本,无力还债吞金自杀,妻子也随后殉夫,只剩下一老一少,却不想孙子又染上了天花。老太太无力医治又无法可想,只能跑到大街上用凄哑的声音召唤孙子被疫鬼带走的灵魂:"福宝子啊,你上学放学,大路小路上受了吓,跟奶奶回家啊!福宝子啊,你蹲上水边,攀高下低,狗子猫儿,牛羊牲口,吃了吓,奶奶的万年火照你回家呀!福宝子呀,你明处暗处,受了惊吓,跟奶奶的万年火回家做太公呀!……"③ 绝望的号哭同阴森的祷词,回荡在旷阔的乡村,充塞在天地之间,这种悲惨世界不禁令人动容。迷信方式也是一种迫不得已的选择,卫生医疗条件的缺乏和下层民众的极端贫困,让广大百

---

① 李威主编:《鲁彦经典》,第161页。

② 张堂会:《民国时期自然灾害与现代文学书写》,中国社会科学出版社2012年版,第133页。

③ 唐沅:《吴组缃作品欣赏》,广西人民出版社1986年版,第57页。

姓在疫病面前无能为力，只能借助虚无缥缈的神秘力量，来寻求最后一丝的心灵抚慰，哪怕这种希望等同于虚妄。值得关注的一个数据是，据《申报年鉴》统计：1906 年，中央才设立了卫生行政机构；到了 1934 年，全国共有医师 7881 人，药师 380 人；1947 年，全国也只有 16 所省级传染病院。[①] 而且救助能力低下，医疗条件极端简陋，这对于全国庞大的疫病患者而言，无异于杯水车薪，又怎么可能惠及下层民众。因此，想要扭转广大民众的迷信思想，除了应对封建习俗和宗法势力的双重打压，而且要大力提高百姓的物质生活条件。

正是封建信仰伦理的大行其道，形成了对现代医学为代表的科学理性伦理的强烈抵制。时至今日，在"非典"、新冠疫情期间一再上演的谣言四起、土药偏方、物资抢购、心理恐慌等现象，都说明在疫病疗救方面做到移风易俗是一个艰难而漫长的过程，因为这是新旧势力的剧烈交锋，带来的是一种世界观和伦理观的彻底改变。乡土作家王鲁彦的作品很善于表现两种伦理关系的矛盾冲突，经常从一个家庭两代人之间的思想隔阂来呈现科学精神的举步维艰，他的《菊英的出嫁》《病》《惠泽公公》《河边》等作品便将老一辈人的讳疾忌医演绎得淋漓尽致。对于《菊英的出嫁》（1926）这篇小说，学界的关注点多在"冥婚"的陋习上，却对菊英的死因缺乏关注，她是因一次随祖母到亲戚家喝喜酒而染上了"白喉"，这是一种儿童易患的急性呼吸道传染病，因喉间泛起白色伪膜而得名，症状是发热、憋气、咽喉肿胀，易引发心肌炎和神经麻痹。由于此病在中国出现于 18 世纪晚期，中医缺乏药方而束手无策，但是西医可以通过打针或手术的方式治疗，只要送医及时便可治愈，然而菊英的母亲始终不相信西医，加上女儿害怕开刀，于是带着香烛和香灰去万邱山求药，向灶王菩萨许了吃斋念佛的愿，然而无论是菩萨给的香灰"灵药"还是民间偏方，都没能治好菊英的病，在女儿生死关头，菊英母亲终于听劝请来医生打针，但是，可爱的女儿终因错过了治疗时间而不幸夭折。

菊英的悲剧固然令人扼腕叹息，但是，悲剧的成因却同母亲的讳疾忌医有着莫大关联。其实，在民间像这样的愚夫愚妇很多，他们才是封建信仰伦理的丰厚土壤，《河边》中的明达婆婆不仅迷信而且执拗，已经病入

---

① 张堂会：《民国时期自然灾害与现代文学书写》，中国社会科学出版社 2012 年版，第 131 页。

膏肓，瘦得只剩下一副骨架一样，但是，面对劝她就医的儿子依然只相信菩萨，丝毫不相信人的力量，尤其是现代医学。万般无奈之下，儿子只能带着老太太上山拜佛，在去往庙宇的路途上，儿子见到了那些同母亲一样的善男信女，带着各种疾病来求神问药，"他们把关帝菩萨当做了内外科，妇人科，小儿科，一切疾病的治疗者。把关帝菩萨当做了无所不能，无所不知的万能者"。① 至于关帝菩萨面前燃尽的香灰则成为疗病的灵丹妙药，而抽到的卦签同时担负着病人精神世界的抚慰功能。作为接受新思想成长起来的儿子，对于这种执迷不悟的求神意识深恶痛绝，甚至直斥广大信众的迷信和愚蠢，然而面对庙门前汇流成河的拜佛群体，他所代表的科学理性伦理却势单力薄，无力改变。正如勒庞在《乌合之众》一书中所提到的盲从群体："总是游走于无意识的边缘，很容易受暗示的影响，它像那些对理智没有反应的人那样，感情粗暴，缺乏批评精神，只能极其轻信。"②

一方面极度的讳疾忌医；另一方面却又狂热的相信神药偏方，甚至不乏一些原始食人的遗风，广大民众在迷信信仰的路途上渐行渐远，形成了对科学精神的强烈背离。鲁迅的《药》发表于1919年的《新青年》杂志上，故事线索从华老栓凌晨爬起来给患"痨病"的儿子小栓买药开始。"痨病"书面称呼是肺结核病，在民国初年这是一种高致死率的传染性疫病，是一种结核杆菌引起的肺部感染，表现便是潮热、咳嗽、盗汗、消瘦甚至咳血，这与小说中小栓的特征描写较为一致，由于鲁迅少年时期也曾经得过肺结核，所以能够将病症特征捕捉的较为精准。而中医的解释多为先天不足、久病体衰引发的"痨虫"入侵，最终造成肺、脾、心、肾脏功能的紊乱而致死。现代小说中有很多肺结核病的患者，如丁玲小说《莎菲女士的日记》中的莎菲、巴金小说《寒夜》中的汪文宣、穆时英小说《公墓》中的欧阳玲，还有郁达夫小说《茫茫夜》中的于质夫等，可以见证民国时期肺结核患者的普遍性。然而，中医没有很好的诊疗方式，尤其是对于身体抵抗力差的患者来说，一旦发展到中晚期基本上就宣判了"死刑"。正是为了挽救家中唯一的独子，华老栓听信了一种神药偏方——人血可以医治肺痨，尤其是让患者食用健康死刑犯砍头后流出的鲜

---

① 李威主编：《鲁彦经典》，第289页。
② ［法］居斯塔夫·勒庞：《乌合之众》，胡小跃译，浙江文艺出版社2015年版，第26页。

血效果更好，小说中的刽子手康大叔便是利用这种残酷而卑劣的手段骗取钱财。华老栓拿出家中仅有的一点积蓄，奔赴行刑现场，从刽子手中接过了两个蘸有人血的馒头。回家后，让不明真相的儿子将其吃掉。这种神药偏方的治疗效果可想而知，在老两口殷切的期盼中，华小栓终究死于肺痨。鲁迅以"药"为题，指出国人不仅缺乏治理身体疾病的医学药方，也缺乏治疗民族文化疾病的科学药方。

民国疫病灾害呈现出一种多发态势，其中政局不稳是一个重要因素，人口尤其是城镇人口数量的增加加剧了人群的聚集程度，与此同时，文化程度、民间习俗和社会环境等造成的信仰危机对于疫病传播所起的作用不容小视。想要扭转广大民众信仰伦理的危机，则是一个漫长而艰巨的过程，涉及的方方面面很多，如民众生活质量的改善、科学文化知识的普及、现代医疗体系的健全等，都成为提升国民文化素质的重要因素，新中国也是经历过几十年的发展变化，才做到基础设施的基本健全，并在抗击新冠疫情中起到了非常大的作用。但不可忽视的是，疫病期间的民间偏方、讳疾忌医、疯狂囤货、谣言惑众等现象无疑是迷信信仰危机的沉渣泛起，值得广大民众长期警惕。

三　疫灾行为与社会伦理

在严重的疫病灾害下，会造成社会环境不断恶化，社会伦理关系也会发生巨大危机。社会伦理既包括人际关系，也包括人与社会的道德规范。民国期间，由于政局不稳，社会动荡，而疫病的传播更是加重了广大受灾群众的困难，同时也导致社会伦理关系的失序状态。一方面是社会道德规范的滑坡，表现为社会治安的失控现象，其中既有匪患越轨犯禁事件屡屡发生，也有官匪沆瀣一气，特权阶层参与掠夺哄抢物资。从而导致社会矛盾不断激化，受灾民众奋起反抗，甚至发生流血冲突事件。另一方面是人伦关系的急剧恶化，表现为人性在灾难中的扭曲与变异，人际交往缺乏温情、感情麻木，有的灾民为了活命无所不用其极，导致违背人伦的惨剧的发生。中国现代作家从来不是灾害的缺席者，他们用道德良心来记录和展现着灾害中的人间惨剧，同时也带来了民国时期社会伦理危机的真实状况。

民国时期，由于军阀常年混战导致各地匪患不断，他们以杀人越货、强取豪夺的方式撕开了本就千疮百孔的法律约束，从而成为社会治安的不稳定因素。甚至还有一些军队化身为匪，对受灾群众进行公开掠夺。王思玷是五四时期崭露头角的一名优秀作家，但可惜英年早逝，他于1921—1924年在《小说月报》接连发表七篇小说，都是关心民众疾苦的写实文学，特别关注了鲁南地区因北洋军阀统治而陷入生活绝境的农村生活。《瘟疫》（1923）入选了赵家璧主编的《中国新文学大系》（小说卷）[1]，描写了山东一个小村落即便是暴发"瘟疫"也逃不过军队的摊派与袭扰的故事，军阀军队拿着军饷却还需要治下农村供养，因此，每隔一段时间便借巡视之名要各村出资进行"招待"。村民们接到通知后议论纷纷，谈论着家人曾被军队拉壮丁、出苦力甚至杀害的血泪史，他们害怕接待却又不敢不接待，否则便意味着军队更加猛烈的报复，于是村民借着"瘟疫"之名纷纷关门闭户躲藏起来，并委派了一名胆大的屠户去与军队接洽。然而，当一支军队持枪荷弹、耀武扬威来到村子的时候，这名屠夫却吓破了胆，最终露了怯落荒而逃，屠夫的莫名逃跑让军队长官发现了端倪，认为村里百姓所谓的"瘟疫"不过是诓骗他的伎俩，于是本相毕露对村庄展开了洗劫。正如刘心皇诗歌《夕阳——"前夜篇"之九》中所描写的："这夜，谁不惊悸。枪声像旧历年的'鞭炮'，哭叫的声音，惊天动地。不知道哪是兵，哪是匪？都一样的躲避，天地虽大，贫弱人失去了住地。"[2] 这篇小说起名"瘟疫"有着双重意味，一层意思是指现实中的疫病灾害，另一层意思则表现了军阀军队的劫掠如同瘟疫一般，百姓死伤惨重无处可避。

有些对灾民的掠夺却是隐蔽的、不公开的。如四川作家徐疾（原名刘燕苏）的茅盾文艺奖参赛作品《兴文乡疫政即景》（1945）描写了地方官吏面对四川村落文兴乡暴发的"麻脚瘟"疫灾不仅见死不救，却盘算着如何从灾民的"打醮"仪式中搜刮民财的内幕。"麻脚瘟"是流行于四川川南一带特殊的疫病灾害，又被称为"麻痹病"，发病特征是染疾患者从脚部开始无力、发软，逐渐向腿部、胸部等上身蔓延，同时伴有发烧发

---

[1] 王思玷：《瘟疫》，赵家璧主编：《中国新文学大系》，上海文艺出版社1935年版，第277页。

[2] 周启祥编：《三十年代中原诗抄》，重庆出版社1993年版，第253页。

热、上吐下泻的并发症,"都是一样的又吐又泄,周身干瘪,两脚麻筋,用不到一个时辰"。① 如果等到全身麻痹,人即死亡,无药可救。当地村民谈"麻"色变,却不知病因为何。此时已是1945年,乡长们不仅没有探查病因组织科学抗疫,反而借着民间迷信从中渔利——"打醮"请神驱疫,请来和尚、道士开坛做法事,陈设祭品祈求神佛庇佑,禳病消灾。而且在筹款"打醮"过程中家家派捐,"多者三五万,少者七八千",灾民已是雪上加霜,但是出于疫灾的恐惧对官员的欺压只能逆来顺受。然而城里的上司又打来电话,一是为了地方政绩不准上报疫情,二是募捐款项必须上缴一部分。可谓上下勾连层层盘剥,乡长只得增加派捐款项,逼得百姓民不聊生,社会矛盾被激化,百姓萌生了反抗意识:"又是要钱,老子们总有一天量量你的胃口,看你们包袱究竟有多深!"正如美国哲学家尼布尔在《道德的人与不道德的社会》一书中所阐释的:"社会冲突和不公正的根源建立在人的无知和自私上","(特权阶级)总是将他们的特殊利益等同于民众的普遍利益,并以平等公正为借口维护其特权,以证明他们是在为全体利益做贡献。这样使他们比非特权阶级更虚伪"②。这些地方官员连请神禳灾的事情都纳入了管理过程,并在其中搜刮民财,却又打着为民抗疫的名义,这其中的虚伪与自私可见一斑。这种倒行逆施的结果,必然是激起民变,据《中国经济现势讲话》一书中所谈到的30年代的农民状况,在灾年期间农民只有三条出路:一是自杀,二是逃亡,三是铤而走险。据统计,"1922年至1931年共发生了197次反抗斗争,因天灾引起的有62起,反苛捐杂税的有38起"。③ 在很多文学作品中也多有体现,尤其是灾年民变可谓屡见不鲜,如丁玲《水》、洪深《五奎桥》、吴组缃《一千八百担》等都成为现代文学上的名篇,同时也成为民国时期农民反抗运动的生动记录。

疫病灾害的发生不但使人们遭受生命财产安全方面的巨大损失,同时也给人与人之间的伦理关系带来了巨大的冲击。灾害发生后,有一些十分冷漠的人,他们对于灾民所遭受的巨大苦难、所承受的心理悲痛不仅没有丝毫的同情和怜悯,反而表现出十分的冷漠和不近人情。陈荒煤《灾难

---

① 徐疾:《兴文乡疫政即景》,茅盾主编《文联》第1卷第6期,中外文艺联络社1946年。
② [美]莱茵霍尔德·尼布尔:《道德的人与不道德的社会》,蒋庆等译,贵州人民出版社1998年版,第93页。
③ 孙怀仁、张乃器:《中国经济现势讲话》,《申报》月刊社1935年版,第104页。

中的人群》(1934)描写一群受水灾和疫灾双重打击的农民流离失所,沿路乞讨来到市镇郊区的施粥厂,然而,这里也不是最后的希望,赈灾经费被层层盘剥,粥厂施粥也时断时续,许多人就饿死在粥厂附近。苟且活着的人还要忍受着施粥人员的刁难、玩弄和欺骗,他们凭借着施粥这一点"权力"便可以对灾民肆意妄为、作威作福,他们领受着人们的讨好献媚还不够,还对灾民中的女性伸出罪恶之手。每到夜里,"常有年轻的女人,也有十几岁的女孩,袒露着平坦的胸脯,瘦削的肩头,皱着眉头,展着苦笑的脸,茫然地垂着头"。[①] 她们不得不为明天一顿稀水一样的粥而出卖自己,赈灾人员还在肆意的奚落和侮辱她们:"你妈的!谁白玩你的?瞧!钞票,米票子都有!百米票!比你底肉还白啊!"女人们只得赔笑,眼中的泪珠却无声地滴落下来,而眼睛闭着,像死了一样。而那些被侮辱者的家人或丈夫,却只能悲愤羞愧地彷徨在不远处的坡子上。作者特别描写一个叫贵生的灾民,家中老人和耕牛都在水灾中失去了,只有与老婆和刚会喊饿的孩子相依为命,赈灾人员看上了他的女人,到了夜里来到他棚子里,贵生忍受着别人眼中的侮辱和嘲笑,让女人忍辱含垢地出卖了自己的身体,然而却换到一张假币,贵生第二天悲愤地想找他们算账,刚刚握紧了拳头,然而一想到喊饿的儿子,却只能对着伤害他们的人赔上笑脸。民国时期频发的灾难和极端贫困的物质生活都让许多人将别人的生死看得轻如鸿毛,对灾民的凄惨遭遇也无动于衷,这是一种特殊环境下人性的异化与扭曲。

疫灾之中,亲人之间也会为了一点食物和金钱丧失理智,至于争吵和虐待成了家常便饭,夫妻之间、父子之间、兄弟之间,温情脉脉的家庭伦理关系已经被灾难消磨殆尽。小说中,难民棚子中经常出现一声惨叫,那可能是家中的老人饿死或者饿晕过去,家中的男人早已司空见惯、感情麻木,或者在他们心中,死亡反而是一种解脱。这些没有面部表情的男人们,也不关心老人是否真的断气抑或奄奄一息,那么无情地将尸身丢在挖好的坑中,而且无情地培着土,发狠似的不漏一丝缝隙。对待这些已死或将死之人尚且如此无情,那么对于苟延残喘的活人们呢?受骗的贵生在收到那张假币之后,心情无比烦躁,而孩子却不知趣地喊着饿,贵生对着亲生儿子抬起一脚踢到棚脚,家中的女人心痛地抱过哭喊的孩子,对着丈夫

[①] 陈荒煤:《陈荒煤文集》第 1 卷,中国电影出版社 2013 年版,第 9 页。

流泪："何苦来？该晓得孩子还活得几天！"如果说贵生家庭还算人性未泯存留着一丝家庭温情，那么现代文学中有很多关于灾情下的家庭伦理的彻底沦丧，像林淡秋《散荒》中的夫妻相杀，吴组缃《樊家铺》中的母女相残，章泯《弃儿》中的卖儿卖女……这些人伦惨剧可谓数不胜数，充塞天地之间，也将人际伦理撕扯的如同碎片。

"仓廪实而知荣辱"，对于挣扎在生存死亡线上的灾民而言，道德规范和礼义廉耻又值几何？还有那些只为私利而不顾灾民死活的特权阶级而言，他们的道德良知和人性光辉又在何处？疫灾过程中的极端行为共同"造就"了社会伦理的危机。几千年前，老子的智慧至今让人感叹不已，他提出："天之道，损有余而补不足。人之道，则不然，损不足以奉有余"，人性是对资源的不断占有，天性是资源的均衡发展。这一点在疫灾的社会危机中体现的非常深刻，从预防伦理的角度而言，要实现自然、人、利益共生互生协调发展的伦理目标，需要考虑三种伦理原则：一是生态优先于利益，要实现生态治理与疫病防控，必须遵循生态均衡原则，稳定的社会秩序也是生态均衡的表现；二是需求优先于欲求，灾情发生时生命是第一位的，灾情救治时弱者是第一位的，物资调配时灾民需求是第一位的；三是生存优先于发展，社会管理要以生命存在为根本，不能过于扰民害民，科学引导和规范灾情救治。只有这样，才能缓解和治理疫病所带来的社会伦理危机。

结　论

疫病灾害是一个富有开放性的话题，所引发的道德伦理思考远远不止以上提到的几种，例如，国家管理层面的制度伦理、受灾群众的心理伦理、疫灾后重建的民生伦理、疫灾康复的教育伦理等，都是值得探索的问题。只不过，在中国现代的疫病灾害题材的文学中，生态伦理、信仰伦理和社会伦理是其中表现极为突出的方面，同时也非常具有代表性——生态伦理是关于人和自然和谐关系的治理，信仰是关于科学理性与迷信崇拜的治理；社会伦理是关于人和社会协调发展的问题。这三者构成了自然、社会、人之间的核心命题，如何解决好这三者之间的关系，便是探索和开辟持续生存发展道路的方向。

一·二八抗战的战地报道与文学反思

冷 川
(中国社会科学院文学研究所)

1932年1月28日夜，日军悍然向驻守闸北的中国军队发起攻击，十九路军翁照垣部奋起抵抗，一·二八淞沪抗战就此爆发。上海市区沦为战场，商务印书馆的印刷厂等悉数被毁，文化生产力大受影响，加上商埠停业、投资人远避，诸多报纸只能停刊，坚持下来的也要大幅减少版面，期刊报纸更无法维持。不过上海还有租界，可以避免战争侵袭，保证基本的新闻传播，同时也收容了大量避难人员，为报纸提供了庞大的潜在读者群。战争就在身边，无论此前旧派文人的悲情故事还是现代知识者的道义或政治谴责，都难以搔到痒处。人们关注的问题只有一个：仗打得怎么样？这一诉求也促使报告文学这一新的文体走红，并在此后的战争年代全面趋向繁荣。

一 《上海事变与报告文学》的选篇

一·二八淞沪抗战大概是现代史上最迅捷的得到文学表现和资料整理的事件。该年4月初，战事尚未完全结束，阿英便以南强书局的名义，出版了《上海事变与报告文学》一书。从5月份开始，他陆续写下了《上海事变与鸳鸯蝴蝶派文艺》《上海事变与大众歌曲》《上海事变与资产阶级文学》等文章，后者着重批评了黄震遐的长篇小说《大上海的毁灭》。此后，也以《大公报》上的作品为例，简要讨论了北方作家在上海事变期间的活动。在阿英的最初设想中，他对一·二八事变的资料整理和评述有着更为宏伟的规划，上面提到的鸳鸯蝴蝶派一篇只是计划中的《上海事变与文学》一书的第二章第二节，对黄震遐和陈梦家的批评大概可以视为第三章"论民族主义民主主义作家及其他的资产阶级作家的活动"的简略版；大众歌曲的问题则可能是第四章"论左翼作家的活动与大众化问题"的一小部分；对《大公报》的评析则是原计划中的"末附"："平津各派作家对上海事变活动的报告"的一节。此外，在这个流产的计划中，还有对上海事变的意义和作家活动总趋势的评价，以及对各派文艺活动经验教训的总结。在1933年4月出版的《现代中国文学论》一书的序言中，阿英带有一点儿自嘲意味的解释说，"因为自己比较的进步，不愿照旧的赓续下去"，上述散篇被收入这本新的评论集，并用它作为其"初期批评的一个最后纪念"。[①]

阿英仅以阶级意识来分析这批以一·二八事变为表现对象的作品，肯定存在着诸多问题：过于严正的观念预设，使得他的评论既无视各派作家的基本情况，也无法看到他们自身的"进步"。比如他在批评鸳鸯蝴蝶派的创作时，指责张恨水的旧体诗词写作和小说创作有着强烈的封建意识，只是披上了国难外衣的礼拜六派的旧作；对徐卓呆的《往哪里逃》的批评则纠结在小市民观念，对这部作品的"写实"能力的肯定远远不够，而这正是鸳鸯蝴蝶派作品较此前诸如五卅、五三等事件创作的进步所在。但我们也不必对阿英的工作重新翻案，应该注意到，《上海事变与文学》是一个被作者本人放弃的方案，而《上海事变与报告文学》一书却是实际出版的。言说未成，资料存留，在这本第一时间编就的资料集中，阿英摆脱笨拙的社会批评的羁绊，充分展现出作为第一流史料工作者的眼光和才华。

《上海事变与报告文学》一书包括两个序言，一个是以南强书局名义所写的《从上海事变到报告文学》，这篇文章着重介绍了报告文学这一新兴体裁：

> 在文笔活动方面，产生最多的，是近乎 Reportage 的形式的一种新闻报告；应用了适应于这一事变的断片叙述的报告文学的形式，作家们传达了关于一二八以后各方面的事实。……报告文学的最大力点，是在事实的报告，但这绝不是和照相机摄取物象一样地，机械地将现实用文字来表现，这，必然的具有一定的目的，和

[①] 钱杏邨：《现代中国文学论·题记》，合众书局1933年版，第4—5页。

一定的倾向。①

接下来，阿英引用了基休在《报告文学之社会的任务》中的论述，进一步强调了报告文学不能满足于"事实的探究"，必须深入事件背后"共通的基础"。简单地说，在阿英看来，真实性和倾向性是报告文学的两个关键点。所谓"真实"，就是在诸多纷杂而彼此冲突的细节中，作家必须通过自己"正确的"意识，赋予事件以条理和意义。意识正确与否，如序言中所讲，要落实在"企图和被压迫者紧密的联结的努力"，或者用基休的话说，即"走向社会主义的道路"。

但序言对"报告文学"的界定和实际选文之间，却充满了紧张感，因为在上述文字之后，阿英又提到，收在书中的"很多是没有担负起报告文学真正使命的作品，阶级意识上非常成问题，而仅只是形式的接近"。究竟是什么让编选者对自己的选文做出如此保守的评估？这就需要我们具体推敲一下选篇作者的身份。

需要说明的是，序二《一二八之夜》原本应是选文之一，它在4月1日发表时，该书的版式已定，因此被排在开头，列为序二——这篇编者不忍舍弃的文章，恰恰出自民族主义文学的招牌作家黄震遐之手。统计一下此书各篇的出处：

《时事新报》11篇
《大晚报》11篇（包括序二）
《大美晚报》1篇（即《前线插曲》，《大晚报》2月21日转载）
《太平洋时报》1篇
《时报》1篇
《烽火》2篇
《社会与教育》3篇（但有一篇转载《大美晚报》）

左翼阵营的或者说展现了正确阶级意识的只有《烽火》(《文艺新闻》战时特刊)上的两篇：《前线一瞥》出自郑伯奇之手，文字过简；另一篇

---

① 南强编辑部：《上海事变与报告文学》，1932年，第2—3页。

《到火线上去》的作者很可能是陆诒①，无愧佳作。从选文比重可以看出，《时事新报》和《大晚报》无疑是此次战地报道的主力。《大晚报》上的战地记者特写都是署名的，在上述11篇中，黄震遐有5篇，分别是《一二八之夜》《蓝衣的兄弟们》《十字旗下》《死女人》《新线印象》；张若谷有6篇，分别是《吴淞炮火线下》《炮火线下战士的生活》《无情的铁鸟蛋》《沪西巡礼》《白衣女郎礼赞》《不怕死的同志们》。自然，在收入该书时，作者的名字被隐去。但在张若谷所写的《不怕死的同志们》中，开头就提到了他自己、黄震遐和《时事新报》的记者万国安是这场战事报道的"三剑客"。《时事新报》文章虽不署名，但无疑有相当部分出自万国安之手。一年前，阿英批评了他的以中东路事件为题材的小说《国门之战》，当时对此人身份还是一头雾水。但在1932年4月1日确定报告文学集的目录时，阿英则很清楚自己所选的是何人的文章。他以南强书局的名义发行，在第一时间匆匆付印——《无情的铁鸟蛋》《蓝衣的兄弟们》《沪西巡礼》的发表时间搞错了，《社会与教育》转载《大美晚报》的文章没有落实原出处——但接下来就开始写作意识形态色彩强烈的《上海事变与文学》的相关章节，这里面包含的信息实在耐人寻味。

淞沪之战的战地报道由两个不同的团体在进行。张若谷在最初发表的《吴淞炮火线下》中，开头就提到了采访和万国安结伴，而两天后的《炮火线下战士的生活》一文（发表时标题为《吴淞第二次冒险》）提到有外报记者与他们同行。此后在文章中亦多提及外国记者和他们的配合与互助。《时事新报》和《大晚报》实则都是张竹平的产业，同时他也是《大陆报》的董事长。而在编辑层面，民族主义文学运动的主将朱应鹏是《时事新报》的主笔，《大晚报》的经理兼主笔则是对民族主义文学颇有见地的曾虚白。他们实际在此前的民族主义文学阵营的基础上，构成了一个战事报道的主力团队。有趣的是，就在一·二八战事爆发前不久，同样言论犀利并以乌鸦精神自诩的曹聚仁发表了一篇名为《悼民族主义文学》的小杂感，为《前锋月刊》停办后的民族主义文学遁形而痛心，在他看来，此时正是民族的生死关头，挂什么招牌并不重要，关键是要"有力量"、有作为。②《前锋月刊》及其外围刊物的骨干转向战事报道，对此无

---

① 《烽火》本期未见，但后几期上和前线报道有关的文章有两篇署名为"陆诒"。
② 陈思：《悼民族主义文学》，《涛声》1932年第1卷第22期。

疑是一个有力的回应。

与之相对，郑伯奇在《前线一瞥》中提到了"著作者抗日会"，他的报道便源于该组织的前线之行。在稍后文章中，对此有更为细致的说明，强调了他们上前线慰问，"既不是去找什么长官歌功颂德，又不是到司令部采访消息"，只是"去看那些抗日的无名战士，亲自慰问他们，并听他们斗争的经验"，[①]自然，回来后的见闻感想诉诸文字发表于不同刊物。出发点的不同，很大程度上限制了后者的视野和体验，他们对战争的观察被按压在了预设的思想框架之中；仅从技术层面看，也缺少必要的时效性和敏锐度，与报人团队相比优劣立见。阿英在找寻报告文学的样本时，将目光几乎完全集中到了前者，恰体现了史料对观念的胜利。

二 《大晚报》奇迹和战事报道的勃兴

《大晚报》的成功在某种程度上说，完全得自一·二八事变的爆发。张竹平约请曾虚白筹备该报时，双方都很清楚当时上海地区晚报的销量，靠编辑改写早报新闻，发行两三千份已经算是成功。如果说，张竹平的投资中包含有新的期待，很大程度上是他想利用曾个人的才干和他所拥有的作者资源，以求新人新气象，办一份与众不同的小报。而曾虚白也确实利用了《真美善》时期积累的人脉关系，汪倜然、金摩云、邵宗汉、周木斋、傅红蓼、徐蔚南、崔万秋、黄震遐、张若谷……这些人成为报社的骨干。在曾与同事们共同拟定的五条原则中，最为重要的无疑是要有独立采访和与新闻相配套的态度明确的评论栏这两条。《大晚报》成为中国第一家具有独立采访网的晚报，而评论栏的犀利风格也使得它成为一家有态度的媒体，但归根结底，如果没有战争的爆发，《大晚报》充其量不过是一份水平略好的普通报纸，不会有当时的轰动效应，而曾虚白本人也不会成为日后国民政府在宣传方面倚重的干将。

战事爆发，报纸面对的最大困难是商家关门，股东不肯投资，广告收入告缺。曾虚白估算，只要能发行到3万份，便可以不依赖广告收入存活，但实际老牌的《新闻报》《申报》等都很难达到该印数。不过曾也看

[①] 郑伯奇：《两个后防——上海战事回忆之一节》，《微音月刊》1932年第2卷第4期。

到了此时发刊的便利条件,最为关键的有两条:第一,受战事影响,诸多报纸停刊,竞争减少;第二,上海有租界,战时上海及其周边的人口大量涌入,潜在读者群庞大。战时谣言四起,读者亟须通过报纸获得消息。总之,这份冒险发行的报纸成功与否,都寄托在了能否获得第一流战场新闻这一环节上。

曾虚白在回忆录中提到,《大晚报》的成功,黄震遐当记首功:

> 黄震遐兄是全凭自己苦修苦读培养而成的军事学家。他熟读许多战史,最擅长的是拿破仑一生的战史。他能把拿破仑一生所打的重要战役,每一次如数家珍地,如何作业,如何攻守详详细细绘出战图来解释给朋友们听。他是至今我还没有遭遇到同样能力的一位理想的战地记者。同时他又得军校出身的饶谷公的协助取得与各军指挥的联系。日军一开火,他们就向真茹十九路军司令部奔,得到战况立即在十二时前赶回报馆,由震遐兄在截稿前不到一小时中,除写简要战讯做头条新闻外,又要写战况专栏,详述战事发展。其作文绘图下笔之神速令人惊叹。①

《大晚报》国难特刊从 2 月 12 日开始发行,每日下午 4 时出刊,共计两版。有关战场情况的报道是重中之重,被排在最为醒目的位置上。编辑同人对如何排列标题很下过一番苦功夫,注意留白和字体的搭配,较之于当时上海各报纸,《大晚报》的版面有号外的风格,轻重缓急,一目了然。自然,不可能所有新闻都来自实际采访,主要部分还是利用了国内外通讯社对战事的报道,但凡是本报记者前往调查采写的新闻,一定会加以注明。有时,《大晚报》的记者会刻意强调实地调查这一过程,以赢得读者的信任。如 2 月 14 日据军事当局消息刊发了《昨日蕴藻浜我军大胜歼敌详情》和《日军大败逃退张华浜》两文,分别提到俘获日军千余人和两排。但在 15 日特发更正,强调经过本报记者赴前线实地调查,证实进攻日军大部被歼灭,少数泅水而去,并无俘虏。综合各天的报道看,《大晚报》的真实度值得怀疑,报喜多报忧少,对歼灭日军数量的估算,并不比一年前万国安在小说《国门之战》中的夸张说法收敛。但通过更正,

---

① 曾虚白:《曾虚白自传》(上集),台北:联经出版事业公司 1988 年版,第 124 页。

将"俘敌千余"这种易于拆穿的报道改为"大部被歼"这类无法具体核实的胜果，减少破绽，给读者以"真实感"。这样的做法，在此后的抗日宣传中成为常例。此后，诸多报纸复刊，竞争加剧，大报有条件的——如《时事新报》——分早晚两次出版，而各类小报则纷纷提前出刊，以抢新闻时效性。《大晚报》特意声明"提早出报，拆穿了讲，就是缩短新闻采访的时间，其结果，势必漏去许多重要的消息，本报为读者想，与其早看到许多无关紧要，或任意虚构的消息，不如稍稍耐着性子来看前线记者带回来确实有据的消息"，[①] 仍然坚持下午4时出报的计划，所打的便是战地记者实地采访这张王牌。

　　《大晚报》上的战事报道细究起来，大概可以分为以下三类。

　　第一类是头条新闻，基本都是用大标题排在第一版，大的题目下，每个具体报道则会注明来源，尤其是本报独家消息，一定会排在最先，并在最前加注"《大晚报》战地记者"字样，但不具体署名。根据前文曾虚白所言，这批新闻应该是不同战地记者采访所得，也有编辑负责收集整理其他媒体报道，在付印前统一整理定稿，黄震遐很可能凭借他在军事方面的知识素养成为执笔者。报道的文字简洁直观，很多是一句话式的消息。由于战场新闻的不确定性，真正第一手且具有新闻头条性质的消息有时收到较多，除第一版外，第二版也会匀出半个版面加以报道；有时则极少，四分之一个版面便已告罄。

　　第二类是与战事相关的琐碎新闻，报上会有"战地观察记"一栏，凭记者眼见描写战地情况，以补重要消息之不足。但很快，这些文字便不限于战场上，上海当地义勇军活动、战护情况、政府官员谈话、市民拥军及与战事有关的奇闻逸事都被纳入其中，统称为"观察记"，在行文中会特意强调"本报记者"亲历亲见，以展现报纸对战事全面细致的介入。

　　与这两种情况相配合的，便是"社评"。前文中提到，曾虚白认为评论必须与新闻密切结合，态度必须鲜明。如2月17日，标题新闻是"日送最后通牒"，评论便是"看你横行到几时"与"和平问题"。文字风格也不限于政论，如2月13日的《一段故事》讲某青年每日锻炼渐成高手，出手可御强敌，以喻中国每天在进步，不必妄自

[①] 《本报启事》，《大晚报》1932年2月26日第1版。

菲薄；而配合的头条新闻则是"日兵全被包围"。这些文字很可能是由曾虚白等人撰写。

真正值得推敲的是第三类战地报道。与报纸上的其他文字不同，这部分主标题上下都加两条黑线以示醒目；这批文章是署名的，每篇都注明"本报战地记者某某"。通过有意呈现记者的采访流程，描写战场情形，引入与战区官兵难民谈话，将实际战场氛围用普通人切身可感的方式传递出来。在叙述中，作者会有评论和感慨，可以说，这批战地报道正是曾虚白理想中的新闻和社评的合体。在一·二八战事的报道中，敢死军、义勇军等民众组织参与战场活动的记录不少，在中东路冲突中极活跃的冯庸义勇军也自北平来沪服务，在《时事新报》等媒体上占有重要位置。但《大晚报》在这一方面相对收敛，战地记者带有冒险色彩的报道，替代了其他报纸上对民众上战场的渲染。记者较普通民众活动范围更大，关系更广，更容易深入战事的核心部分，且记者的职业训练决定了他们的新闻敏锐性，他们讲述的故事较之于普通民众在战场边缘的猎奇经验更易抓住读者的眼球。《大晚报》上写作战地报道最勤的是张若谷，他在自述中提到，早在1927年便经田汉的介绍，成为国民革命军的随军记者，报道过南京下关火车站的军火爆炸事件，但其危险度较之于一·二八战事期间出任《大晚报》记者有天壤之别。① 如2月12日刊发的《在吴淞炮火线下》一文：

> 我们刚从同济大学门前下车，忽听见轰的一声，火光一道，疾飞过来，说时迟，那时快，那时候只听见呼喇喇的一阵怒吼，带着清脆的节奏，炮弹掠过我们的头上，我们在这个间不容发的当儿，急忙往地上伏卧，呼的一声，好像天塌一般，震耳欲聋，炮弹爆裂的地方，离开汽车只有二十米远，炸伤了身旁士兵徐少卿的左臂，我们在地上匍匐向着附近民房爬去，跟了一位武装同志钻到一个土穴中躲藏起来。②

这样的描写很大程度上可以看作战地记者代替关心战事进展的人们所

---

① 张若谷：《第一次当随军记者》（十五年记者生活实录），《中美周刊》1941年第2期。
② 张若谷：《在吴淞炮火线下》，《大晚报》1932年2月12日第1版。

进行的冒险，他们在战场上的反应更接近于普通人，读者在阅读时会有很强的代入感，这使他们不但在心理上感同身受，看法上也较易认同记者。由于《大晚报》完全以十九路军为核心进行战地报道，沈光汉、毛维寿、翁照垣等形象深入人心，这在很大程度上造成了十九路军孤军御敌的印象——这是现代传媒制造出来的民族志。曾虚白晚年忆及此，认为这是一个不可饶恕的错误。① 在 2 月 12 日的发刊简告中，编者宣称《大晚报》的主旨是：在民众的立场，说几句民众应该说的话，报道些民众应该知道的消息；在中国人的立场，说几句中国人应该说的话，报道些中国人应该知道的消息。② 但真正有示范意义的，不是他们的"立场"而是"方式"：由战地记者替代民众体验战争，并借助新闻"真实"强化这种经验的权威性，使之被普遍接受和记忆。个人（及其背后集团）的立场就此成为民众的立场，文学化的记录演变为历史共识，借助"新闻"这一媒介，文学家当仁不让地成为历史的讲述者。

《大晚报》国难特刊从 2 月 12 日出版至 4 月 14 日，但实际每日两版这种状态一直持续到 5 月 1 日，可以算作报告文学类型的战地报道约有 30 多篇，其中黄震遐贡献了 13 篇，张若谷大致有 15 篇。创刊号上同时刊出了张、黄各 1 篇，此后到 3 月初，基本能保持每天有一篇。

黄震遐和张若谷的文风有同有异。相对而言，张若谷的平实明快，更偏于叙述，如上文中所引《吴淞炮火线下》的文字。黄震遐则是一个军迷，喜欢在文中用专业名词，如曲射炮、水机关枪等，同时也更偏爱使用灰烬、热血、毁灭等色彩强烈的词语，以追求某种奇诡之美，如"每逢站在那灰尘密布人脸凄惶的路旁，远处的炮声阴沉沉的咆哮着，我们的心就被那种深烈的悲愤的情绪所激动，觉得中国已经逐渐变为灰烬，只有一汪献血才能把他的新生命从灰烬里冲出来"。③ 但两个人也有某些极有意思的相似处，即都喜欢用异国的事例来比拟、形容战场的情形，或者说，由于两人都对外国文学下过一番功夫——张若谷是法国文学的专家，黄震遐至少算是外国文学的爱好者——在行文中常忍不住要"掉书袋"，如黄震遐在 4 月 14 日所发《贡献于无名英雄墓前》一文中有"大中华民国抗日军

---

① 曾虚白：《曾虚白自传》（上集），第 125—126 页。
② 《发刊简告》，《大晚报》1932 年 2 月 12 日第 1 版。
③ 黄震遐：《十字旗下——苏州的南丁格莱们》，《大晚报》1932 年 2 月 20 日第 2 版。

的无名英雄们,在历史上,只有凡尔登的法国人有你这样的成绩……"这样的表述,本意虽是褒奖中国军队的英勇,但读来却令人觉得怪异。3月10日《大晚报》刊登了对某国外交官的采访,对方称赞十九路军英勇,"好像有西班牙民族的热血,灌注在他们脉搏里一样"① ——两相对照,更觉得黄震遐"西崽"口吻十足。一年前,鲁迅等人对他的《陇海线上》中法国客军浴血奋战阿拉伯人的妙喻大加批判,但黄似乎并未接受教训。张若谷的文中,这类警句同样不少,如:

> 记者看到这一幕如画的景象,不禁神游到俄国的冰天雪地,好像置身西伯利亚铁路的车站,又仿佛读着托尔斯泰或柴霍甫的小说。②
>
> 那无情炮火轰击的声响,使她们回忆到那有声影片《旋宫艳史》中的婚典礼炮,又记起了女皇麦哀唐纳儿戎装检阅浩荡皇军的一幕。③

前者是在真茹车站看到部队冒雪集结时发的感慨,后者则是称赞战地医护"白衣女郎"的奇思妙想。张、黄二人作为真美善书店文学团体的成员,是沙龙文化与外国文学的狂热追逐者;这个团队的核心人物曾虚白则欣赏茅盾《从牯岭到东京》中提到的"小资产阶级文学"的观念。他们的写作实践也在有意无意地践行该原则:文字忠实于自己的感触、喜好和阅读经验,内容也多为都市男女的生活。在战地报道中,这种文风自然不会戛然而止。在《大晚报》正式出刊之后,每周会特设文艺版,真美善时期那种沙龙笔会性质的文字又重新出现,这是后话。在战事报告文学中出现此种文字,虽不会让文章增色,但一则只言片语,二则《大晚报》的发行对象是聚集在租界的上海及其周边的民众,不乏和他们文学趣味相投之辈,不会有太多阅读障碍。但由此联系鲁迅等人一年前对《陇海线上》等作品的批评,由文风问题到立场问题,只能令人感慨30年代文坛论争之激烈。

---

① 《某国外交官称誉我军有西班牙血》,《大晚报》1932年3月10日第2版。
② 张若谷(摩矩):《战地之雪》,《大晚报》1932年4月2日第2版。
③ 张若谷:《白衣女郎礼赞》,《大晚报》1932年3月3日第2版。

三 《大上海的毁灭》对战地报道的"反转"

黄震遐的长篇小说《大上海的毁灭》在 1932 年 5 月 28 日到 9 月 11 日在《大晚报》上连载,并在同年的 11 月由《大晚报》馆出版单行本。战场形势缓和,战地新闻急剧减少,但民众的关注力却尚未移开,因此,恢复小说连载惯例,刊发以此次沪战为题材的小说,可以维持对读者的吸引力,如《时事新报》的早版在 3 月 25 日便开始连载陈大悲和锺吉宇写的《血路》,以"血战"和"纪实"为号召,甚至在 5 月 17 日时还增加了另一部连载:林疑今的《小宝贝》,以沪战的战地医护为题材,但上述作品影响力不大,真正将战场情境落到实处并引起批评家和读者兴趣的是黄震遐的创作。

阿英在《上海事变与资产阶级文学》一文中对该小说给予极严厉的批评,在连载完成仅六天后,他的书评便已写成。大致说来,阿英认为黄震遐的意识极端不正确:在这数十万字的"大著"里,找不到一个"打倒日本帝国主义"或"日本帝国主义"的字句。[①] 尤其是小说的结尾处,黄对比了中日师团人数和装备的差距,认为以一·二八事变中的国军伤亡速率计算,若全面开战,日军只一年时间就可以消灭中国三分之一以上的军队,使得国军完全失去战斗力,同时也提到战争之苦,最终要由民众来承受:

……全国二百万军队,实力消耗三分之一,就可以完全失去其战斗力,而到了那时,民众们若再嚷着"打呀,打呀",一方面还迷信着关羽、张飞式的大刀,中国全部十八省就完全的在敌人的怜悯之下。

这次战争若再打下去,首先遭难的,却依旧是民众,而不是军队……民众……在飞机群的大轰炸下,在远射炮的摆布射击下,那一向信仰着的迷梦骤然打破,大哭小叫地逃避到饥寒交迫的旷野里去,

---

[①] 方英(阿英):《大上海的毁灭》,《文学月报》1932 年第 1 卷第 3 期。

那才真正是痛苦。①

阿英批评黄震遐对民众力量的轻视，嘲讽他忘了《陇海线上》村民武装给他的教训，并将上述文字称为"不抵抗主义者最典型的说教"。同时，阿英也批评了黄震遐小说技巧的薄弱，"不能活用全部战争来做故事的背景，使战争和主人公的行动合流，而采用穿插的手法，……"在《现代》杂志上发表的一篇较平和的书评中，评论家也认可阿英对该小说技巧的指责，认为作者野心虽大，却没有雄伟而又纤细的组织力，这部作品无疑是失败了：

> 作者要写的是整个一·二八事变全部的姿态，可是因为想避免正面的描写，而从侧面取巧的关系，结果变成了一部以战争为穿插的不很高明的都市恋爱小说，不仅没有写到事变的全部，而且反将前线的战争做了书中恋爱故事发展的伴奏。②

毫无疑问，有关对作品水准和文学技巧的批评都具有合理性，黄震遐自始至终都不是一名优秀作家，甚至可以进一步说，"真美善"那个年轻的作家群中也从未出现过经得起时间推敲的作品。单讨论《大上海的毁灭》的艺术成就意义不大，真正让人感兴趣的是，在战事结束仅一个月，黄便以此事件为背景创作长篇小说，无疑要充分利用到他战时采访的素材，剔除书中莫名其妙的都市恋爱故事，仅将小说与战争相关的部分提取出来，并与之前的战地报道进行对读，会发现所写近乎全然相反，这种差异，倒是有助于我们反思一下当时战事报道的问题和新闻与文学角色互换背后的意味。我们可以先整理一下小说中的几个时间节点：

1. 罗连长在黄渡车站战死的时间是 3 月 4 日。
2. 李代理排长重新进入黄渡车站的时间是 5 月 5 日。
3. 草灵做便衣队袭击日军失败被捕是 1 月 29 日。
4. 罗连长给阿霓的信，介绍参加曹家桥血战的情形，时间是 2

---

① 黄震遐：《大上海的毁灭》，《大晚报馆》1932 年 11 月。
② 书评：《大上海的毁灭》，《现代》1932 年第 2 卷第 3 期。

月 15 日。

　　5. 山炮连的龙连长给草灵的信中，介绍他们在日军第九师团猛攻下损失惨重的时段是 2 月 20—26 日。

　　6. 草灵在图书馆楼顶战死的时间是 3 月 1 日。

　　一·二八抗战从战场形势看，大致经历了三个阶段：一·二八之夜至 2 月 20 日，日本海军陆战队进攻，十九路军奋起抵抗，战场在闸北，形式是"巷战"；2 月 20 日至 3 月初，日军援兵抵达后，发起总攻，主战场在江湾，形式为"野战"；3 月初，国军战场形势不利，退守昆山，直到达成停战协议，双方主力部队已经脱离接触，冲突多为"步哨战"。从上述时间节点的安排看，黄震遐在小说中采用了倒叙手法，将败退这一部分放在了小说的开头，给作品以浓重的悲剧色彩，以呼应"大上海的毁灭"这样的标题。

　　如果注意到这个倒叙手法，那么小说的情节实际顺序则应该是这样的：青年学生草灵在一·二八战事爆发的当天，加入了当地便衣队，受翁照垣旅长的安排，第二天在日军占领区发起暴动，以配合翁旅的反攻。但翁旅调防，便衣队单独起事失败，成员被日军成批屠杀，草灵则侥幸被突袭的八十团的罗连长和龙连长救走。回到租界后，草灵身心俱疲，沉溺于个人情感，也厌倦于后方不同社会政治团体的空谈，其间，他看了罗连长给阿霓的信，信中介绍了曹家桥战斗情形，当时战场形势尚好。之后他恋爱失败，又收到龙连长给他报告实际战况的信息，大受刺激，因此，在 3 月 1 日重回战场，要加入龙连长的部队。恰逢这时十九路军撤离闸北，草灵孤身面对涌入的日军部队，击毙一人后，他也被对方射杀。而十九路军在撤退昆山途中，罗连长的连队在黄渡车站掩护大部队，几乎全部战死。直到 5 月 5 日，十九路军的侦察部队进入黄渡车站后，才取得他的遗物。这时停战协定已签署。

　　就黄震遐在《大晚报》做战地记者的发稿情况看，报道集中在第二和第三个阶段；而新闻报道和小说描写差别最大的实则是第二个阶段，即日军第九师团增援后的一系列血战。曾虚白提到，每天的新闻头条多经黄震遐之手拟定，而这批战地记者前往十九路军各师部、旅部的次数极多，即使有诸如新闻误差、宣传策略、保密误导等因素的考量——《大上海的毁灭》中"报纸为鼓励民众起见，不得不将事实稍为扩大些来讲"的

辩白——这些新闻在总体上也应视为黄震遐本人对于战局的判断。以20—26日期间为例,《大晚报》战地新闻情况大致如下:

2月20日 头条 日军开始总攻（其士兵实不堪一击）
2月21日 头条 敌军今晨大炮攻吴淞（瞄射不准毫无损害；蕴藻浜敌军二次败退）
2月22日 头条 敌攻击全线大败（八字桥江湾庙行三处第九师团伤亡枕藉，战斗力已完全消失）
2月23日 头条 敌我军队庙行大血战（敌死尸堆积如山，现在塘东宅激战）
2月24日 头条 庙行残敌扫数肃清（又杀敌千余人，我阵线进展孟家宅）
2月25日 头条 援军到后，敌三路反攻江湾（敌屡攻屡退今尚在激战中）
2月26日 头条 江湾庙行线，残敌挣扎反攻

日军第九师团是在2月14日抵沪，从当时的报道看，该师团携带了大量重炮，且有数量更多的海空军支援，实力较之前对峙的日本海军陆战队不可同日而语。但从上述新闻情况看，《大晚报》传递的却是开战后十九路军完全掌握战场主动的乐观判断。即使《大上海的毁灭》中提到的十九路军在3月初退守昆山，如罗连长的连队在掩护中尽数牺牲，此时的战地新闻传递的仍是国军对战局的有力把控：

3月1日 头条 敌二度总攻开始，八字桥决死战
3月2日 头条 我军全线总退（趁敌不备全师而退，无一弹一枪之遗落）
3月3日 头条 翁旅安全撤退（昨晚整军退出，现已加入作战）
3月4日 头条 昨晚今晨，娄塘镇两军血战（日军数千人袭我不备，我军援军云集胜利可必）
3月5日 头条 今晨岳王敌军被困（千余敌兵尽被包围）

直到3月16日，记者采访已经撤退的翁照垣时，对方仍然应答轻松，

认为自己旅四千人如死守吴淞炮台，足可以拼掉日军一万人，撤退是从全局考虑，自己部队伤亡不到七百人云云。①

《大晚报》的战地报道开始有所变化，已经到了4月4日，这天黄震遐写了《贡献于无名英雄墓前》一文，文章历数了参战各军的官佐伤亡情况。值得注意的是，所列名单中，几乎每支部队都有大量团营级军官的阵亡，按常理说，一旦出现这种情形，部队损失应不在少数。4月6日的采访《八十八师英勇牺牲的经过》中提到，这支国军的精锐部队大致有不到一万人参战，在日军优势兵力和火力的攻击下，一天的伤亡便有两千多人，但该师师长俞济时同时提到，他们也杀伤日军三千多人。② 不过，从《时事新报》此后刊发的日军公布的阵亡人数看，从九一八到一·二八，总计阵亡不过千余人，③ 而中国军队仅一·二八之战阵亡人数就有四千多人，④ 之前各军的估算无疑有过于乐观之嫌。

真正让人感受到中国军队牺牲之惨烈的报道是4月12日刊发的《庙行剧战素描：喋血杀敌，神勇三连长》一文，虽然文末仍是我军反攻得手、伤者醒来已经幸运地躺在医院中的陈词滥调，但文中介绍的2月25日的战场形势让人触目惊心。故事的讲述者是一二二旅五团三营第八连的赵福连长，他的左翼是四团和本团的第九连，身后则有第七连为预备队。在日军重炮轰击下，四团被迫撤退，九连连排级军官基本战死，于是第七连连长带兵填充防线，当天下午又战死，第七连的排长们再带兵上前补充……⑤4月16日《大晚报》又有《江湾炮火线下，三千无名英雄》一文，这次受伤幸存的是第五军八十八师的连副陈一航，所讲仍是江湾血战情况，他提到22日在日军重炮轰击下，本师的伤亡大概有三千人，到23日时，本营营长阵亡，五个连长二死二伤，他所在连队连长战死，三个排长一死两伤……⑥此后，报上刊发的黄震遐的《孟家宅之鬼》，⑦ 战地

---

① 本报战地记者：《吴淞要塞守将翁旅长的拜访》，《大晚报》1932年3月16日第2版。
② 战地通讯：《八十八师英勇牺牲的经过》，《大晚报》1932年4月6日第2版。
③ 《日本侵东北淞沪，战死仅千余人》，《时事新报》1932年5月29日第1张第2版。
④ 《抗日血战伤亡统计列表》，《时事新报》1932年5月28日第1张第2版。
⑤ 《庙行剧战素描：喋血杀敌，神勇三连长》，《大晚报》1932年4月12日第2版。
⑥ 《江湾炮火线下，三千无名英雄》，《大晚报》1932年4月16日第2版。
⑦ 黄震遐：《孟家宅之鬼》（上下），《大晚报》1932年4月22日、23日第2版。文中所讲为2月20日日军总攻后，守卫孟家宅的中国军队死战殉国的情形。

通讯《悲壮杀敌的一幕》①也都以江湾战事为报道对象，充分展示了中国军队在敌军优势装备打击下付出的代价——自然，这些报道也都强调了给予日军的巨大杀伤，甚至远在己方的损失之上。

真正让民众开始对战事的实际情况有所质疑的，是4月21日刊发的《吴淞江湾冒险观察记》，其中特别引人注意的是对吴淞炮台的报道，采访记者精通日语，冒充日本人去江湾战场参观，了解到若干日军对战事进展的看法。该报道特别提到炮台内部的十三门大口径火炮已经在日军占领后悉被炸毁，但据驻防的日军官说，战时损坏的仅一门，该军官又强调了吴淞炮台规模巨大、设计精巧，足以对日海军构成巨大威胁，但日军舰通过时，炮台却一炮未发。②该报道在读者中引起轩然大波，而协助炮台进行外围防御的正是《大晚报》重点报道的翁照垣旅，因此，有读者致信翁本人对此加以询问，翁的回信和编者按语都刊登于5月5日的报纸上。翁照垣着重介绍了2月3日、4日两天的战斗情况，特别提到在3日的战斗中炮台发炮击沉敌舰一艘、击伤三艘，己方一门重炮被毁，但次日，在日军20多艘战舰和40多架飞机的重点打击下，"露天炮台，目标非常暴露"，炮台顿成"弹巢"，炮手大部分阵亡，器械损失巨大，存留下来的火炮也多因为炮位被毁，无法正常发射，政府的维修人员未能到位，因此炮台的抵抗宣告停止，直至被日军占领。翁在洗刷对军队不抵抗的指责后，针对日军官所言吴淞炮台强大、中国军队不能善加利用一说，提出反驳，特别强调了炮台的"陈旧腐朽"：

> 且炮台之炮，既属旧式，子弹亦皆为数十年之物，药力已有变化作用，所有射程，既不及敌炮之长远而命中亦不及敌炮之精确。如是以十余门旧式之炮，摆在露天之炮台上，无一掩蔽，一开炮即被敌海空多量爆弹之压制……③

翁照垣的回复实际揭开了一·二八抗战中中国军队"忠毅沉勇"的另一面——器械陈旧与管理混乱。在初期的巷战中，尚可用地形优势与军

---

① 战地通讯：《悲壮杀敌的一幕》，《大晚报》1932年4月26日第2版。所讲为2月25日江湾战斗情况。

② 《吴淞江湾冒险视察记》，《大晚报》1932年4月21日第2版。

③ 《翁照垣函告固守吴淞经过》，《大晚报》1932年5月5日第2版。

队的牺牲精神来弥补,但真正进入现代化的战斗时,实则无力与日军对峙。一·二八战时和停战初期,国人普遍处于"惊喜"状态:想不到中国军队在日军面前可以一战,更想不到从战事报道上看,中国军队能够战而胜之。翁的回复无疑给人们的热情浇了一盆冷水。鉴于《大晚报》社评紧随新闻的惯例,第二天的评论栏便刊出《读翁照垣书的感想》,文中提到的"百感交集"的情绪无疑展现了编者和读者共同的心境,停战协议已签,此前所写所读的乐观昂扬的战地新闻报道,此时都有反讽意味。该评论特别提到,倘吴淞作为东南第一炮台都如此落后,中国实际军备水平更不敢细想。如今之道,也只好督促政府,停息内争,励精图治,正如翁照垣回复中所说,"务以民众之力量,监督军队之行为,庶大好河山,免为军人所抛掉"。

上述种种,恰是《大上海的毁灭》一书的写作背景,不同于陈大悲等人在战时就匆忙动笔,黄震遐的小说实则写在战后乐观氛围消散,国军——包括十九路军在内——即将投入与红军的内战前夕。御外侮遭失败,避内争却又起,这场轰轰烈烈的战事似乎并没有给国人以教训,一切如旧。而黄震遐作为一个对军事知识有更多了解的人,自己也渐从战时报道的热情中走出,写小说的时候,已经进入了相对冷峻的反思状态。在《大上海的毁灭》中,黄震遐借主人公草灵之口,批评了战时新闻报道的虚妄,认为过于乐观的战事报道无异于视现代战争为儿戏,很大程度上"抹杀了十九路军惨苦支撑的殊勋":

……啊,多少漂亮而复外行的大标题,弃人亦即自弃:
(一)江湾一战却敌十里;(二)我先锋达平凉路;(三)孟家宅敌全覆灭;(四)庙行三战敌军惨败;(五)大破敌军重炮队;(六)金穆宅毙敌数千;(七)敌军改用火攻;(八)我军大刀队立功。……[1]

小说中,江湾地区的激战,借助罗、龙二连长的书信从侧面写出——作为战争小说,攻守最为激烈的部分却用了"穿插"的手法——这样的处理在艺术层面着实不妥,但在某种程度上也反映了黄震遐颇为微妙的心理:此前报道羞于再提,局中情形还是由军人自己在事后娓娓道来吧。

---

[1] 黄震遐:《大上海的毁灭》,《大晚报馆》1932年11月。

罗连长的阵亡在整个战役进程中位于最后，却被放在小说的开头正面加以刻画。小说这一部分的总标题为"旷野与都市"，作者实则特意安排了一个对比结构，以表露个人心中的愤懑：在战事结束后，失去自己部下兼好友的汤营长重回上海，发现沙龙中的都市男女们仍在"消费"他们付出巨大牺牲的这场战役，而这些人最感兴趣的是大刀队的神勇，汤也被邀请做战事的报告，并被要求重点讲述大刀队的功绩，无疑，这引起了汤的愤怒：

> 这次我们打了三十四天，天天都希望着胜利，但结束，被敌人猛烈的利器所压迫，却只得节节后退，最后，等到每一个人都丧失了他最亲爱的兄弟朋友以后，我们就含着眼泪退却。至于所谓大刀队，我们全军虽有七八十人，但因为敌人以科学的利器向我们压迫，机枪炸弹尚且难易支持，这种关羽张飞式的大刀，自然更无用处……①

作为一部匆忙写就，但已经和事件的爆发拉开一定距离有了反思空间的作品，最能触动作者的，往往会放到最前面。黄震遐是一个军迷，精研中外战史，且就之前他和万国安为《前锋月刊》所写的文字看，实际都非常强调武器装备的差距在战场上的作用。《大晚报》在战事报道期间，涉及的大刀队内容虽然不多，却形式多样，颇有代表性。2月14日时有华侨救国义勇军组织大刀队的消息，这不过是民众的准军事组织，尚在情理之中，但2月23日的野战中又有"八字桥大刀队又显神威"的报道，则未免让人感到怀疑。更为重要的，新闻报道中常常让敌方和中立方现身说法，以印证报道的真实性，如2月15日有在张华浜战斗中受伤的日方的松田大佐，他在采访中谈到极有戏剧化的一幕：

> 有身材短小之青年军官二人，亲率决死队七名，突入我阵地，彼等手中仅持有青龙刀，彼等用刀之技术，堪称惊叹，我等以击剑术对之，演出一场决斗之剧，但彼等刀术，确占优势。②

---

① 黄震遐：《大上海的毁灭》，《大晚报馆》1932年11月。
② 《日军官惊叹我大刀队》，《大晚报》1932年2月15日第2版。

2月25日的报道中又有"我大刀队勇敢无匹,西人亦佩服"的文字。借助对手和旁观者的赞许,将此前新闻报道中的说辞坐实。实际上,直到5月8日,《大晚报》上还刊出了丹琪的纪实文章《看青龙刀去》,战事结束,作者去看日军提供的战事展览,看到其中有缴获的青龙刀,还特意发了一番无法再度杀敌的感慨。以"大刀"为例,细究《大晚报》的报道特色,着实可以品咂出一点儿味道。这是一个现代传媒精心安排的双簧戏:用新闻来宣告"神迹",用想象中的对手和旁观者的肯定来打消读者的怀疑,最后以某种"挽歌"式的感喟让其沉到人们的记忆深处,以后每逢类似场景便重又复活。一·二八之役,尤其是初期的巷战、夜袭,给冷兵器留下了有限的使用空间,而这些细微的战果却被现代传媒充分加以渲染,大大满足了民众的虚荣心,同时也提供了批评政府的口实,将"能不能打"的问题巧妙地置换为"敢不敢打",鲁迅反复言说的"民气""民力"的问题,在现代政治语境中,前者经过改头换面,对后者取得压倒性的优势。

　　《大晚报》和《时事新报》关系密切,战地报道也基本是共同采访再各自写稿的模式,两家新闻多有呼应。黄震遐的追随者万国安的文字基本刊发在《时事新报》上,只不过这张报纸没有战地记者署名的传统。5月28日的早报是记录战后追悼活动的专刊,其中包含一篇万国安署名的文章,题为《良机一失,同哭一声》,该文讲述了在2月20日、21日的江湾血战中,第六十一师与敌相持中渐渐取得主动,23日记者去采访时,第八十八师的沈光汉师长亲笔为他们拟定了新闻标题"在五小时内必歼敌于黄浦江畔",说自己正在筹划大规模的反击。记者们为此激动良久,等着第二天战事结束公布这一重大消息。但第二天全无声息,去问沈光汉,对方的回答是反攻准备完毕,但收到各方电报,游说反攻成功固然好,不成则全局不可收拾,因此只得作罢。万国安此文的副标题为"几封似是而非的电文,竟使敌骑蹂躏遍东南,死去的英雄其能瞑目乎",[1]锋芒所指,不言而喻。不久,这篇大作又刊登于《文华》杂志,题目改成了我们更为熟悉的模式——《十九路军为什么总退却》。[2] 如果说前文提到的"大刀队"是现代媒体构筑的神话,那么更进一步说,一·二八

---

[1] 万国安:《良机一失,同哭一声》,《时事新报》1932年5月28日早版第1张第4版。
[2] 万国安:《十九路军为什么总退却》,《文华》1932年第28期。

战事,尤其是中后期战场的主动、反攻的大好局面,更是现代媒体的杰作,使读者相信一支装备训练均处于较低水准的军队,只要有正确的政治立场和不怕死的精神,即可赢得现代战争的胜利;而未能取胜的原因则是某些政治集团的私利与羁绊——这是传奇故事常见的套路,而最具讽刺意味的是,这样的文字,恰恰出自曾经写下过《国门之战》《陇海线上》的有实际战地经验的作家之手,此前对武器装备的了解和敬畏,尽数让位于宣传的需要。从这个意义上说,《大上海的毁灭》是一部难得的诚实之作、忏悔之作,只可惜,那些冷峻的反思为蹩脚的都市故事所冲淡,而批评家的锋芒又将人们的注意力引向了末节。

草灵这个人物身上无疑有着黄震遐本人的印记:颓废诗人,喜欢"星儿与流动的水,青灯与美丽的鬼,啊,梦和长睡"这样的诗句,又有着从军的热情,这都让我们想起两年前黄震遐主动入伍参与中原大战时,他的朋友们以为他已战死,在《申报·艺术界》和《真美善》上刊发的那些悼念文字。[①] 作者安排草灵战死,恰切合了两年前的那次误会。无论黄震遐本人,还是他笔下的人物,都展现出知识青年从军的狂热,这些熟知中古战史的书生,发现现代战场较之以往更为冷酷无情,道义、运气、谋略等因素几乎微不足道,决定胜负生死的完全是实力。那些思考着的战士,往往难逃死神的召唤,同样,如罗连长那样内心有所眷恋的军人,想要生存下来困难重重。大上海的"毁灭",毁掉的恰是这个城市中最为理性、最有人情的部分。这个沉溺于中世纪战史的现代骑士,终于告别了战争幻想,也对他参与实践的报告文学的价值和局限有了更为清醒的认知。

[①] 如《前锋周报》1930 年第 11 期,上叶秋原的《纪念诗人黄震遐》、乙裴的《纪念黄震遐》(诗歌),第 83—84 页;《真美善》1930 年第 6 卷第 5 期,《失踪诗人黄震遐残稿》的编者按。

作家研究专题

"竟陵八友"之萧衍、沈约三考

何良五

（华中师范大学文学院）

萧衍、沈约同为"竟陵八友"，永明年间游于竟陵王萧子良西邸，关系密切。近年来，关于"竟陵八友"的研究较为热门，成果颇丰。然而其中尚有不少存在争议的地方，众说纷纭，莫衷一是。笔者近来研读此期文史材料，比对相关研究，略陈管见，以期对"竟陵八友"之研究稍有裨益。

一 萧衍任王俭卫军东阁祭酒时间考

对于萧衍在永明年间的任职情况，《梁书·武帝纪》（以下简称《梁纪》）及《南史·梁本纪上》（以下简称《南纪》）的记载皆十分简略，且有舛误之处。据《梁纪》载："起家巴陵王南中郎法曹行参军，迁卫将军王俭东阁祭酒。"[1]《南纪》载："初为卫军王俭东阁祭酒，俭一见深相器异，请为户曹属。"[2] 南齐巴陵王为齐武帝之子萧子伦，受封在永明二年（484）七月，永明七年二月方有"南中郎将"之号。[3] 若依《梁纪》记载，则萧衍起家在永明七年。然而据《南齐书·礼志上》载，永明二年议郊、堂之制，有"司徒西阁祭酒梁王议"[4] 的记载，可知萧衍永明二年已在司徒西阁祭酒任上，则《梁纪》所载"起家巴陵王南中郎法曹行参军"为误。另据上文，可知萧衍既任司徒西阁祭酒，又任王俭卫将军东阁

---

[1] 《梁书》卷1，《武帝纪》，中华书局1973年版，第2页。
[2] 《南史》卷6，《梁本纪上》，中华书局1975年版，第168页。
[3] 《南齐书》卷3，《武帝纪》卷40，《武十七王·巴陵王子伦传》，中华书局1972年版。
[4] 《南齐书》卷9，《礼志上》，第124页。

祭酒。对于这一情况，诸多研究者或忽略之，或混淆之，今试辨明此事。

胡怀德《四萧年谱》忽视了萧衍任司徒西阁祭酒之事，将萧衍任卫军东阁祭酒系于永明二年①，然未知其据。《南北朝文学编年史》将萧衍任王俭东阁祭酒系于永明二年，注曰"见《梁书》本传"②。然而以《梁纪》所载，其实未能得出这一结论。赵以武《梁武帝萧衍生平年表》将《南齐书·礼志上》所载"司徒西阁祭酒梁王议"中的"司徒"误认为王俭，从而得出萧衍于永明二年已"任职在司徒王俭府中"③ 的结论。按，永明二年兼司徒者实为竟陵王萧子良，王俭终其一生未有司徒之任。钱汝平《萧衍研究》以《南纪》所载"初为卫军王俭东阁祭酒"一语为准，又因王俭于永明元年进号卫将军，推断"萧衍为卫将军东阁祭酒当在永明元年"④，否定胡怀德之说。

林大志指出《梁纪》之误，认为应当以《南纪》为准。其论证过程如下：

> 萧衍起家事当从《南史》，即起家于卫将军王俭东阁祭酒，时在永明元年，萧衍20岁，以国子生起为卫将军东阁祭酒。同时应当指出的是，这一职务一直持续到了永明二年。《资治通鉴》卷136云："永明二年……春正月，乙亥，以……竟陵王子良为护军将军兼司徒，领兵置佐，镇西州。子良少有清尚，倾意宾客，才俊之士，皆游集其门。开西邸，多聚古人器服以充之。记室参军范云、萧琛、乐安任昉、法曹参军王融、卫军东阁祭酒萧衍、镇西功曹谢朓、步兵校尉沈约、扬州秀才吴郡陆倕，并以文学，尤见亲待，号曰八友。"这里的卫军就是卫将军王俭。故可知永明二年子良初为司徒时，萧衍在王俭府中仍然停留了一段时间。⑤

---

① 胡怀德：《四萧年谱》，刘跃进、范子烨：《六朝作家年谱辑要》下册，黑龙江教育出版社1999年版，第12页。
② 曹道衡、刘跃进：《南北朝文学编年史》，人民文学出版社2000年版，第251页。
③ 赵以武：《梁武帝及其时代》，凤凰出版社2006年版，第20页。
④ 钱汝平：《萧衍研究》，博士学位论文，四川大学，2007年，第20页。
⑤ 林大志：《梁武帝代齐之前仕历考》，《郑州大学学报》（哲学社会科学版）2005年第1期。

林大志据《南史》"初为卫军王俭东阁祭酒"的记载，以及王俭永明元年任卫将军、萧衍永明元年刚好二十岁，推断萧衍此年任王俭卫将军东阁祭酒。然而"甲族以二十登仕"①只是常例，并非绝对施行，因此不能作为论据，萧衍起家于永明元年的结论并不可靠。又根据《资治通鉴》载永明二年竟陵王萧子良兼司徒，"记室参军范云、萧琛、乐安任昉、法曹参军王融、卫军东阁祭酒萧衍、镇西功曹谢朓、步兵校尉沈约、扬州秀才吴郡陆倕，并以文学，尤见亲待，号曰八友"，推断永明二年萧衍仍在卫将军东阁祭酒任上。然而这并非十分可靠的证据。王融任司徒法曹行参军在永明五年，此处记为"法曹参军王融"；谢朓任随王镇西功曹在永明八年，而此处记为"镇西功曹谢朓"。由此可知，此处所载官职并非完全与永明二年诸人任职情况相吻合。所以，据此推断永明二年萧衍仍在王俭卫军东阁祭酒任上的结论并不可靠。

柏俊才《"竟陵八友"考辨》推翻以上诸人之说，试图重新考证王俭任卫将军的时间，进而确定萧衍任王俭卫军东阁祭酒在永明四年。其论证过程如下：

> 王俭作为辅弼之臣，被齐高帝极为看重，临危之际委以辅佐齐武帝之重任，并遗命让王俭任尚书令。由《王俭列传》与任昉《王文宪集序》的记载来看，齐武帝并没有听从父命，除王俭尚书令，这在当时是不可能的。故《王俭列传》与任昉《王文宪集序》的所载王俭永明初之仕历不可信，应以《武帝本纪》所载为是。建元四年（公元482年）三月壬戌，齐高帝萧道成崩。同月乙丑，齐武帝遵从父萧道成遗命，任王俭尚书令。永明三年（公元485年），王俭又领太子少傅，一切均合乎情理。据该纪所载，王俭初任卫将军大约在永明四年（公元486年），此年萧衍为卫将军王俭东阁祭酒。②

按，《南齐书·武帝纪》载："（建元四年三月）乙丑，称先帝遗诏，以司徒褚渊录尚书事，尚书左仆射王俭为尚书令。"③《南齐书·王俭传》

---

① 《梁书》卷1，《武帝纪上》，第23页。
② 柏俊才：《"竟陵八友"考辨》，中国社会科学出版社2001年版，第173页。
③ 《南齐书》卷3，《武帝纪》，第45页。

载:"上崩,遗诏以俭为侍中、尚书令、镇军将军。世祖即位,给班剑二十人。永明元年,进号卫军将军。"①任昉《王文宪集序》载:"太祖崩,遗诏以公为侍中尚书令、镇国将军。永明元年,进号卫将军。"②柏氏以为《武帝本纪》明确载有"尚书左仆射王俭为尚书令"的字样,而《王俭本传》及《王文宪集序》皆称"遗诏"而未明言,故完全否定二者的记载,仅以《武帝本纪》为准。此说似可商榷。《南齐书·王俭传》及《王文宪集序》皆载"上崩,遗诏以俭为侍中、尚书令、镇军将军",这便是齐武帝按照高帝遗诏,以王俭为尚书令。史家为免重复,所以没有再次说明,检之史籍,可以为证。上文《南齐书·武帝纪》载"(建元四年三月)乙丑,称先帝遗诏,以司徒褚渊录尚书事"③,而《南齐书·褚渊传》所载为:"太祖崩,遗诏以渊为录尚书事。"④与《南齐书·王俭传》所载无异。若以柏氏观点推之,则《南齐书·褚渊传》亦不可信。再如《南齐书·郁林王纪》载:"(永明十一年)世祖崩,太孙即位。八月,壬午,诏称先帝遗诏,以护军将军武陵王晔为卫将军,征南大将军陈显达即本号,并开府仪同三司,尚书左仆射西昌侯鸾为尚书令。"⑤而《南齐书·陈显达传》所载为:"世祖遗诏,即本号开府仪同三司。隆昌元年,迁侍中、车骑将军,开府如故,置兵佐。"⑥《南齐书·明帝纪》所载为:"世祖遗诏为侍中、尚书令,寻加镇军将军,给班剑二十人。"⑦若以柏氏观点推之,则《南齐书·陈显达传》《南齐书·明帝纪》所载皆不可信。实际上,据上引文可知,"遗诏""遗诏以""遗诏为"等为史家惯用笔法,表示以先帝遗诏任命为某官。柏氏以此否定《王俭本传》《王文宪集序》的真实性,是不成立的。另外,本纪所载只是部分重要的任命,个人的任职情况不一定全部体现在本纪当中,故以《南齐书·武帝纪》所载永明五年卫将军王俭开府仪同三司的任命,推测其初任卫将军在永明四年,亦不成立。由此可知,萧衍任王俭卫军东阁祭酒在永明四年的结论是难以成

---

① 《南齐书》卷23,《王俭传》,第436页。
② (梁)萧统编,(唐)李善等注:《六臣注文选》,中华书局1987年版,第878页。
③ 《南齐书》卷3,《武帝纪》,第45页。
④ 《南齐书》卷23,《褚渊传》,第429页。
⑤ 《南齐书》卷4,《郁林王纪》,第69页。
⑥ 《南齐书》卷26,《陈显达传》,第490页。
⑦ 《南齐书》卷6,《明帝纪》,第84页。

立的。

　　以上诸家皆以《南史》所载"初为卫军王俭东阁祭酒"一语为准，又根据"甲族以二十登仕"的惯例，力图将萧衍任王俭卫军东阁祭酒的时间定到最早（永明元年、二年，萧衍二十、二十一岁），以使结果更显合理。然而永明二年萧衍已在司徒西阁祭酒任上，以上推测并无有力的证据。实际上，以上说法都忽视了一个问题，即"卫将军东阁祭酒"这一职官的特殊性。《宋书·百官志上》载："晋初，凡位从公以上，置长史、西阁、东阁祭酒、西曹、东曹掾、户曹、仓曹、贼曹属各一人。……江左以来，诸公置长史、仓曹掾、户曹属、东西阁祭酒各一人，主簿、舍人二人，御属二人，令史无定员。"① 可知东阁、西阁祭酒为诸"公"属官。又："祭酒，晋官也，汉吴王濞为刘氏祭酒。夫祭祀以酒为本，长者主之，故以祭酒为称。汉之侍中、魏之散骑常侍高功者，并为祭酒焉。公府祭酒，盖因其名也。"② 此乃释"公府祭酒"之名。又："司徒若无公，唯省舍人，其府常置……余府有公则置，无则省。"③ 可知位列诸公方可置府，有西阁、东阁祭酒等职。又据《南齐书·百官志》："凡诸将军'大'字，位从公。开府仪同如公。凡公督府置佐：长史、司马各一人，谘议参军二人。……其府佐史则从事中郎二人，仓曹掾、户曹属、东西阁祭酒各一人，主簿舍人御属二人。加崇者，则左右长史四人，中郎掾属并增数。其未及开府，则置府亦有佐史，其数有减。小府无长流，置禁防参军。"④ 可知"东西阁祭酒"为公府佐史，而"开府仪同如公"。故萧衍任王俭卫军东阁祭酒，须王俭有开府仪同三司之号。《南齐书·百官志》虽载"其未及开府，则置府亦有佐史"，然而"其数有减"，未必便有东阁、西阁祭酒。因此，认为王俭加仪同三司之后方有东、西阁祭酒等属官，是更为谨慎的结论。《六臣注文选》卷36收任昉《宣德太后令》一文，李善注曰："何之元《梁典》曰：高祖迁仪同王俭东阁祭酒。"⑤ 即谓萧衍迁东阁祭酒，在王俭加仪同三司之后。何之元亲历梁乱，著书大约在梁亡三十年后，故记载较为可信。据《南齐书·王俭传》载："五年，

---

① 《宋书》卷39，《百官志上》，中华书局1974年版，第1222页。
② 《宋书》卷39，《百官志上》，第1223页。
③ 《宋书》卷39，《百官志上》，第1223页。
④ 《南齐书》卷16，《百官志》，第313页。
⑤ 《六臣注文选》卷36，第671页。

即本号开府仪同三司，固让。六年，重申前命。"① 《南齐书·武帝纪》载："（七年）五月，乙巳，尚书令、卫将军、开府仪同三司王俭薨。"② 可知萧衍任王俭卫军东阁祭酒当在永明六年至七年五月之间。③ 另据《南纪》载"初为卫军王俭东阁祭酒，俭一见深相器异，请为户曹属"，当为沿袭梁元帝《金楼子》所载"太尉王俭，齐国阿衡，钦上风雅，请为户曹属"④，可知萧衍为王俭卫军东阁祭酒之后不久，即转为户曹属。据此，则萧衍在永明初年的仕历大致清楚：永明二年，为萧子良司徒西阁祭酒；大约在六年至七年五月，转为王俭卫军东阁祭酒，不久即转为户曹属。

二　沈约《送别友人诗》作年及送别对象考

沈约有《送别友人诗》一首，诗曰："君东我亦西，衔悲涕如霰。浮云一南北，何由展言宴。方作异乡人，赠子同心扇。遥裔发海鸿，连翩出檐燕。春秋去更来，参差不相见。"⑤ 此诗之作年及"友人"之身份，是一个问题。铃木虎雄《沈约年谱》云："谢朓《酬德赋》序：'右卫沈侯，以冠世伟才，眷予以国士，以建武二年（495），予将南牧，见赠五言，予时病，既不堪苴职，又不获复诗。'所谓南牧者，可谓在宣城任太守者，然彼时约所赠谢朓之五言诗，今不存焉。"⑥ 可知建武二年沈约的确有一首五言诗赠送给谢朓，然而铃木虎雄并不认为便是《送别友人诗》。林家骊《沈约研究》中有《沈约事迹诗文系年》，将此诗系于齐明

---

① 《南齐书》卷23，《王俭传》，第436页。
② 《南齐书》卷3，《武帝纪》，第57页。
③ 另据《南齐书·谢朓传》载，谢朓亦曾任王俭卫军东阁祭酒，曹融南认为时在永明六年王俭开府之后。李猛、曹旭《谢朓年谱汇考》云："胡德怀先生《四萧年谱》将萧衍任卫军王俭东阁祭酒系于永明二年，不知何据。殊不知永明二年王俭虽贵为侍中、尚书令、卫将军、丹阳尹，领国子祭酒，但尚未开府，因此不具备置东、西阁祭酒等公府僚属职的资格。"见范子烨编《中古作家年谱汇考辑要》卷3，世界图书出版西安有限公司2014年版，第62页。
④ （梁）萧绎：《金楼子》卷1，《兴王篇》，（清）鲍廷博辑：《知不足斋丛书》2，株式会社中文出版社1980年版，第2284页。
⑤ （梁）沈约著，陈庆元校笺：《沈约集校笺》，浙江古籍出版社1995年版，第353页。
⑥ ［日］铃木虎雄：《沈约年谱》，马导源编译，商务印书馆1935年版，第36页。

帝建武二年，谓"朓建武二年四月出为宣城太守，约以此诗赠之"①，没有更多论证。然而谢朓自谓"南牧"，与沈约诗"君东我亦西"之语抵牾，且建武二年时沈约正在东阳太守任上，不当有"我亦西"之语。可知将《送别友人诗》视为沈约于建武二年赠别谢朓之作，是不成立的。

此外，柏俊才《"竟陵八友"考辨》将此诗系于宋明帝泰豫元年（472），其论证如下：

> 除林文（笔者按，即林家骊《沈约事迹诗文系年》）外，其余著作对此诗未有系年。林文系此诗于建武二年，认为是送别谢朓之作，误。诗云"君东我亦西"，终沈约一生，向西行者唯有本年自郢州（今武汉）赴荆州（今江陵），故此诗作于本年无疑。所送之友人，笔者疑为范云，"（范云）父抗，为郢府参军，云随父在府，时吴兴沈约、新野庚杲之与抗同府，见而友之"。虽然经笔者所考，范云任郢州西曹书佐在元徽二年，但在元徽二年前范云很可能已经跟随范抗在郢州。此年沈约赴荆州，范云可能向东去京师建康谋求出仕。②

此说亦误。此说成立之关键，在于作者认定沈约一生"向西行者唯有本年自郢州（今武汉）赴荆州（今江陵）"，然而这一论据是错的。所谓自郢州赴荆州，即《梁书·沈约传》所载："济阳蔡兴宗闻其才而善之；兴宗为郢州刺史，引为安西外兵参军，兼记室。兴宗尝谓其诸子曰：'沈记室人伦师表，宜善事之。'及为荆州，又为征西记室参军，带厥西令。"③ 蔡兴宗除为荆州刺史在宋明帝泰豫元年，若依《梁书》本传所载，沈约于此年随蔡兴宗自郢州赴荆州。然而此说实误，具体如下。其一，蔡兴宗并非直接自郢州刺史任上除为荆州刺史，而是于泰始五年（469）除为会稽太守，泰豫元年宋明帝崩后，才被除为荆州刺史，并被征还都。④ 据林家骊考证，蔡兴宗任会稽太守期间，沈约随之到任。⑤ 若此说成立，则沈约当随蔡兴宗自会稽前往荆州，而非从郢州出发。其二，据《宋书·

---

① 林家骊：《沈约研究》，杭州大学出版社 1990 年版，第 370 页。
② 柏俊才：《"竟陵八友"考辨》，第 454 页。
③ 《梁书》卷 13，《沈约传》，第 233 页。
④ 《宋书》卷 57，《蔡兴宗传》，第 1583 页。
⑤ 林家骊：《沈约事迹又二考》，《社会科学战线》2015 年第 9 期。

蔡兴宗传》记载：

> 太宗崩，兴宗与尚书令袁粲、右仆射褚渊、中领军刘勔、镇军将军沈攸之同被顾命。以兴宗为使持节、都督荆湘雍益梁宁南北秦八州诸军事、征西将军、开府仪同三司、荆州刺史，加班剑二十人，常侍如故。被征还都。时右军将军王道隆任参内政，权重一时，蹑履到前，不敢就席，良久方去，竟不呼坐。……道隆等以兴宗强正，不欲使拥兵上流，改为中书监、左光禄大夫，开府仪同三司、常侍如故，固辞不拜。……泰豫元年，薨，时年五十八。①

另据《宋书·明帝纪》载：

> （泰豫元年四月）己亥，上大渐。骠骑大将军、江州刺史桂阳王休范进位司空，尚书右仆射褚渊为护军将军，中领军刘勔加尚书右仆射，镇东将军蔡兴宗为征西将军、开府仪同三司、荆州刺史，镇军将军、郢州刺史沈攸之进号安西将军。②

《宋书·后废帝纪》载：

> （泰豫元年闰七月）甲辰，以新除征西将军、开府仪同三司、荆州刺史蔡兴宗为中书监、光禄大夫。……八月戊午，新除中书监、左光禄大夫、开府仪同三司蔡兴宗薨。③

由此可知，泰豫元年四月宋明帝病重，以会稽太守蔡兴宗为荆州刺史，兴宗自会稽还建康。至建康后，为王道隆所忌，闰七月甲辰改授中书监等职，并于八月戊午去世。可知泰豫元年，蔡兴宗并未赴任荆州。《梁书·沈约传》所载"又为征西记室参军，带厥西令"，或记载有误，或为拟定之职，实际上沈约并未赴任。因此，沈约此年自会稽或建康赴任荆州

---

① 《宋书》卷57，《蔡兴宗传》，第1584页。
② 《宋书》卷8，《明帝纪》，第169页。
③ 《宋书》卷9，《后废帝纪》，第178—179页。

的可能性亦不成立。故"终沈约一生,向西行者唯有本年自郢州(今武汉)赴荆州(今江陵)"的说法是难以成立的。此外,柏氏猜测沈约所送之"友人"为范云,此年"范云可能向东去京师建康谋求出仕",这一猜测虽然合理,但缺乏确切的证据。

实际上,柏俊才根据"君东我亦西"一句来推测此诗作年,为此诗的系年工作提供了很好的启发。① 但由于对沈约的生平行迹存在误判,所以得出了错误的结论。只要按照这一思路,厘清沈约生平行迹,那么判断这首诗的作年并非不可能。

如上所述,泰豫元年四月,蔡兴宗改授荆州刺史,自会稽返回建康。沈约若随蔡兴宗赴任会稽,则此时当随兴宗至建康;蔡兴宗除征西将军、荆州刺史,沈约为"征西记室参军,带厥西令"。然而蔡兴宗并未赴职,并于闰七月改授中书监,八月去世。此时沈约之职位及行踪不明,或寓居建康待职。《梁书·沈约传》载:"兴宗卒,始为安西晋安王法曹参军,转外兵,并兼记室。入为尚书度支郎。"② "晋安王"为"晋熙王"之误。③ 据《宋书·后废帝纪》载,元徽元年(473)二月乙亥,以晋熙王燮为郢州刺史;二年七月,征虏将军、郢州刺史晋熙王燮进号安西将军。可知此时沈约随晋熙王燮赴任郢州。四年,萧道成以长子萧赜为晋熙王镇西长史、江夏内史、行郢州事;萧赜长子萧长懋"宋元徽末,随世祖在郢"④,并迁晋熙王抚军主簿。沈约与萧赜、萧长懋同在郢州晋熙王府中任职,当于此时建立了一定友谊。五年七月,萧道成杀后废帝昱,立安成王准为帝,改元升明;以镇西将军、郢州刺史晋熙王燮为抚军将军、扬州刺史,以萧赜为左卫将军,辅燮返京;萧长懋任晋熙王抚军主簿,与之俱下。沈约"入为尚书度支郎"的时间,诸谱说法不一,⑤ 当以此时随晋熙王等人回京的说法较为有理。此时萧道成篡宋已成定势,至升明三年

---

① 当然,"东、西"这样的词语在诗歌中有实指和虚指的区别,虚指的用法,则成为诗歌写作中的惯例。如谢朓《金谷聚》云:"渠碗送佳人,玉杯邀上客。车马一东西,别后思今夕。"诗中的"东西"即为虚指而非实指。然而沈约诗中"君东我亦西"一句,东、西二字的主语皆确定,且分开使用而非连用,与一般的惯用情况不同,故将此视为实指是更合理的。
② 《梁书》卷13,《沈约传》,第233页。
③ [日]铃木虎雄:《沈约年谱》,马导源编译,商务印书馆1935年版,第13页。
④ 《南齐书》卷21,《文惠太子传》,第397页。
⑤ 铃木虎雄《沈约年谱》以为未详,陈庆元《沈约事迹诗文系年》以为在元徽四年或稍后,林家骊《沈约研究》及曹道衡、沈玉成《中古文学史料丛考》以为在宋顺帝升明元年。

(479),"太祖（萧道成）将受禅，世祖（萧赜）已还京师，以襄阳兵马重镇，不欲处他族，出太子（萧长懋）为持节、都督雍梁二州、郢州之竟陵、司州之随郡军事、左中郎将、宁蛮校尉、雍州刺史"①。萧道成即位后，以萧长懋为南郡王，进号征虏将军。《梁书·沈约传》载："齐初为征虏记室，带襄阳令，所奉之王，齐文惠太子也。"②"齐初"实为宋末，升明三年萧长懋出为雍州刺史，沈约与之同行。

由此可知，沈约应有两次西行的经历。第一次是随晋熙王燮自会稽或建康赴任郢州，时在元徽元年或二年。这一结论成立的前提是，沈约随蔡兴宗赴任会稽；林家骊虽然对此有所证明，但毕竟缺乏更加确切的证据，因此暂且存疑。第二次是随萧长懋自建康赴任雍州，时在升明三年。这次西行是确切存在的。因此，《送别友人诗》很有可能作于升明三年沈约西行之际。但是，如果无法确定"友人"为谁，则这一结论仍然难以成立。因此，需要考察升明三年之时，沈约好友是否有东行者。

仔细查阅相关史料之后，发现范云此年有东行之举。《梁书·范云传》载："齐建元初，竟陵王子良为会稽太守，云始随王，王未之知也。"③《南史·范云传》同。"齐建元初"，实为"宋升明末"。《南齐书·武十七王传·竟陵文宣王子良传》载："升明三年，为使持节、都督会稽东阳临海永嘉新安五郡、辅国将军、会稽太守。"④可知竟陵王子良任会稽太守实际是在升明三年萧道成篡位前，而非篡位之后的"建元初"。由此可知，升明三年初，萧道成为巩固自身势力，出嫡长孙萧长懋为雍州刺史，出萧子良为会稽太守，以当方面之任。而此时沈约随萧长懋赴任雍州，范云随萧子良赴任会稽，一西一东。《南史·范云传》载："（范云）父抗，为郢府参军，云随在郢。时吴兴沈约、新野庾杲之与抗同府，见而友之。"⑤可知早在宋明帝泰始年间，沈约、范云二人便已相识相知。范云有《送沈记室夜别诗》一首，诗云："桂水澄夜氛，楚山清晓云。秋风两乡怨，秋月千里分。寒枝宁共采，霜猿行独闻。扪萝正意我，折桂方思君。"⑥"沈记室"

---

① 《南齐书》卷21，《文惠太子传》，第397页。
② 《梁书》卷13，《沈约传》，第233页。
③ 《梁书》卷13，《范云传》，第230页。
④ 《南齐书》卷40，《武十七王传》，第692页。
⑤ 《南史》卷57，《范云传》，第1415页。
⑥ （清）沈德潜：《古诗源》，中华书局2006年版，第258页。

即沈约。泰始三年,蔡兴宗为郢州刺史,引沈约为安西外兵参军,兼记室;元徽初,晋熙王燮为郢州刺史,加安西将军,引沈约为法曹参军,转外兵参军,并兼记室。范云此诗大约作于此间。诗中表达出对沈约的不舍之情,一方面显示出二人友谊之深;另一方面表明二人之间有写作送别诗的习惯。至升明三年,二人皆于建康任职。于时政局复杂,前途未明;二人本为郢州旧友,至是一东一西。沈约于西上远行之际,写下"君东我亦西,衔悲涕如霰。浮云一南北,何由展言宴""春秋去更来,参差不相见"这样的悲切之句。由此可知,《送别友人诗》一诗作于升明三年,赠别对象为范云。

三 沈约永元年间之情状及三首作品系年考辨

《梁书·沈约传》载:"明帝崩,政归冢宰,尚书令徐孝嗣使约撰定遗诏。迁左卫将军,寻加通直散骑常侍。永元二年,以母老表求解职,改授冠军将军、司徒左长史、征虏将军、南清河太守。"[1] 齐明帝死后,东昏侯即位,大杀辅政功臣。永元元年(499)七月,杀尚书右仆射江祏、侍中江祀;九月,杀尚书左仆射萧坦之、右卫将军曹虎、领军将军刘暄;十月,诛尚书令新除司空徐孝嗣、右仆射新除镇军将军沈文季。同年八月,扬州刺史始安王遥光据东府反;十一月,太尉、江州刺史陈显达举兵反于浔阳;次年三月,崔慧景于广陵反。[2] 萧遥光、江祏、江祀、徐孝嗣、沈文季等人皆有废立之心。于时城内君臣猜忌,人人自危,城外举兵向阙,数致危殆。而齐明帝死后,尚书令徐孝嗣使沈约撰定遗诏,并迁其为左卫将军,加通直散骑常侍,使沈约逐渐走向权力中心。永元元年八月,始安王萧遥光举兵反,沈约时为左卫将军,"五更初闻难,驰车走趋西掖门。或劝戎服,约虑外军已至,若戎衣,或者谓同遥光,无以自明,乃朱服而入"[3]。由此可见建康城内的紧张气氛,也可见沈约如履薄冰的危机意识。十一月,陈显达于江州举兵,并与朝贵书,数帝罪

---

[1] 《梁书》卷13,《沈约传》,第233页。
[2] 《南齐书》卷7,《东昏侯纪》,第98—99页;《南史》卷5,《齐本纪下·后废帝东昏侯纪》,第147—148页。
[3] 《南史》卷41,《齐宗室传》,第1055页。

恶,其中有言:"萧卫尉、蔡詹事、沈左卫,各负良家,共伤时崄。先朝遗旧,志在名节,同列丹书,要同义举。"① 沈左卫即谓沈约,说明沈约此时已具有相当的影响力,所以才会被陈显达加入"要同义举"之列。然而这对沈约来讲必定大为不利,东昏侯性猜忌,且频杀大臣,沈约亦当较为恐惧。沈约晚年致书于徐勉,言及此时之心境:"及昏猜之始,王政多门,因此谋退,庶几可果,托卿布怀于徐令,想记未忘。"② 由此可知东昏之时,沈约见局势紊乱,便托徐勉致书于尚书令徐孝嗣,谋求退居闲职。《梁书》本传所谓"以母老求解职","母老"虽为事实,但应为托词。永元二年,自左卫将军任上改授冠军将军、司徒左长史,又迁征虏将军、南清河太守。以上为沈约迁南清河太守时的局势及原因。

沈约作有《秋晨羁怨望海思归》一诗,云:"分空临澥雾,披远望沧流。八桂暖如画,三桑眇若浮。烟极希丹水,月远望青丘。"③ 以诗题及诗歌内容来看,诗人是在秋天的早晨临海远望,并引发思归之情。林家骊《沈约研究》一书将此诗系于齐东昏侯永元二年,云:"疑此诗作于南清河太守任上,《南齐书·州郡志上》:'南徐州,镇京口。……今京城因山为垒,望海临江,缘江之境,……宋氏以来,桑梓帝宅,江左流寓,多出膏腴。领郡如左:……南清河郡……'南清河郡属南徐州,为侨郡,具体位置待考,但靠海无疑。"④ 林氏根据《南齐书·州郡志》的记载,认为南清河郡靠海,推测此诗作于永元二年南清河太守任上。柏俊才《沈约诗文系年》肯定了林家骊的猜测,引《南齐书·州郡志》,认为"南清河郡属南徐州,临长江望东海,故此诗大约作于本年"⑤。

林氏、柏氏引用《南齐书·州郡志》,其实皆有疏忽。《南齐书·州郡志上》简介南徐州之后,详列领郡,有南东海郡、晋陵郡、义兴郡、南琅琊郡、临淮郡,在临淮郡下注曰:"自此以下,郡无实土。"⑥ 其后列有淮陵郡、南东莞郡、南清河郡、南彭城郡等。据此可知,南清河郡并无

---

① 《南齐书》卷26,《陈显达传》,第493页。
② 《梁书》卷13,《沈约传》,第235页。
③ 《沈约集校笺》,第437页。
④ 《沈约研究》,第377页。
⑤ 《"竟陵八友"考辨》,第505页。
⑥ 《南齐书》卷14,《州郡志上》,第247页。

实土,沈约并未离开建康就任南徐州。因此,林、柏二人认为《秋晨羁怨望海思归》为沈约于南清河太守任上"临长江望东海"而作,是难以成立的。该诗并非作于永元二年,具体时日尚待考证。

经过以上分析,可知永元二年沈约并未离开建康,而是从实权位置上迁任闲职,以此保身。与此相关的是,沈约《悯国赋》及《出重围和傅昭》的作年问题。多数学者认为这两首作品是中兴元年(即永元三年,501)萧衍引兵围城时,沈约于建康城内所作。如日本学者今场正美称沈约有"永元三年萧衍率义师围宫城之际,沈约潜身于内而作的《悯国赋》,逃出宫城时投奔萧衍时所作的《出重围和傅昭》诗"①;陈庆元认为《悯国赋》"当作于永元三年(501)宫城被围之时"②,"'出重围',即出建康城奔萧衍'义师',时在永元三年"③;赵以武认为建康城平后,"傅昭写了一首关于他'出围城'的诗,沈约和其诗"④;唐燮军称"就在台城被围期间,当时身陷孤城之中的沈约曾作《悯国赋》一首"⑤。概言之,因萧衍引兵围建康城,判断《悯国赋》为此时所作;因傅昭、沈约皆于城平后投奔萧衍,判断《出重围和傅昭》为此时所作。此外,还有一种观点,认为《悯国赋》作于永元二年崔慧景围城时,《出重围和傅昭》是歌颂萧懿平定崔慧景之作,林家骊、柏俊才持此说。

以上两种观点似缺乏有力的论证。认为作于永元三年者,皆以此年萧衍围城为据,却忽视了永元二年崔慧景引兵围城的事实。认为作于永明二年者,又无法解释为何不是作于永元三年萧衍围城之时。实际上,除了"围城"这一必须考虑的因素之外,沈约此时的地位、心境,以及作品情感、内容等方面也值得考虑。沈约《悯国赋》,其文曰:

> 余生平之无立,徒跅弛以自闲。处围城之惵惵,得无用于行间。对僚友而不怡,咸悄颜而相顾。畏高冲之比拟,壮激矢之南度。骇潜

---

① [日]今场正美:《隐逸与文学:以陶渊明、沈约为中心》,李寅生译,湘潭大学出版社2014年版,第233页。

② 《沈约集校笺》,第436页。

③ 《沈约集校笺》,第5页。

④ 赵以武:《唱和诗研究》,甘肃文化出版社1997年版,第115页。

⑤ 唐燮军:《诗人之外的沈约:对沈约思想与生平的文化考察》,《文学遗产》2006年第4期。

师之夜过,惊跃马之晨呼。矛森森而密竖,旗落落而疏布。时难纷其未已,岁功迫其将徂。育素虮于玄胄,垂葆发于缦胡。①

永元初,沈约任左卫将军。《宋书·百官志下》载:"左卫将军,一人。右卫将军,一人。二卫将军掌宿卫营兵。"② 可知左卫将军掌管宿卫营兵,沈约处在相当关键的地位。故永元元年始安王遥光举兵反,沈约五更初闻难,急忙入宫营救。如前所述,此时局势混乱,沈约处于一种谨慎、恐惧的状态,故永元二年从左卫将军任上迁南清河太守这一闲职。再看上文,"处围城之惵惵,得无用于行间"。"行间",指行军作战之地。《三国志·鲁肃传》注引《吴书》:"(关)羽曰:'乌林之役,左将军身在行间,寝不脱介,勠力破魏,岂得徒劳,无一块壤,而足下来欲收地邪?'"③《宋书·柳元景传》:"元景与朝士书曰:……元景不武,忝任行间,总勒精勇,先锋道路,势乘上流,众兼百倍。"④ 皆为这一用法。玩味此意,沈约当在左卫将军任上,而素无军事才能,故有此叹。"对僚友而不怡,咸悄颜而相顾",可知沈约此时并未迁居闲职。"时难纷其未已,岁功迫其将徂",可知此时尚有建功立业之心,而永元二年沈约由于避祸,主动迁任闲职,则此赋必当作于迁官之前。

此外,可以从沈约之个性及其与萧衍之关系来判断此赋并非永元三年所作。《梁书》本传评沈约云:"自负高才,昧于荣利,乘时借势,颇累清谈。及居端揆,稍弘止足。每进一官,辄殷勤请退,而终不能去,论者方之山涛。"⑤ 可见沈约善于观察时局,借人之势,且贪恋名位。沈约劝萧衍篡齐时曰:"今与古异,不可以淳风期万物。士大夫攀龙附凤者,皆望有尺寸之功,以保其福禄。"⑥ 这话说得十分露骨,自称"攀龙附凤者",企图借此以保福禄。正好,萧衍便是乱世之"龙"。永元二年十一月,萧衍据雍州反,连荆、雍之兵,破郢城、浔阳,引兵围建康。永元末,内外反叛,齐灭几为定势,故沈约退居闲职,以此保身。此时,昔日

---

① 《沈约集校笺》,第 4—5 页。
② 《宋书》卷 40,《百官志下》,第 1246 页。
③ 《三国志·吴书》卷 54,《鲁肃传》,中华书局 2013 年版,第 1272 页。
④ 《宋书》卷 77,《柳元景传》,第 1987 页。
⑤ 《梁书》卷 13,《沈约传》,第 242 页。
⑥ 《梁书》卷 13,《沈约传》,第 234 页。

旧友引兵围城，城内之沈约当作何感想？从城平之后萧衍引沈约为骠骑司马，以及沈约最早劝说萧衍篡齐来看，沈约未必没有暗怀侥幸之心，企图凭借昔日旧友龙飞之势，以换取自身的富贵名位。即便没有投诚之举，沈约也必定处于一种观望状态，而不会写出处于围城之内的恐惧心理，更不会感叹自身之无用、企图抗击萧衍以立功名。由此可以判断，以为《悯国赋》作于永元三年萧衍引兵围城之际的观点，是不合适的。终沈约一生，处于围城之中的只有永元二年崔慧景及三年萧衍举兵攻城之时，可知《悯国赋》必作于永元二年。此时沈约当在左卫将军任上，有宿卫宫城、保卫皇帝之责，故有"得无用于行间""对僚友而不怡"的感叹。

再看《出重围和傅昭》：

> 鲁连扬一策，陈平出六奇。邯郸风雨散，白登烟雾维。排云出九地，陵定振五厄。①

今场正美、陈庆元认为"出重围"即沈约出宫城投奔萧衍之事。萧衍率军围城，确实有自建康出城归顺者，如江淹"微服来奔"，柳恽"候谒石头"，徐勉"于新林谒见"。这些确实可以称为"出宫城投奔萧衍"。然而《梁书·傅昭传》载："高祖素悉昭能，建康城平，引为骠骑录事参军。"②《梁书·沈约传》载："高祖在西邸，与约游旧，建康城平，引为骠骑司马，将军如故。"③ 可知二人皆是在建康城平之后，被萧衍授职，不存在出城投奔之事。因此，根据"出重围"三字来判断此诗为沈约出城投奔萧衍之作，是不正确的。

此外，该诗的用典也值得注意。此诗用鲁仲连说魏将以解赵围，以及陈平用计以解汉高祖白登之围的典故。问题是，这两个典故用在萧衍身上是否合适。典故本身是赞扬鲁仲连、陈平之计谋，故事的结果是赵围、汉围得以解开，围城的一方失败。然而永元三年萧衍率军围建康，其结果是城内杀东昏侯出降，萧衍围城得胜。若此诗作于萧衍率军平建康城之际，则该诗典故殊为错谬。可知该诗并不作于此时。永元二年三月乙卯，遣平

---

① 《沈约集校笺》，第436页。
② 《梁书》卷26，《傅昭传》，第393页。
③ 《梁书》卷13，《沈约传》，第233页。

西将军崔慧景率众军伐寿春，数日后，崔慧景于广陵举兵袭京师。壬戌，崔慧景败中领军王莹于北篱门。甲子，入京师，引兵围宫门。东府、石头、白下、新亭诸城皆溃，建康城亦十分危殆。此时，萧懿领兵驻小岘，随即率兵入援，击破崔慧景，建康之围得解。鲁仲连、陈平之典，正好与萧懿解建康之围的情况相符。因此，笔者认为《出重围和傅昭》作于永元二年，是更有道理的。

由此可知，《秋晨羁怨望海思归》并非作于永元二年南清河太守任上；《悯国赋》《出重围和傅昭》作于永元二年崔慧景围城之时，而非三年萧衍围城之时。

（拙文经刘卓、陈璐、胡晓、李燊等师兄弟批评指正，受益良多，在此一并致谢。）

元代蒙古曲家童童仕宦考

刘 卓

（江汉大学人文学院）

蒙元四大族群之中，地位最高者乃蒙古族群。于政治、经济、军事和教育等诸多方面，蒙古人均享有不少特权，但是整体文化水平却不尽如人意。至于其文学创作，尤其是在戏曲领域，作家、作品数量更远在汉人和南人族群之下，甚至还不及色目族群。然而，这并非意味着蒙古族群的文学创作一片荒芜。蒙古灭金之后，在与汉人族群的互动中，蒙古族群，尤其是一批贵族人士，开始逐渐摆脱仅仅掌握少量文字的困境，文学、文化水平均有较大进步。崖山海战之后，华夏重归一统，族群互动愈益频繁，蒙古人文化素养迅速提升，在戏曲领域亦涌现出阿鲁威、孛罗御史、达溥化、童童和杨讷等一批戏曲家，成为蒙元曲坛一道独特的风景线。其中，出身最为高贵的元曲家乃童童。其诗文书画均擅，如今确知曾为其所作者，共计六诗两文二曲三画两书，至于实际作品数量，虽难确考，但以其履历之丰富及才能之突出推之，显然不止此数。

童童姓名之全称当为札儿赤兀惕·童童·兀良合歹，其中札儿赤兀惕为其氏族名，兀良合歹为部落名，而童童则为其个人之名。此外，其尚有南谷、童童学士、童童平章等别号。其祖籍岭北行省和宁路，其家族自其祖父阿术便久居江浙。约于元世祖至元二十五年（1288），童童生于江浙行省扬州，后长于杭州。元成宗大德元年（1297），受其父不怜吉歹之命，从杭州路儒学学正倪渊受学。大德五年，终止从学倪渊。大德九年，随父暂迁湖广行省武昌路。此后其随父闲居汴梁等地，直至元仁宗皇庆元年（1312）三月得授集贤侍读学士，由此步入仕途。

童童出自武将世家，堪称蒙古族群中由武变文的典型代表，且为元朝中后期历史的亲历者和见证者。深入探考其仕宦经历等详情，不仅可以更好地了解其人其曲，而且可以从中窥探蒙古文士群体普遍存在的由武变文之轨迹，从而对蒙元时期族群涵化的动态特征和深层意义有更加具体、深入的理解和思考。

一　童童任集贤侍读学士考

崖山海战之后，元朝攻伐之事渐少而文治益兴。于此背景下，精通文墨之士，尤其是出身于蒙古族群而通汉文者，愈益得到重用。如童童曾祖父也速䚟儿便因"于汉人语言文字无所不通"而被超拜为"中奉大夫、中书参知政事"，后两年之间更连升"资德大夫、中书左丞"和"荣禄大夫、平章政事"。① 或正受此种启示，童童家族逐渐由武变文，其父不怜吉歹不仅早"受业魏国许文正公之门"②，"通学术，居官有善政，尤亲贤敬士，号为名臣"③，而且娶汉女胡氏为妻④。具及童童，幼时即受生母胡氏教养，后又奉父命从学于杭州路儒学学正倪渊⑤，较之父祖辈，其文化修养自然更加深厚。因此，当元仁宗即位而恩遇其家时，入拜集贤侍读学士便成为童童释褐之绝佳选择。

于此职，《蒙兀儿史记·卜怜吉歹传》及《新元史·卜怜吉歹传》均记为"中奉大夫、集贤侍讲学士"⑥。其中"集贤侍讲学士"与"集贤侍读学士"虽仅一字之差，但终属两官，不可不辨。察毕沅《中州金石记》

---

①　（元）黄溍：《江淛行中书省平章政事赠太傅安庆武襄王神道碑》，《金华黄先生文集》卷24，《续稿二十一》，《中华再造善本》影上海图书馆藏元刻本，北京图书馆出版社2005年版。

②　（元）黄溍：《承务郎富阳县尹致仕倪公墓志铭》，《金华黄先生文集》卷32，《四部丛刊初编》影元抄本。参见（元）杨维桢《有元文静先生倪公墓碑铭》，《东维子文集》卷24，《四部丛刊初编》影旧抄本；（明）黄宗羲《鲁斋学案》，《宋元学案》卷90，中华书局2009年版，第3015页。

③　（清）曾廉：《元书》卷52，《不怜吉歹传》，清宣统三年（1911）刻本。

④　马祖常：《追封河南王夫人制》，《石田先生文集》卷6，《中华再造善本》影国家图书馆藏元顺帝至元五年（1339）扬州路儒学刻本。

⑤　（元）黄溍：《承务郎富阳县尹致仕倪公墓志铭》，《金华黄先生文集》卷32，《四部丛刊初编》影元抄本；（元）杨维桢：《有元文静先生倪公墓碑铭》，《东维子文集》卷24，《四部丛刊初编》影旧抄本。

⑥　（清）屠寄：《蒙兀儿史记》卷91，《卜怜吉歹传》，《元史二种》，上海古籍出版社、上海书店出版社1989年版，第548页；柯绍忞：《新元史》卷122，《卜怜吉歹传》，《元史二种》，上海古籍出版社、上海书店出版社1989年版，第592页。

之所载，乃据皇庆间荥阳达鲁花赤一百五之刻石，而一百五所凭者，似当为童童《古槐诗》后之自署。故无论是从记载年月之先后以观之，或自史源之可靠性以审之，"集贤侍读学士"皆较"集贤侍讲学士"更为可信。故知《蒙兀儿史记·卜怜吉歹传》及《新元史·卜怜吉歹传》所记为误，今《全元曲》《全元诗》等附童童小传亦属以讹传讹。

据《元史·百官志》所载：

> 集贤院，秩从二品，掌提调学校、征求隐逸、召集贤良，凡国子监、玄门道教、阴阳祭祀、占卜祭遁之事，悉隶焉。国初，集贤与翰林国史院同一官署。至元二十二年，分置两院……二十四年，增置学士一员、侍读学士一员、待制一员。寻升正二品，置院使一员，正二品；大学士二员，从二品；学士三员，从二品；侍读学士一员，从三品；侍讲学士一员，从三品……大德十一年，升从一品……皇庆二年，省汉人经历一员。后定置大学士五员，从一品；学士二员，正二品；侍读学士二员，侍讲学士二员，并从二品。①

由此可知，集贤侍读学士为集贤院属官，掌学校教育、人才访求及宗教祭祀等事。此职虽为童童释褐所任，但在皇庆元年三月时却秩从二品，其所带散官"中奉大夫"②亦与此合，诚属清望之官，即便是与蒙古博尔术、木华黎、博尔忽和赤老温四大家族成员之起仕品阶相比也毫不逊色③，于此足见童童家族所受恩宠之厚。而元代蒙古族群地位之超出其他族群之情态，亦可由此略窥。

皇庆元年三月得授集贤侍读学士之后，正如前引清毕沅《中州金石记》所言，童童又于此年十一月十九日驰驿之河南，途经荥阳时，因观路旁汉朝老槐有感而作《古槐诗》和《古槐图》，并题写于壁，次年，荥阳达鲁花赤"命工模勒其画，将诗刻于石"④。依《中州金石记》中"在荥阳"之言，似此两刻石至清毕沅时尚存，然而，如今《古槐图》

---

① （明）宋濂等：《元史》卷87，《百官三》，中华书局1976年版，第2192页。
② （明）宋濂等：《元史》卷91，《百官七》，第2320页。
③ 萧启庆：《元代四大蒙古家族》，《内北国而外中国：蒙元史研究》，中华书局2007年版，第552页。
④ （清）毕沅：《中州金石记》卷5，《续修四库全书》影清，《经训堂丛书》本。

已佚，仅《古槐诗》赖《中州金石记》之转录而幸存。

童童官集贤侍读学士至何时，史无明载。但察元盛如梓《庶斋老学丛谈》载称："今河南省丞相吉公，武定王之子，亦已封王，诏书褒美，卓冠古今。王之子集贤学士南谷公，以世其家。"① 其中"吉公""南谷公"即指童童父子。因知于不怜吉歹"封王"时，童童已官集贤学士。而据《元史·仁宗纪》所载，"延祐元年……六月戊子……封河南省丞相卜怜吉带为河南王"②。故童童或于延祐元年（1314）六月六日其父不怜吉歹封河南王时顺势由集贤侍读学士转任集贤学士。

二　童童升集贤学士考

依前所考，童童约于延祐元年六月六日任集贤学士。该官与其此前所任集贤侍读学士相比，虽职掌并无多大变化，但品秩已由从二品升为正二品③。自皇庆元年三月得授集贤侍读学士至此，不过二十八个月而已，与元代"随朝诸衙门、行省、宣慰司官，三十个月为一考，一考升一等"④ 之制未合。故知童童此任尚有超擢之意，诚为殊荣。

童童官集贤学士至何时，史籍依旧无载，但据明王光鲁《元史备忘录》所称"童童，英宗朝河南平章"⑤，可知其在元英宗朝至治年间（1321—1323）已升任河南江北行省平章政事，且得授此职极可能就在元仁宗薨而元英宗继位之延祐七年。又察元代职官迁转之制，"随朝诸衙门、行省、宣慰司官，三十个月为一考，一考升一等"⑥，童童自得授集贤学士之延祐元年六月六日至元英宗即位之延祐七年三月，恰好两考已满，故其当于延祐七年三月后不久即出为河南江北行省平章政事。

---

① （元）盛如梓：《庶斋老学丛谈》卷上，清《知不足斋丛书》本。
② （明）宋濂等：《元史》卷25，《仁宗二》，第565页。
③ （明）宋濂等：《元史》卷87，《百官三》，第2192页。
④ 陈高华等点校：《元典章》卷8，《吏部二》，中华书局·天津古籍出版社2011年版，第237—238页。
⑤ （明）王光鲁：《元史备忘录·顺帝诸臣第九》，"俚名第一"条，清学海类编本。
⑥ 陈高华等点校：《元典章》卷8，《吏部二》，第237—238页。

三　童童官河南江北行省平章政事考

　　童童于延祐七年出任河南江北行省平章政事，除因两考已满而例当迁转外，还当与其家族背景有关。自其高祖速不台攻汴梁而亡金至其父不怜吉歹于皇庆初官拜河南行省左丞相，童童家族经营河南已久，家庙、家眷均安置于此，且四代俱封河南王，故童童得授河南江北行省平章政事亦在情理之中。此外，当时不怜吉歹年事已高，元英宗以此职授予童童，或亦有归养其亲之意。

　　元代行省之设置，据《元史·百官志》所称：

> 行中书省，凡十一，秩从一品，掌国庶务，统郡县，镇边鄙，与都省为表里……凡钱粮、兵甲、屯种、漕运、军国重事，无不领之……每省丞相一员，从一品；平章二员，从一品。①

　　由此可知，童童所任河南江北行省平章政事之职务颇为重要，且秩从一品，与其此前所任集贤学士相比，显有擢升。又元代行省丞相一职，"或置或不置，尤慎于择人，故往往缺焉"②，故平章政事几为行中书省之最高长官。时童童年仅三十四岁，元英宗授此显职，足见对其寄予厚望。

　　于此之前，童童之父不怜吉歹任河南行省丞相时，已致"政化益彰"③，故童童担任此职理当励精图治。然而，正是在河南江北行省平章政事位上，童童却饱受非议。于此，《元史·泰定帝纪》载云：

> （泰定）四年……八月……壬辰，御史李昌言："河南行省平章政事童童，世官河南，大为奸利，请徙他镇。"不报。④

　　由此可知，泰定四年（1327）八月二十六日，童童曾遭御史李昌弹劾。依

---

① （明）宋濂等：《元史》卷91，《百官七》，第2305页。
② （明）宋濂等：《元史》卷91，《百官七》，第2306页。
③ （清）曾廉：《元书》卷72，《郝天挺传》，清宣统三年（1911）刻本。
④ （明）宋濂等：《元史》卷30，《泰定帝二》，中华书局1976年版，第681页。

"世官河南，大为奸利"之言，可见李昌此次弹劾并非仅仅针对童童，而且还连带其整个家族。据叶子奇《草木子》载言，在元代中后期，"将家之子，累世承袭，骄奢淫泆，自奉而已"①。具及童童家族，不仅阿术将金陵前宋总领所"索为私第"②，而且不怜吉歹任职江浙时亦因进鹰扰民而受训诫③，至于童童，此后更多次遭受御史台臣"荒泆宴安""淫佚不洁"之劾④。故李昌之言，当为可信。然而，或因童童家族权势过于强大，李昌此次弹劾未能上达天听，童童亦由此逃过一劫。对于此次事件，清陈梦雷《古今图书集成》置于"至顺三年"⑤，时童童早已迁调他处，显误。

童童官河南江北行省平章政事之任期，史无明载，但察其自元英宗即位而任此职，至泰定四年八月二十六日为御史李昌弹劾时，已达七年之久，远超行省官"三十个月为一考，一考升一等"⑥之制，此或受"蒙古那颜世袭旧俗的影响"⑦。后据《元史·文宗纪》所载："（至顺）二年（1331）……三月癸巳……监察御史劾江浙行省平章童童荒泆宴安，才非辅佐，诏免其官。"⑧ 故知至迟于至顺二年（1331）三月十八日时，童童已在江浙行省平章政事位上，则其卸任河南江北行省平章政事之职必在泰定四年八月二十六日至至顺二年三月之间。而察此间河南江北行省平章政事之人选，《元史·文宗纪》曰：

> 致和元年……七月庚午，泰定皇帝崩于上都……八月甲午……遣前河南行省参知政事明里董阿、前宣政使答里麻失里，驰驿迎帝于江陵，密以意谕河南行省平章政事伯颜，令简兵以备扈从……己亥……明里董阿至汴梁，执行省臣，皆下之狱，又收肃政廉访司、万户府及郡县印……河南行省杀平章曲烈……丁未……帝命河南行省平章政事伯颜为本省左丞相……己酉，诸王满秃……前河南行平

---

① （明）叶子奇：《草木子》卷3，《元明史料笔记丛刊》，中华书局1959年版，第48页。
② （元）张铉：《（至正）金陵新志》卷12，《中华再造善本》影国家图书馆藏元至正四年（1344）刻本，北京图书馆出版社2006年版。
③ （明）宋濂等：《元史》卷17，《世祖十四》，第371页。
④ （明）宋濂等：《元史》卷35，《文宗四》，第780、791页。
⑤ （清）陈梦雷：《古今图书集成·明伦汇编·皇极典》卷131，清雍正铜活字本。
⑥ 陈高华等点校：《元典章》卷8，《吏部二》，第237—238页。
⑦ 李治安：《行省制度研究》，南开大学出版社2000年版，第133页。
⑧ （明）宋濂等：《元史》卷35，《文宗四》，第780页。

章政事买闾……等十八人，同谋援大都，事觉，倒刺沙杀之……庚戌，帝至汴梁，伯颜等扈从北行。以前翰林学士承旨阿不海牙为河南行省平章政事。①

由此可见，致和元年（1328）七月十日泰定帝驾崩之后，河南江北行省平章政事人选频繁变动，且八月九日"明里董阿至汴梁，执行省臣，皆下之狱"，其间皆不见童童踪影，当是于此前已卸任河南江北行省平章政事之职。由此可推，泰定四年八月二十六日御史李昌弹劾童童之奏章，虽为中书省截留而未报呈泰定帝，但以平息民怨计，随后仍将其调至江浙行省。若是，则童童卸任河南江北行省平章政事当在泰定四年底前后。

四　童童任江浙行省平章政事考

依前所考，童童卸任河南江北行省平章政事后，又调任江浙行省平章政事。此任与前职相比，品秩虽无变化，但毕竟让其免遭降黜，且"江浙省治钱塘，实宋之故都，所统列郡民物殷盛，国家经费之所从出，而又外控鸟夷，最为巨镇。非朝廷重臣，莫克任藩屏之寄"②，而童童自幼生长于此，其家族在此亦经营日久，故其此任仍可谓称心之美差。同时，若以此后河南之乱象观之，童童自河南江北行省平章政事平调至江浙，则又及时远离元文宗与天顺帝争位等诸多祸端，更属万幸。

察元王结曾作有《南谷学士示以舟行诗意图且以鄙作见征悾惚之余哦兹五言聊塞雅命》一诗，诗曰：

驺虞宅虚囿，丹凤鸣朝阳。翩翩佳公子，都俞输岩廊。游心万物表，林壑思徜徉。汴水泛孤舟，飘然适维扬。淮水何舒舒，淮山郁苍苍。云山渺烟水，万古渔樵乡。退观一适意，与世如相忘。寄此无声诗，敞庋遗轩裳。古来豪杰人，知微复知章。隐显固殊途，时行亦时

---

① （明）宋濂等：《元史》卷32，《文宗一》，第703—706页。
② （元）黄溍：《江浙行中书省平章政事赠太傅安庆武襄王神道碑》，《金华黄先生文集》卷24，《续稿二十一》。

藏。愿言崇懿德，焜耀垂耿光。雍雍朝阳桐，永著文明祥。①

"南谷学士"，即童童，其号南谷，曾官集贤学士，故称。由此可知，童童曾以《舟行诗意图》寄予王结，并请其题诗，而后王氏以此诗答之。至于童童《舟行诗意图》所绘内容，以"汴水泛孤舟，飘然适维扬"观之，当为其乘舟自河南赴江浙时沿途所见景物，而据现存史料考其毕生之行迹，唯自河南江北行省平章政事调任江浙行省平章政事之行合之。又味"古来豪杰人，知微复知章。隐显固殊途，时行亦时藏"四句之意，显指童童调任江浙虽非升迁，却因此远离元文宗与天顺帝争位时河南之乱象。而察"淮水何舒舒，淮山郁苍苍"两句之景，可知童童赴江浙行省平章政事之任当在泰定帝致和元年春。

于此任上，其属官邵武经历盱江揭祐民曾作《河南王孙南谷平章诗》三章以美之，诗曰：

> 河之水，波瀺瀺。见世泽兮在中流，夹日焜耀兮为国伊周。保合元气兮春阳和柔，功有绍兮名长留。
>
> 扬之土，春煦煦。美有济兮世此所，荐生良弼兮为国申甫。辅翼治道兮还厖复古，猗其人兮衮是补。
>
> 会稽之月，下照禹穴，履海岛兮被吴越。勤劳王孙兮乘玉节，为国南镇兮地罔触啮。彰旧闻兮声烈烈。②

童童号南谷，时官江浙行省平章政事，祖上四代俱封河南王，故诗题有"河南王孙南谷平章"之称。察诗中"功有绍兮名长留"、"辅翼治道兮还厖复古"及"彰旧闻兮声烈烈"等赞誉，似童童在江浙颇能发扬家风而一洗此前之污名。然而，事实并非如此。据史籍所载，童童于江浙行省平章政事任上，更多的是徜徉于青山绿水之间，醉心于丝竹歌舞之乐，生活极为奢靡。且观元末钱惟善所作《南谷平章寿福楼落成》一诗：

> 壮观湖山开甲第，黑头宰相考中书。气占牛斗窥南极，手摘星辰

---

① （元）王结：《文忠集》卷2，《文渊阁四库全书》本。
② （元）蒋易：《皇元风雅》卷10，《中华再造善本》影元建阳张氏梅溪书院刻本，北京图书馆出版社2006年版。

切太虚。宾客风流常座满,神仙缥缈好楼居。飞阑十二标霞外,注目吴山千里余。①

"南谷平章",以别号、职官验之,显为童童无疑,故钱氏所写即为其在杭州兴建寿福楼以玩乐之事。此诗四联之间,不仅极写童童寿福楼之壮观高峻,而且生动描绘了楼中宾客之宴乐和楼外湖山之美景。此楼此景此宴此乐,无疑将童童奢靡腐败之行径展露无遗。

又如元末金溪人吴会今存《镏将军歌美俊民镇抚为南谷使君寻山水作》一诗,云:

> 镏将军,人中英,自来论地如论兵。长身山立口河倾,论兵有势地有情。青龙白虎左右并,诰马剑印罗节旌。先后联络相环萦,孤虚向背同一程。地或隐晦怪莫名,正似奇伏能长征。兵由顺动地逆成,此则所异尤当精。将军儒雅艺以勋,胸中豹略蟠乌经。顷从统镇盱南城,多暇目惟山水明。吾家宗公悬组缨,瓜熟诣卜菟裘营。春风吹马城东行,指点要眇超峥嵘。铙山凤秘一露星,千岁之后为公茔。公即货取开榛荆,将军天授非人争。延归宴坐江阁楹,百金奉寿千酒觥。将军啸视浮云横,谓酒可醉金所轻。还公黄金饮公诚,拔剑起舞挥铿铿。酒酣上马月五更,尽道杨范为韩彭。公乃摘藻播厥声,数缣锦轴骈珠盈。吾知宗公世既荣,烨烨句吴谁与京。载请将军安庶氓,冢葬吉地忠良生。不劳兵甲四海清,扶乾植坤功大鸣。镏将军,人中英,自今论地无论兵。②

以诗题所称"南谷使君"及诗中"盱南城""宗公世既荣"等言,可知吴氏所称"镏将军"为之寻山水者即为童童,其号南谷,世封河南王,时任江浙行省平章政事,故称。此诗首赞"镏将军"言行儒雅且胸蕴韬略,次叙其为童童寻觅山水,然后再写其归来后接受童童之宴请和赏赐,且拔剑起舞以助酒兴。因知除大兴土木建寿福楼以宴乐外,更为荒谬的是,童童竟命职在领兵安民的将军为自己寻觅山水,无怪乎吴氏此诗读来,表面虽

---

① (元)钱惟善:《江月松风集》卷3,影清武林往哲遗著本。
② (元)吴会:《吴书山先生遗集》卷3,《四库全书存目丛书》第23册,影浙江图书馆藏清乾隆三十四年(1769)刻本,齐鲁书社1997年版,第552页。

给人以赞美"镏将军"之感，但笔墨之间总隐隐透着几分讽刺和规谏之意。

由此可见，于江浙行省平章政事任上，童童并未吸取此前在河南被御史李昌所弹劾之教训，而是愈益沉溺贪腐享乐之中。正因如此，不久之后，其又遭监察御史弹劾。于此，《元史·文宗纪》载称：

> （至顺）二年……三月癸巳……监察御史劾江浙行省平章童童荒泆宴安，才非辅佐，诏免其官。①

察童童在江浙大兴土木、奢宴享乐、滥用职权及大肆赏赐等腐败行径，御史官劾其"荒泆宴安，才非辅佐"，诚为不冤。而他此次亦未能如在河南一般免遭罢黜之劫，而是被"诏免其官"。由此可知，至元文宗至顺二年三月十八日时，童童已被罢免江浙行省平章政事之职。

江浙，尤其是江浙行省之治所杭州，不仅有"映日荷花别样红"之秀丽风景，而且自古繁华，素有人间天堂之誉，在元代中后期更成为戏曲中心之所在，诚可谓人杰地灵。于江浙行省平章政事任上，童童虽贪图享乐而毫无政绩，且因此被劾失官，但在此期间，他却留下不少诗画妙作。察元曹伯启曾作有《题童童平章画梅卷》一诗，曰：

> 画出孤山清绝景，谁其作者四王孙。何当更假和羹手，添就西南月一痕。②

"孤山"，即杭州西湖之孤山，此地梅花特著名，宋代名士林和靖隐居于此时，就曾留有"疏影横斜水清浅，暗香浮动月黄昏"③ 之千古绝唱；"作者四王孙"，乃指自速不台至不怜吉歹，童童家族四世俱封河南王；"和羹"，则喻宰辅之职，故此画梅卷之作者"童童平章"即为任江浙行省平章政事之童童无疑。因知除赴任途中所绘《舟行诗意图》外，童童在江浙行

---

① （明）宋濂等：《元史》卷35，《文宗四》，第780页。
② 《北京图书馆古籍珍本丛刊》和《中华再造善本》影元顺帝至元四年曹复亨刻本《汉泉曹文贞公诗集》卷九均录此诗，但二者所影本诗文字多磨灭难辨，《永乐大典》卷2318 及《文渊阁四库全书》本《曹文贞公诗集》卷9录有全诗，但《文渊阁四库全书》将诗题妄改为《题童童平章画梅卷》，可参校。
③ （宋）林逋：《林和靖集》，沈幼征校注，浙江古籍出版社2012年版，第87页。

省平章政事任上曾赴西湖孤山赏梅，且绘有《画梅图》一幅。该图仅见载于曹伯启此诗，后下落不明，但以"画梅"、"孤山清绝景"和"西南月一痕"等言，其中之景物意境，仍可略想。

除绘画外，童童任江浙行省平章政事期间，或许受杭州戏曲氛围之熏染，逐渐对散曲产生浓厚兴趣，甚至还亲自执笔参与创作。其散曲如今尚有【越调】《斗鹌鹑》（开筵）和【双调】《新水令》（念远）两套数留存于世，皆当为其任江浙行省平章政事时所作。前者今最早见载于元杨朝英所编《朝野新声太平乐府》，曰：

【越调】《斗鹌鹑》（开筵）
鹤背乘风，朝真半空。龟枕生寒，游仙梦中。瑞日融和，祥云峙耸。赴天阙，游月宫。歌舞吹弹，前后簇拥。

【紫花儿】昼锦堂筵开玳瑁，玻璃盏满泛流霞，博山炉细袅香风。屏开孔雀，褥隐芙蓉。桧柏青松，瘦竹寒梅浸古铜。暗香浮动，品竹调弦，走斝飞觥。

【小桃红】筵前谈笑尽喧闹，一派笙箫动。美景良辰自情重，拼却醉颜红，一杯未尽笙歌送。金樽莫侧，玉山低趄，直吃的凉月转梧桐。

【天净沙】碧天边桂魄飞腾，银河外斗柄回东，畅好是更长漏永。梅花三弄，访危楼十二帘栊。

【调笑令】玉容，露春葱，翠袖殷勤捧玉钟。绛纱笼烛影摇红，艳歌起韵梁尘动。都吃的开襟堕巾筵宴中，绮罗丛醉眼朦胧。

【尾】金樽饮罢雕鞍控，畅好是受用文章巨公。比北海福无穷，似南山寿长永。①

---

① （元）杨朝英编：《朝野新声太平乐府》卷7，《套数二》，《四部丛刊初编》影乌程蒋氏密韵楼藏元刊本。后无名氏编《盛世新声》未集，影北京图书馆藏明正德十二年（1517）刊本，文学古籍刊行社1955年版，第413页；（明）张禄编：《词林摘艳》卷10，《中华再造善本》影明嘉靖四年（1525）刻本；（明）郭勋编：《雍熙乐府》卷13，《续修四库全书》影明嘉靖四十五年（1566）刻本；等等，均有载录，但署名及文字略有出入，一如隋树森所编《全元散曲》注称"盛世新声重增本内府本词林摘艳俱无题，不注撰人。原刊本徽藩本词林摘艳题作闲筵。雍熙乐府不注撰人，题作寿筵。〇（斗鹌鹑）明大字本太平乐府末句作前簇后拥。（小桃红）盛世摘艳笙箫俱作箫韶。原刊本摘艳情重作情纵。雍熙金樽作金杯。（调笑令）各本摘艳'玉锺'下俱有看了这多娇脸儿堪基咏一句，无艳歌起韵梁尘动句，惟重增本摘艳仍同太平乐府。雍熙春葱作春笋，失韵，起韵作韵起。（尾）雍熙末二句福寿两字易位"，详见中华书局1964年版，第1261—1264页。

此套数所述筵席享乐,如"歌舞吹弹""走斝飞觥""谈笑尽喧""翠袖殷勤""艳歌起韵""开襟堕巾""醉眼朦胧"等奢靡场景,与前引钱惟善《南谷平章寿福楼落成》和吴会《镏将军歌美俊民镇抚为南谷使君寻山水作》二诗所写童童"荒洗宴安"之态相一致,且尾声中"比北海福无穷,似南山寿长永"两句与童童所建"寿福楼"之名亦相呼应,故当为其日常宴饮歌舞之真实写照。叶子奇所谓"元朝自平南宋之后,太平日久,民不知兵。将家之子,累世承袭,骄奢淫泆,自奉而已。至于武事,略不之讲,但以飞觞为飞炮,酒令为军令,肉阵为军阵,讴歌为凯歌,兵政于是不修也久矣"① 之世态,于童童此曲中已显现的尤为明显,而童童自身亦随波逐流,日渐沉陷于腐败之淖中而不可自拔。至于此曲之作年,当在童童所建寿福楼落成之后,且以"瘦竹寒梅""暗香浮动""梅花三弄"等句味之,似当在冬季。

童童另一套数【双调】《新水令》(念远)如今则首见于《雍熙乐府》,曰:

【双调】《新水令》(念远)
烧痕回绿遍天涯,忆王孙去时残腊。愁垂檐外雨,忧损镜中花。掘土抟沙,感事自惊讶。

【驻马听】望眼巴巴,春陌香尘迷去马。梦魂飒飒,晓窗初日闹啼鸦。千声作念凑嗟呀,一丝情景留牵挂。许归期全是假,秀才每说谎天来大。

【乔牌儿】绣双飞线脚差,描并宿笔尖怕。牡丹亭闲却秋千架,好春光谁共耍?

【落梅风】肌消玉,脸褪霞,怎打熬九秋三夏?被薄赚的孤又寡,辜负了小乔初嫁。

【雁儿落】谁拦截巫女峡?谁改变崔徽画?谁糊突汉上衿?谁扯破秋云帕?

【得胜令】身似井中蛙,命似釜中虾。难把猿心锁,空将鹃泪洒。情杂,下不的题着他名儿骂。性猾,恨不的揪住他身子打。

【甜水令】马上墙头,月底星前,窗间帘下,容易得欢洽。案举

---

① (明)叶子奇:《草木子》卷3,第48页。

齐眉，带绾同心，钗留结发，那曾有一点儿亵狎。

【折桂令】好姻缘两意相答，你本是秋水无尘，我本是美玉无瑕。十字为媒，又不图红定黄茶。我不学普救寺幽期调发，你怎犯海神祠负意折罚？生也因他，死也因他，恩爱人儿，欢喜冤家。

【锦上花】想着他锦绣充肠，诸余俊雅。山海填胸，所事撑达。花下低头，风吹帽纱。月底潜踪，露湿罗袜。朱弦续有时，宝剑配无价。求似神仙，信似菩萨。才得相逢，扑絮纳瓜。恰早分离，瓶沉珠撒。

【清江引】一声去也没乱杀，少几句叮咛话。说归甚日归？待罢何时罢？梦儿中见他刚半霎。

【离亭宴歇拍煞】狂风飘散鸳鸯瓦，严霜冷透鸾凤榻，好教我如痴似哑。佳期绝往来，后约无凭准，前语皆欺诈。空传红叶诗，枉卜金钱卦，凄凉日加。燕惊飞张氏楼，犬吠断韩生宅，虎拦住萧郎驾。闷随秋夜长，情逐春冰化。待他见咱，算他那狠罪过有千桩，害的我这瘦骨头没一把。①

此曲写闺怨之情，题材虽与前曲不同，却更可显现出元曲不避俚俗之质朴本色，足见童童散曲造诣不输当时行家。与此同时，童童此曲还体现出其对前人及时人曲艺之学习和继承。清吴亮中《〈南曲九宫正始〉序》所称"童童学士善度曲，每以不及见董解元为恨"②，在此曲中即有体现，如【雁儿落】中之"拦截"及【清江引】中之"没乱杀"等语均出自董解元《西厢记诸宫调》卷4③。又"作念""线脚""打熬""糊突""普救寺""情杂""欢喜冤家""所事""撑达"等语词，亦分别见于关汉卿《西蜀梦》《四春园》，张国宾《合汗衫》，王实

---

① 此曲今首见于（明）郭勋《雍熙乐府》卷11，《续修四库全书》集部第1741册，影明嘉靖四十五年刻本，上海古籍出版社2002年版，第79页，但失注撰人；后《北宫词纪》卷6亦录之，见（明）陈所闻辑《新镌古今大雅北宫词纪》卷6，《续修四库全书》集部第1741册，影明万历刻本，上海古籍出版社2002年版，第629页，署名"童童学士"，且于【得胜令】之起句，《北宫词纪》开头多一"呀"字。

② （明）吴亮中：《〈南曲九宫正始〉序》，（明）徐子室编：《九宫正始》，《善本戏曲丛刊》影清抄本，台湾学生书局1984年版，第8页。

③ （金）董解元：《古本董解元西厢记》，上海古籍出版社1984年版，第112、129页。

甫《西厢记》,乔吉《一枝花·杂情》《水仙子·赠朱翠英》,马致远《汉宫秋》和张寿卿《红梨花》等剧曲。① 于此,皆足以见出童童在江浙行省平章政事任上时,因受当时杭州戏曲氛围之熏染而致曲艺大为精进。

五　童童贬嘉兴路判官考

童童于元文宗至顺二年三月十八日遭监察御史弹劾而被罢免江浙行省平章政事一职后,又曾任嘉兴路判官。于此,清阮元《两浙金石志》载录明张采《嘉兴路重建庙学记》云:

> 奉议大夫前常州路无锡州知州兼劝农事郡人张采撰。……辛未春二月经始,夏六月□□□□□,观者无不称其大而诧其成之亟也……至顺二年八月十有五日记。中大夫嘉兴路总管府达鲁花赤兼管内劝农事八札、……奉直大夫嘉兴路判官童童、……学录董珪等立石。②

在阮元《两浙金石志》之前,明《(弘治)嘉兴府志》对此碑已有记载,虽未收录全文,但亦注明"至顺二年八月十有五日记"③,后《(光绪)嘉兴府志》载录此碑之撰立者与《两浙金石志》同,且补充道:"伊志府学大成殿梁上题云:'时至顺二年,岁次辛未,三月丙子朔,越九日甲申

---

① (元)关汉卿:《汇校详注关汉卿集》,蓝立萱校注,中华书局2006年版,第686、920页;王季思主编:《全元戏曲》(第四卷),人民文学出版社1999年版,第216页;(元)王实甫:《集评校注西厢记》,王季思校注,上海古籍出版社1987年版,第100—101页;隋树森编:《全元散曲》,中华书局1964年版,第625、639页;(元)马致远:《汉宫秋》,王季思主编:《中国十大古典悲剧集》,上海文艺出版社1982年版,第46页;王季思主编:《全元戏曲》(第三卷),人民文学出版社1999年版,第328页。
② (明)张采:《嘉兴路重建庙学记》,(清)阮元:《两浙金石志》卷16,《历代碑志丛书》影清道光四年(1824)广东刊本,江苏古籍出版社1998年版,第400页。
③ (明)柳琰:《(弘治)嘉兴府志》卷32,《四库全书存目丛书》第179册,齐鲁书社1997年版,第89页。

吉辰谨题。中大夫嘉兴路总管府达鲁花赤八札鼎建。'"① "辛未"亦即至顺二年。由此可知，于元文宗至顺二年八月十五日张采撰《嘉兴路重建庙学记》时，童童已在嘉兴路判官任上，且带奉直大夫之朝衔，并曾参与嘉兴路重建庙学碑之立石。

嘉兴路判官，乃"正六品"之官②，奉直大夫则秩"从五品"③，二者与童童此前所任秩从一品之河南江北行省平章政事或江浙行省平章政事相比，显然降级不少。又嘉兴路乃受童童此前任职之江浙行省所辖，与行省治所所在地杭州毗邻。故童童此职当为其于至顺二年三月十八日遭劾而被"诏免其官"后之所任，或有就近贬谪以警其心之意。若是，则童童自江浙行省平章政事被贬为嘉兴路判官最早当在元文宗至顺二年三月十八日后不久。

于此之后，《元史·文宗纪》又载：

（至顺）二年……九月……癸巳……御史台臣劾太禧宗禋使童童淫侈不洁，不可以奉明禋……请罢黜之。④

由此可知，元文宗至顺二年九月二十一日时，童童又在太禧宗禋使位上。此或是元文宗及中书省臣念其为功勋子弟，在将其贬为嘉兴路判官以警其心且平息民怨后，随即又召之入京，并授予太禧宗禋使之职。若是，则童童当于至顺二年八月十五日参与嘉兴路重建庙学碑之立石后不久即奉命入朝担任太禧宗禋使一职。

至于门岿称童童于江浙行省平章政事位上被免官后，"即到京都任太禧宗禋院使"，而奉直大夫、嘉兴府判之任，"以为即童童由京都降任所在"，诚为失察。究其原因，乃其误将童童在江浙行省平章政事和太禧宗禋院使位上遭御史官弹劾两事皆系于"天历二年"，⑤ 后《全元曲》童童

---

① （清）阮元：《两浙金石志》卷16，清道光四年（1824）广东刊本；（清）许瑶光等修，吴仰贤等纂：《（光绪）嘉兴府志》卷86，《中国方志丛书》影清光绪五年（1879）刊本，成文出版社1970年版，第2644页。

② 陈高华等校注：《元典章》卷7，《吏部一》，第207页。

③ （明）宋濂等：《元史》卷91，《百官七》，第2320页。

④ （明）宋濂等：《元史》卷35，《文宗四》，第791页。

⑤ 门岿：《元代蒙古族及色目诗人考辨》，《文学遗产》1988年第5期。

小传亦传其讹①，均当改正。

六　童童擢太禧宗禋使考

　　正如前所考，元文宗至顺二年九月二十一日时，"御史台臣劾太禧宗禋使童童淫侈不洁，不可以奉明禋"，因知童童此时已在太禧宗禋使位上，且当是此年八月十五日在嘉兴路参与重建庙学碑之立石后不久即奉命入朝担任此职。

　　于此官职，《元史·百官三》云：

> 　　太禧宗禋院，秩从一品，掌神御殿朔望岁时讳忌日辰禋享礼典。天历元年，罢会福、殊祥二院，改置太禧院以总制之。初，院官秩正二品，升从一品，置参议二员，改令史为掾史。二年，改太禧宗禋院，置院使六员，增副使二员，立诸总管府为之属。凡钱粮之出纳，营缮之作辍，悉统之。定置院使都典制神御殿事六员……。②

由此可知，太禧宗禋使乃太禧宗禋院主官，而太禧宗禋院始置于元文宗天历二年（1329），置院使六员，均秩从一品。就此而言，童童自正六品之嘉兴路判官迁任该职，显有擢升之意，且已恢复至与其此前所任河南江北行省平章政事和江浙行省平章政事同一品阶。又太禧宗禋院"掌神御殿朔望岁时讳忌日辰禋享礼典"，而神御殿乃古代安放先朝帝王御容、牌位以供岁时祭祀之所，如《元史·祭祀志》载称："神御殿，旧称影堂。所奉祖宗御容，皆纹绮局织锦为之"③，其主官太禧宗禋使显非极得皇室信任者无以授之。因知童童在江浙行省平章政事位上虽遭御史官弹劾，但并未失宠，此前将其贬为嘉兴路判官，不过为平息众怨或以示警戒而已，故不足半年又迁调入京，且官复原品，足见元文宗对其恩遇之厚。察童童能得此恩宠，首先乃因其出自世勋之家，御史官之弹劾不足以令其就此失

---

① 徐征、张月中、张圣洁等主编：《全元曲》第12卷，河北教育出版社1998年版，第8616页。

② （明）宋濂等：《元史》卷87，《百官三》，第2207页。

③ （明）宋濂等：《元史》卷75，《祭祀四》，第1875页。

宠，依例亦不会久谪外地，如皇庆元年其父河南行省丞相不怜吉歹就曾以"勋阀旧臣，不宜久外"而被"召至，封河南王"①。又童童此前曾以集贤侍读学士释褐，后又升任集贤学士，对"玄门道教、阴阳祭祀、占卜祭遁之事"②颇为熟悉，故天历二年"九月……丙子，改太禧院为太禧宗禋院"③而"置院使六员"以"掌神御殿朔望岁时讳忌日辰禋享礼典"时，童童自然进入皇室视野。

然而，正如前所考，"（至顺）二年……九月……癸巳……御史台臣劾太禧宗禋使童童淫侈不洁，不可以奉明禋……请罢黜之"④。御史台臣所劾童童"淫侈不洁"，以其此前在江浙行省"歌舞吹弹""走犴飞觥""谈笑尽喧""翠袖殷勤""艳歌起韵""开襟堕巾""醉眼朦胧"等"荒洪宴安"之态，诚为实情。但其此次被劾，究竟是受江浙旧案影响，还是因滋生新的腐败之行而不见容于人，今已不得而知。至于其此次遭劾之结果，虽御史台臣"请罢黜之"，但史籍并未明载其如前次一般"诏免其官"，当未遭罢黜。尽管如此，但其祖上之家声必然已因其劣迹而惨遭败坏。此后，童童又于元顺帝至元元年（1335）任广西两江道宣慰副使佥都元帅⑤，则其卸任太禧宗禋使一职至迟当在元顺帝元统二年（1334）。

七　童童贬广西两江道宣慰副使佥都元帅考

据《（嘉靖）广西通志》所载，元代历任广西两江道宣慰副使佥都元帅者中有"童童"之名，且注明"至元元年以正中大夫任"，而前后担任此职者乃"能伯林"和"东野潜"，分别为"至顺三年以中顺大夫任"和"至元元年以中顺大夫任"，故知童童担任此职乃在元顺帝至元元年。⑥

---

① （明）宋濂等：《元史》卷178，《王约传》，第4141—4142页。
② （明）宋濂等：《元史》卷87，《百官三》，第2192页。
③ （明）宋濂等：《元史》卷33，《文宗二》，第741页。
④ （明）宋濂等：《元史》卷35，《文宗四》，第791页。
⑤ （明）林富、黄佐：《（嘉靖）广西通志》卷5，《北京图书馆古籍珍本丛刊》第41册，影明嘉靖十年（1531）刻本，书目文献出版社1998年版，第80页。
⑥ （明）林富、黄佐：《（嘉靖）广西通志》卷5，《北京图书馆古籍珍本丛刊》第41册，影明嘉靖十年（1531）刻本，书目文献出版社1998年版，第80页。

"广西两江道宣慰使司都元帅府",治所在湖广等处行中书省之静江路①,童童赴任之所,即为此地。

依《元史·百官志》之言,"宣慰使司,秩从二品。每司宣慰使三员,从二品;同知一员,从三品;副使一员,正四品"②,因知童童所任广西两江道宣慰副使佥都元帅乃正四品之官。又其所带朝衔"正中大夫",即"中大夫",阶属"从三品"③。二者与童童此前所任从一品之太禧宗禋使相比,均属左迁。故童童此任显有贬谪之意。至于童童此次贬谪外放之原因,今已不得而知。

又察《(嘉靖)广西通志》所载历任元广西两江道宣慰副使佥都元帅者中,童童与东野潜均是"至元元年"赴任,且童童之名在东野潜之前,而宣慰使司副使定额仅一员,故知童童于元顺帝至元元年赴任之后很快又卸任此职,随即由东野潜补其缺,至于童童或升或降或平调,今已不可详考。

八 童童之任同知松江府事考

元顺帝至元元年卸任广西两江道宣慰副使佥都元帅之后,童童曾长期从史料中销声匿迹,其再次现身时,乃是至正十五年(1355)在同知松江府事任上。于此,《(正德)松江府志》所录元秦裕伯《(吴辅国将军庙)复庙记》载:

> 松江府治之东,古有镇西将军庙,祀吴丞相华亭侯陆逊及其族子凯。……至正十五年夏六月,国子释褐进士从事郎前益都路高密县尹兼管诸军奥鲁劝农事魏郡秦裕伯撰,国子释褐进士征事郎前汝宁府颍上县尹兼管诸军奥鲁劝农事浚仪赵由钦书并篆额。奉训大夫同知松江府事童童、承直郎松江府判官锁住、松江府推官成国瑞、将仕佐郎松

---

① "静江路,……元至元十三年,立广西道宣抚司。十四年,改宣慰司。十五年,为静江路总管府。元贞元年,并左右两江宣慰司都元帅府为广西两江道宣慰司都元帅府。"见(明)宋濂等《元史》卷63,《地理六》,第1532页。
② (明)宋濂等:《元史》卷91,《百官七》,第2308页。
③ (明)宋濂等:《元史》卷91,《百官七》,第2320页。

江府知事张士厚、提控案牍律吕丘惟贤立石。①

此文乃秦裕伯撰于"至正十五年夏六月",时童童曾参与吴辅国将军复庙碑之立石,且所任官职为"奉训大夫同知松江府事"。由此可知,至迟在元顺帝至正十五年六月,童童已任松江府同知一职,且所带朝衔为奉训大夫。据《元史·百官志》所载,奉训大夫,阶"从五品"②,又松江府乃江浙等处行中书省所辖唯一散府③,而元代"散府,秩正四品,达鲁花赤一员,知府或府尹一员,领劝农奥鲁与路同;同知一员,判官一员,推官一员,知事一员,提控案牍一员"④,故童童此任之官品不会高于正四品。此与其在元顺帝至元元年以从三品正中大夫任正四品广西两江道宣慰副使金都元帅相比,职事官品阶虽无变化,但所带散官却直降三阶。由此可见,其间二十年中,童童仕途当颇为不顺。至于其详情,史无明载。又如上所述,松江府乃江浙等处行中书省所辖唯一散府,领华亭、上海两县,其中华亭县为其倚郭⑤,故至正十五年六月时,童童当在松江府华亭县参与立碑一事。后童童任松江府同知至何时,今已不可确考。

九　童童之任内八府宰相考

又《(成化)山西通志》载有元顺帝时《祭中镇文》多篇,其末篇曰:

维至正二十四年,岁次甲辰,五月甲子朔二十日癸未,皇帝敬遣八府相童童、集贤都事普颜不花,钦赍御香幡盒,谨以清酌柔毛之奠,致祭于中镇崇德应灵王祠下,曰:惟霍之大,奄此中冀。作镇于中,古有秩祀。岁有常典,曷敢弗恭。香币之奠,神其鉴格。

---

① (元)秦裕伯:《〈吴辅国将军庙〉复庙记》,顾清等修:《(正德)松江府志》卷15,《坛庙》,《中国方志丛书》影明正德七年(1512)刊本,成文出版社1983年版,第662—664页。
② (明)宋濂等:《元史》卷91,《百官七》,第2320页。
③ (明)宋濂等:《元史》卷62,《地理五》,第1495页。
④ (明)宋濂等:《元史》卷91,《百官七》,第2317页。
⑤ (明)宋濂等:《元史》卷62,《地理五》,第1495页。

尚亨！①

由此可知，至正二十四年（1364）五月二十日，元顺帝曾遣"八府相童童"等代祀中镇山西霍山。至于此"童童"是否即为本文所考之童童，可自其所官"八府相"一职及元代代祀之制以辨之。

"八府相"，乃元代职官系统中一特殊称谓，且有两套职官可得此称。一者为元朝仿效金尚书省四府制②而设立中书省八府宰相，如《元史·成宗纪》云：

> （大德）七年……二月……丁丑……诏中书省设官自左右丞相以下，平章二员，左右丞各一员，参知政事二员，定为八府③

元无名氏杂剧《八府相聚集枢密院　十探子大闹延安府》和《八府相齐贤定座　十样锦诸葛论功》所述虽非元人故事，但题中"八府相"即类比元代中书省八府宰相官制而拟名。④

另一者为"内八府宰相"，据《元史·百官志》所称：

> 内八府宰相，掌诸王朝觐傧介之事。遇有诏令，则与蒙古翰林院官同译写而润色之。谓之宰相云者，其贵似侍中，其近似门下，故特宠之以是名。虽有是名，而无授受宣命，品秩则视二品焉。大德九年，以灭怯秃等八人为之。天历元年，为内八府宰之职，故附见于此云。⑤

又陶宗仪《南村辍耕录》亦云：

---

① （明）李侃、胡谧：《（成化）山西通志》卷11，《四库全书存目丛书》影山西大学图书馆藏民国二十二年影抄明成化十一年（1475）刻本，齐鲁书社1996年版，第394页。
② 元好问《平章政事寿国张文贞公神道碑》曰："金朝官制，大臣有上下四府之目，自尚书令而下，左右丞相、平章政事二人为宰相，尚书左右丞、参知政事二人为执政官。"见元好问《遗山先生文集》卷16，《四部丛刊初编》影明弘治本。
③ （明）宋濂等：《元史》卷21，《成宗四》，第448页。
④ 王季思主编：《全元戏曲》（第7卷），人民文学出版社1999年版，第75、812页。
⑤ （明）宋濂等：《元史》卷87，《百官三》，第2191—2192页。

> 内八府宰相八员,视二品秩,而不降授宣命,特中书照会之任而已,寄位于翰林之埒邻。埒邻,官门外院官会集处也。所职视草制,若诏敕之文,则非其掌也。至于院之公事,亦不得与焉。例以国戚与勋贵之子弟充之。①

由此可知,此"内八府宰相"虽与中书省八府宰相员额相同,皆为八人,但职事、品秩、人选等却各异。其并非朝廷正式命官,所掌乃诸王朝觐傧介及译写润色诏令等事,与蒙古王室联系极密,且视同二品秩,故谓之宰相,以示特宠,至于人选,则"例以国戚与勋贵之子弟充之"。

再考元朝代祀之制,据《元史·祭祀志》所载:

> 岳镇海渎代祀,自中统二年始。凡十有九处,分五道……道遣使二人,集贤院奏遣汉官,翰林院奏遣蒙古官,出玺书给驿以行。中统初,遣道士,或副以汉官。至元二十八年正月,帝谓中书省臣言曰:"五岳四渎祠事,朕宜亲往,道远不可。大臣如卿等又有国务,宜遣重臣代朕祠之,汉人选名儒及道士习祀事者。"②

自中书省臣有国务在身及"蒙古官""重臣"等身份言之,较之中书省八府宰相,内八府宰相显然更适于担任代祀之职,故《(成化)山西通志》所载代祀中镇之"八府相童童"自当为内八府宰相童童无疑。又察元代国戚与勋贵子弟中擅长朝觐傧介及译写润色诏令之事且名"童童"者,唯本文所考之童童一人而已,则知至正二十四年五月二十日奉元顺帝之命代祀中镇者即元曲家童童,时其正任内八府宰相一职。此职虽非朝廷正式命官,但秩同二品,与童童至正十五年时所任正四品之松江府同知一职相比,显然更受重用。此或因元末江山飘摇欲坠,元廷更加信任和倚重国戚勋贵子弟之故。

至于内八府宰相中八人之中,元顺帝独遣童童代祀,或因其曾任集贤

---

① (元)陶宗仪撰:《南村辍耕录》卷1,李梦生校点,上海古籍出版社2012年版,第16页。
② (明)宋濂等:《元史》卷76,《祭祀五》,第1900页。

侍读学士、集贤学士和太禧宗禋使等职,对祭祀之事较为熟悉,且精于文墨,擅长译写润色文辞。若是,则《(成化)山西通志》载录童童等代祀中镇时所献"惟霍之大"之祭文亦当出自其手。

对于童童代祀中镇之事,除《(成化)山西通志》所载外,后世诗文亦有辅证,如《(道光)直隶霍州志》载录明山西巡抚盱江何乔新《中镇留题》一诗曰:

> 三晋名山此独尊,俯临群阜若儿孙。幽岩窈窕藏灵雨,绝巘崚嶒压厚坤。夜静泉声仙乐迥,春深树色羽旌屯。从来代祀多儒硕,谁遣童童款庙门。①

其中尾联"从来代祀多儒硕,谁遣童童款庙门"即明指童童代祀中镇。又于此诗之下,何氏自注云:"碑有宰相童童名。"由此可知,童童此次代祀中镇之事还曾立碑以记,而所谓"宰相童童"之"宰相",即其所任内八府宰相之职。

又明傅梅《嵩书》录有《代祀嵩岳夜宿少林》和《题王子晋》两诗,均署名为"童南谷"②,而南谷乃童童之号,因知两诗皆出其手。依前诗诗题可知其为童童于某年代祀中岳嵩山时所作,而后诗诗题"王子晋"及诗中"缑山"等意象,皆与嵩山紧密相关,当为同时之作。而察《题王子晋》一诗中有"回眸下笑蟭蟟辈,蜗角争战污浊世"之句,当是童童对自己在河南江北行省平章政事、江浙行省平章政事和太禧宗禋使位上屡遭御史官弹劾等仕途坎坷之经历,以及元末军阀混战之乱象有感而发。至于其代祀中岳嵩山并作此二诗之时间,当在其代祀中镇前后,亦即至正二十四年前后。

又明李伯玙所编《文翰类选大成》录元人七律《奉旨祀桐柏山》一首,署名"童仝"③。蒙元时期,蒙古族群和色目族群人士之姓名多同音

---

① (清)崔允昭、李培谦:《(道光)直隶霍州志》卷25,《中国地方志集成》影清道光六年(1826)刻本,凤凰出版社2005年版,第416页。

② (明)傅梅:《嵩书》卷14,《续修四库全书》影明万历刻本,上海古籍出版社1996年版,第251、252页。

③ (明)李伯玙编:《文翰类选大成》卷59,《四库全书存目丛书》集部第294册,影北京大学图书馆藏明成化刻弘治嘉靖递修本,齐鲁书社1997年版,第468页。

异译，因而同名异译现象颇为常见。据现存文献所考，除本文所论之童童外，当时姓名之音为"童童"者尚有两人，一者为元顺帝元统元年（1333）右榜状元，后历官翰林待制、集贤修撰，却英年早逝，另一者曾在元末官廉访司经历，且与陈友谅巷战而亡。① 察二者之历官，前者虽曾任职于翰林院和集贤院，但所官翰林待制及集贤修撰均不合元代重臣代祀之制，后者所官廉访司经历之职掌更与代祀之事无关。故《文翰类选大成》所载《奉旨祀桐柏山》之作者"童全"，仍当为本文所考之童童。因知童童除代祀中镇霍山、中岳嵩山外，尚曾奉旨祭祀桐柏山。桐柏山在河南江北行省南阳府唐州境内，乃淮水之源。依《奉旨祀桐柏山》诗中"御香南下三千里，淮水东流几万年"之句及元代岳镇海渎常祀时祀"大淮于唐州界"②之例，可知童童此次自京南下至桐柏山即为代祀淮渎。而在元代岳镇海渎代祀所分五道之中，淮渎与中岳、南岳、南海同属中南道③。故童童此次奉旨祀桐柏山当与代祀嵩岳同时，均在至正二十四年前后。又因桐柏山在嵩山之南，则童童祀桐柏山且作《奉旨祀桐柏山》一诗当在代祀嵩岳之后。至于有学者称此诗"是童童担任太禧宗禋使时所作"④，按诸元代文献，并无太禧宗禋使代祀之例，故不足信。

至正二十四年五月二十日代祀中镇之行，乃现存文献明载童童最后之行迹，若以其生于元世祖至元二十五年（1288）计，时其已达七十八岁高龄，当是不久之后即谢世，且极可能就卒于至正二十八年（1368）明军灭元之战乱之中。纵观童童之一生，其诚可谓元朝由盛转衰，直至覆亡的亲历者和见证者。

综上所考，兹列童童仕宦履迹如下。

元仁宗皇庆元年（1312），二十五岁，三月，得授集贤侍读学士，且带散官为中奉大夫；十一月，曾驰驿赴河南。

---

① 据吴梅《元剧作者考略》所考：元有三童童，除本文所论者外，"一字同初，蒙古人，状元及第，官至翰林待制。杨铁崖云：'同初诗多台阁体，天不假年，故其诗文不多行于时。'又一同同载《江西通志》，官廉访司经历，陈友谅攻陷郡城，与贼遇于合同巷，骂贼死。是又一蒙古人。合学士童童，则为三矣"。见吴梅《元剧作者考略》，《吴梅全集》（理论卷），河北教育出版社 2002 年版，第 359—360 页。

② （明）宋濂等：《元史》卷 76，《祭祀五》，第 1902 页。

③ 马晓林：《元代岳镇海渎祭祀考述》，《中国史研究》2011 年第 4 期。

④ 参见顾世宝《蒙元时代的蒙古族文学家》，兰州大学出版社 2012 年版，第 90 页。

元仁宗延祐元年（1314），二十七岁，六月六日，升任集贤学士。

延祐七年，三十三岁，三月后不久，出为河南江北行省平章政事。

泰定帝泰定四年（1327），四十岁，八月二十六日，遭御史李昌弹劾，不报；年底前后，卸任河南江北行省平章政事一职。

泰定帝致和元年（1328），四十一岁，春，赴任江浙行省平章政事。

元文宗至顺二年（1331），四十四岁，三月十八日，又遭监察御史弹劾，被免江浙行省平章政事之职；八月十五日，在嘉兴路判官任上，且带散官为奉直大夫；九月二十一日，在太禧宗禋使位上，再遭御史台臣弹劾。

元顺帝至元元年（1335），四十八岁，外贬为广西两江道宣慰副使佥都元帅，带散官为正中大夫，但同年卸任此职。

元顺帝至正十五年（1355），六十八岁，六月，在松江府同知任上，带散官为奉训大夫。

至正二十四年，七十七岁，五月二十日，在内八府宰相位上，奉旨代祀中镇霍山；此年前后，又曾受命代祀中岳嵩山和淮渎。

王一鸣的生平著述与诗歌交游

熊恺妮

（湖北第二师范学院文学院）

王一鸣（1567—1598），字子声，又字伯固，号石廪，又号参上。湖广黄州府黄冈县人。王一鸣出生于黄冈望族。曾祖王廷儒，举人，南京督察院都事。祖父王同京，国子生。父亲王追美，辛酉举人。王氏家族科甲进士、举人贡生辈出。其中又以王廷陈、王同轨、王一鸣声名最盛。王廷陈（1493—1550），字稚钦，号梦泽。明正德丁丑（1517）进士，选庶吉士。《明史》有传，恃才狂放。著有《梦泽集》。王同轨，字行甫，一字行父。贡生，历任南京太仆寺主簿、江宁知县，以文言小说集《耳谈类增》著称，另有《江宁诗钞》等。王一鸣是王廷陈从孙，王同轨从侄。

一 王一鸣的生平

王一鸣是万历丙戌（1586）进士。光绪《黄州府志》、《太湖县志》、过庭训《本朝分省人物考》、钱谦益《列朝诗集小传》、丁宿章《湖北诗征传略》，对王一鸣的生平都有记载，然稍有抵牾之处。如丁宿章《湖北诗征传略》称王一鸣"（修国史）方征用，卒",[①] 有误。现结合各家传记与王一鸣《朱陵洞稿》的记载，去其芜杂，述其生平如下。

王一鸣幼年时以颖异著称。七岁（1573年）为黄州府郡举神童，督学使者大感惊叹。王一鸣弱冠时就曾参加湖广乡试。万历乙酉为湖广乡试第八名。次年会试，获得第十七名，殿试金榜第三甲第七十四名。王一鸣

---

① （清）丁宿章辑：《湖北诗征传略》，陈于全点校，华中科技大学出版社2020年版，第447页。

曾于同年拜谒大学士王锡爵，被王锡爵誉为"天下才"。其时朝廷正欲修国史，"大学士赵志皋举荐王一鸣有史才，可与魏学礼、陆弼、王稚登同领史事，有诏征用，未上而史局罢"。①后授太湖知县。王一鸣严于吏治。甫至太湖逢岁饥，发仓赈灾；重视人文，亲自指导太湖诸生，一时间太湖人文之盛比于齐鲁。同时，王一鸣为官清廉，不取民间一金，离任时太湖父老争相泣送。

万历庚寅，王一鸣改令河北临漳县。改令临漳的原因，《黄冈县志》称王一鸣"不能骫骳以事尊官，调临漳令"，钱谦益笼统地说是由于王一鸣"负才自放，不为吏道所拘。左官"②。而《朱陵洞稿》一支小曲的标题详细记述了王一鸣被贬谪的具体缘由："俟调京师，久客遣怀作，一时市儿乐工歌遍长安，渐达大内，因量移临漳"③，正文如下：

> 船脚儿擦穿了海，山尖儿顶破了天。
> 挐贪官，吓得夷齐颤，访不孝指芝曾参面。
> 笑胡涂，扯住张良叹，少亡儿彭祖最堪怜。
> 更有个放强盗的，王知县。④

此曲大胆狂放，竟然自称是"放强盗的王知县"，无怪乎传入宫中以致被贬临漳。次年（万历辛卯），王一鸣的妻子易氏离世。⑤七月，王一鸣作《悼亡诗》三十首以示二子。万历癸巳，王一鸣丧子，饱含妻儿离世之悲、逐臣失意之苦、贫病交加之弱、思乡盼归之渴。在《朱陵洞稿》中，王一鸣不止一次提到"作客逢多病，哀儿及故妻"，"近来吟家少，流涕为亡妻"，"忆昔放逐耕江头，亲友避我如避雠"，"清漳曲折逐臣居，病骨西风枕簟虚"，"十年路傍月，犹照逐臣缨"，"忽忽乍拼今夕醉，悠悠谁记谪官才"，"迢遥归国梦，潇洒逐臣颜"。也因此时时流露出归隐的想法，"莫问成功论早晚，钓丝先占洞庭烟"。⑥万历丙申，王一鸣肺病缠

---

① （明）袁宏道撰，钱伯城笺校：《袁宏道集笺校》，上海古籍出版社1981年版，第139页。
② （清）钱谦益：《列朝诗集小传》（下），上海古籍出版社2008年版，第624页。
③ （明）王一鸣：《朱陵洞稿》，湖北省图书馆明抄本。
④ （明）王一鸣：《朱陵洞稿》。
⑤ 《酬答卢孝廉其三》题注"余新有先妻之丧"，见王一鸣《朱陵洞稿》。
⑥ （明）王一鸣：《朱陵洞稿》。后文凡引用王一鸣诗歌均出此，下不再注。

身，诗作多述及病躯，满怀凄苦：《愁病》"四月至五月，纷纷愁病边"；《病中》"抱病春徂夏，奄奄见在身"；《喜张若愚至》"半年供一病，故旧尔相过"；《再送吴子明暂还鄢》"乍分期再至，病眼泪昏昏"。

《朱陵洞稿》收诗十七卷。卷 17 以《送裘书记》收尾，诗云："半年垂死病，一恸送行时。天地风尘满，茫无见汝期"，一语成谶。万历戊戌，王一鸣卒于官，年仅三十二岁。袁宗道得知讣闻时不敢相信："此君（即王一鸣）神张骨劲，双眸清炯，有寿者相。弟即闻，亦未忍信。"① 汤显祖听闻悲难自抑："三公（王一鸣、袁宗道、袁宏道）并以名世之资，不能半百。古来英杰不欲委化遗情，而争长生久视者，亦各其悲苦所至。"②

二　王一鸣著述情况

《湖北文征》称王一鸣著有《朱陵洞稿》四十卷。《黄州府志》与丁宿章《湖北诗征传略》未标注卷数。而据阳海清、汤旭岩编《现存湖北著作总录》：

> 《朱陵洞稿》三十三卷《中州赋录》一卷，明黄冈王一鸣撰，明抄本，又清抄本，清王家璧批校；
> 伯固公诗拾遗一卷，拾残三卷，明黄冈王一鸣撰，清佚名辑，清抄本，清王家璧批校。
> 注：考王一鸣之《朱陵洞稿》未见刻本，今仅湖北省馆藏有其明抄、清抄本，另有王家璧辑补遗本（辑者手稿本）。前者有王家璧批校。补遗本仅一卷，篇幅不大。《中国古籍善本书目》著录。
> 《朱陵洞遗稿》一卷，明黄冈王一鸣撰，清武昌王家璧辑，辑者稿本。③

阳海清称"今仅湖北省馆藏有其明抄、清抄本"有误。国家图书馆

---

① （明）袁宗道撰，钱伯城标点：《白苏斋类集》，上海古籍出版社 1989 年版，第 206 页。
② （明）汤显祖撰，徐朔方笺校：《汤显祖诗文集》，上海古籍出版社 1982 年版，第 1340 页。
③ 阳海清、汤旭岩编：《现存湖北著作总录》，国家图书馆出版社 2016 年版，第 1000 页。

本有《朱陵洞稿》明抄本、清抄本，南京图书馆有《朱陵洞稿》清抄本。另，湖北省图书馆最新编著《鄂东王氏未刊稿丛编》（全四十二册，国家图书馆出版社 2022 年版）第一册至第四册亦收《朱陵洞稿》（明）影印本。

根据湖北省图书馆《朱陵洞稿》明抄本可知，《朱陵洞稿》文集前有熊宇奇（王一鸣同年进士）序（缺一页）。前十七卷收诗 1238 首，诗歌不分体，无句读；卷 18 至卷 33 收文 200 多篇。其后《中州武录》一卷。

湖北省图书馆影印本《朱陵洞遗稿》是由清武昌王家璧辑录抄写，未单独成书。前有王同道《侍御遗草》一卷、《侍御遗草补辑》一卷，王同轨《江宁诗抄》一卷。王同道、王同轨为王一鸣族叔。《朱陵洞遗稿》前有熊宇奇序（节选），朱日浚《征黄冈文献》序节选，钱谦益《选王子声先生诗》，《太湖县志·邑侯石廪王公去思碑记》，王如琮（王一鸣孙）序；正文收文不多，《当无室记》1 篇，《赤壁精舍募缘引》1 篇，《赤壁山堂跋》1 篇，七言古诗 2 篇，五言律诗 41 篇，七言律诗 7 篇，五言绝句 2 篇，七言绝句 3 篇，词曲 8 首；后附诸名公赠答哀章 9 篇。

三　王一鸣的诗歌交游

万历年间，湖广地区文人兴起。王一鸣生长于黄州望族，又先后在太湖、临漳两地左官，其交游较为广泛。师长、文友、同门、同僚等层次也较为丰富。根据王一鸣的生平经历，可以将其诗歌交游情况分为湖广交游圈、京师交游圈、太湖交游圈和临漳交游圈。

（一）湖广诗歌交游

王一鸣中举前，往来频繁的好友包括瞿充国、徐孔时、李聘若、陈良孺、段重其、朱康侯、周子良、宋公选、黄文会、彭伯良、陈子直、桂清甫、丘时卿、冯际之、林高州、李文甫、汪文明、周子中、周元甲等。

在王一鸣中举前，往来最频繁的是瞿充国、徐孔时、李聘若、陈良孺、段重其、周子中等人。他们往来酬唱，交游频繁。王一鸣曾提到："充国以青青命卷，邀予辈作诗。于是充国倡三绝句，子中和之。时乙酉春也，卷藏于予笥中。"他的诗歌也记载了与这些友人往来拜访、出游泛舟、宴会酬唱的情形。《立秋夕徐孔时、李聘若过访二首》："高城看不极，何限暮烟哉。天随三湘晚，秋随二客来。江声堪伏枕，月色傍行杯。长啸望天末，秋光黯不开。""相过河朔饮，那问夜如何。秋到登楼早，人来载酒多。西风摇大别，木叶下江河。何物风尘里，悠然坐薜萝。"《同陈良儒、徐孔时、李聘若西陂泛》："闭门不自适，出郭殊悠悠。夏木千章合，清江一曲流。招携便熟客，浩荡信扁舟。浊酒客醒醉，登临肯自休。"《早秋池上饯闵伯尹、刘明、徐孔时、李聘若、易美仲、家兄执应试十四韵》："乡举崇周典，览书仗楚才。诸公皆俊杰，一旦离尘埃。白雪原归郢，黄金久筑臺。豹文经雾变，鹏翼负天回。冀北群应失，河东赋自裁。共言骑马去，直拟射雕回。荡漾秋池敞，留连饯席开。杂花明丽日，高树隐轻雷。槐匝孤城迥，川长一鹗来，俱须愁乍别，好莫负深杯。良友金兰契，仁兄玉树才。后车劳梦寐，前席足追陪。山水琴同调，雌雄剑肯埋。明时宜大业，行役莫徒哉。"《秋眺柬徐孔时、李聘若以时下第》："卧病柴门午一开，转因登眺思难裁。城扶远树斜斜出，帆带长江细细来。上国山川钟王气，中□竹帛仗时才。须知奋起终公等，莫作投湘赋自哀。"

在湖广交游圈中，与王一鸣情谊最为深厚的是瞿充国。瞿充国生平年月不详，王一鸣为瞿充国所作诗有40首，可从中窥见二人情谊之深厚。《秋日同瞿充国分赋十二体》详细记录了二人秋日放歌纵酒、拔剑吟诗作乐的青年意气："瞿生拔剑且莫舞，听我为君歌古今。歌声直薄祝融峰，汉水汹汹月东吐凉风。"分别时作《送瞿充国往鄂州》："相对不觉乐，出门方忆君。况逢黄子国，落叶正纷纷。七月能无暑，千山总是云。扁舟到黄鹤，雁过或难闻。"别后思念时作《寄瞿充国三首》："忆汝孤城上，悠然对薜萝。江湖寒色重，鸿雁暮云多。空自裁书到，那能问字过。诗来江上路，三四怕关河"，"远望隔江水，萧萧枫树林。已看今日暮，其奈故人心。城郭晚逾霁，江河寒自深。中原看二子，何处不浮沉"，"孤城念离别，无处不徘徊。为望天边树，愁登水上台。故人三月别，江驿尺书来。况是相思处，偏逢杜若开。"甚至在读书饮酒的时候，王一鸣也对瞿充国念念不忘，作《放歌示瞿充国》："长江一线秋天晴，眼中之人有瞿生。千卷万卷书纵横，蠹鱼其间相逡巡。宾客及门勿复通，床头大白时时倾。"当瞿充国早逝噩耗传来，王一鸣作诗16首《哭瞿充国》，字字泣血："万里孤征日，三年两病身。饭牛犹昨日，索骏竟何人。迢递燕山雪，凄凉楚树春。茂陵求不得，天地一沾巾。"万历庚寅冬，王一鸣曾寓广陵，接连两夜梦见瞿充国。"庚寅孟冬，寓广陵，望后二日，夜梦见充国崚嶒，凭小几，戴缁布折角巾，衣碧方袍，与余语，甚涕泣，语不可了了。次夕，又梦与充国居一山寺，云病良已，向予索纸笔，作字大寸余，倚一竖子肩，顾眄□如也。……迷充国不以冥冥弃，余遐辄再夕至，余何能，已绝锷曝诗之恸哉。作八十字志，痛以眼泪洗面矣。"万历壬辰王一鸣被贬官后，返乡与友人谈及昔年酬唱诗作，"充国以青青命卷，邀予辈作诗。……卷藏于予笥中七年，能之过访，问兹本末，发十袭出之，存没之感，酸鼻不能已已。充国从飞仙游，仆也落魄。能之、子中方鹰扬文苑，所谓青青，恐遂当不堪折矣"。并作诗4首《追和充国青青卷》，恸哭"天上瞿充国，人间宋大夫。高唐经应对，字字雨云扶"，字字悲情。

王一鸣与陈良孺的交游记录也较为细致。《送陈良儒二首》："钱席临澄江，鸣吟发中夕。不必听三声，知有断肠客。""城纡野径回，浪动石滩响。看君东行舟，时缆绿杨上。"《再送陈良孺，时良孺还祁门》："祁门路不极，送尔正凄清。去住天涯泪，文章身后名。山寒连白日，江阔费南征。莫自叹流落，大才应晚成。"《送陈良孺入京》："子去正失意，萧条逢暮春。姓名长避世，词赋转疑人。王屋时通晋，桑乾不避秦。天涯一携手，容易是沾巾。"得知陈良孺去世时，王一鸣痛作《哭陈良孺》："一死滞王畿，迢递客榇归。不须重听笛，最苦是沾衣。万事山河隔，孤舟齐鲁微。伤心杯酒地，庭树依斜晖。"

（二）京师诗歌交游

万历丙戌，王一鸣入京赴考，会试获第十七名，殿试获金榜第三甲第七十四名。袁宗道则是当时殿试金榜第二甲第一名进士出身。两人既是同乡又是同年，交友往来密切也是自然而然的。王一鸣有诗《汤义仍、袁伯修、袁中郎见枉迟哀王孙不至》："久贱愁离别，良宵借主宾。树高融雪响，城迥驻云频。杖履宽相假，盘餐薄屡陈。欢深谈不浅，愧称未来人"，就详尽记载了他与汤显祖、袁宗道、袁宏道等人的聚会。万历乙未，王一鸣自临漳返回京城述职。其时，袁宏道、袁中道在京城，汤显祖入京述职。袁中道《游居柿录》卷9中对此进行了详细的记载：

天根游吴、闽，晤临川汤海若先生，先生便寄一书及《玉茗堂集》来，书中大略言乙未雪夜，同时七人聚首，而三人俱以高才不禄，不胜叹惋。三人者伯修、中郎及王子声一鸣也。记乙未之岁大计，伯修及王太史衷白、萧太史玄圃递置酒招海若、子声饮。子等偕。未几子声下世，又未几伯修、中郎下世矣。①

万历乙未的交游使王一鸣与袁宏道、汤显祖等人建立了深厚的情谊。以至汤显祖在诗文中屡屡提及。王子鸣早逝，袁宏道得闻讣告时作《哭临漳令王子声》二首："穷冬夜冷兰烟黑，死字传来听不得！白日谁妨鬼射人，昏荒颇怪天如墨。忆昨与君发长安，白齿青眉吐肺肝。""颜渊鲁高士，胡为三十二而死休？""嗟乎子声，汝生不能一日牙牌黑须拱手长安道，又不能拂衣故园补缀先人草。万里迢遥魄伴魂，一具枯骨官送老。福君何其薄，夺君何其蚤。和氏空有泪，楚国无以宝。漳水平，漳台倾，吁嗟呼，王子声！"②甚至袁宏道在路过泾阳看见王一鸣题壁诗时，也怆然作诗，《泾阳驿见子声壁间韵怆然有述》："只合临漳死，曹家鬼好文。枫根犹有绣，夜壑岂无春。研乞铜雀瓦，姻求洛浦甄。歌遗途粉客，衣逐卖香人。客鬼轻残蜕，骚宫重楚魂。死生旦昼理，夜乐胜朝䨼。"③汤显祖曾至黄冈，作《黄冈西望寄王子声》："白露滴江城，江声绕秋至。心赏不在兹，幽芳渺难寄。木叶号蝉悲，水荇潜鳞戏。日气淡芙蓉，云阴生薜荔。栖栖王子情，默默楚人思。未及湘垒醒，且共蓬池醉。遥松起暝色，虚竹惊寒吹。物往年序迁，情存风景异。樵歌归影迟，新月忽在地。"④万历戊戌汤显祖再入京述职，作《戊戌上计不见王子声，忆乙未春事二首》："承明再入满愁生，听履都无王子声。不为玉棺贪葬玉，也应仙舄傍人行。"⑤汤显祖弃官家居后，仍在寒食节前作《先寒食一日同张了心哭王太湖袁翰林》："张衡愁处起离情，不见黄州王子声。絮酒只鸡千载事，楚天明日是清明。"⑥

---

① （明）袁中道撰：《珂雪斋集》，钱伯城点校，上海古籍出版社1989年版，第1311页。
② （明）袁宏道撰，钱伯城笺校：《袁宏道集笺校》，第137页。
③ （明）袁宏道撰，钱伯城笺校：《袁宏道集笺校》，第673页。
④ （明）汤显祖撰，徐朔方笺校：《汤显祖全集》，北京古籍出版社1988年版，第349页。
⑤ （明）汤显祖撰，徐朔方笺校：《汤显祖全集》，第515页。
⑥ （明）汤显祖撰，徐朔方笺校：《汤显祖全集》，第802页。

(三) 太湖诗歌交游

王一鸣中进士后，授太湖县令。离任时，王一鸣作《别太湖旧故》一诗，详细列出了交游诸人的名字：尹尔谦、章修叔、宋惟修、徐用柔、阮君实、章五明、章鲁生、张若愚、黄与参、赵君璞、曹心尼、黄唐卿、黄虞卿、程允、章则礼、章子奇、赵君铨、程明试等。王一鸣在太湖任时，重视教育，大兴人文，门人云集。其中，阮君实、程允、章则礼、张若愚、章子奇、赵君璞、程明试都是王一鸣门人，均与王一鸣感情深厚。王一鸣改令临漳后，不少门人前往临漳拜访，如尹尔谦，王一鸣有诗《送尹尔谦还太湖》："三年久抛湖上绶，千里远访芦中人。握手颇谈出处误，开尊兼得形神亲。娟娟云袅赤壁浦，簌簌风鸣黄泥笠。送子临行更惆怅，江涛滚雪寒蟾新。"王一鸣妻子去世后，门人黄与参前来吊唁。王一鸣有诗《送黄与参还太湖》："东风日日发，吹得故人过。千里命车驾，一尊堪薜萝。伤心投劾日，痛哭鼓盆歌。送汝不能别，春江生碧波。"

其中与王一鸣感情最深的是门人张若愚。王一鸣为其作诗有17首。王一鸣离任时张若愚送至白莲峰。王一鸣作《白莲峰再别阮君实、张若愚》："草泽悲将隐，莲峰慰独留。因君三日住，赠我万山秋。芋栗供僧饭，沧浪忆钓舟。诸天念离别，钟磬晚悠悠。"平日间两人也是纸笔往来，谈诗作赋。王一鸣晚年在临漳缠绵病榻时，张若愚还特意前往探病。这对于落魄孤独的王一鸣来说是莫大的安慰，还作《喜张若愚至》："半年供一病，故旧尔相过。瘦马关山苦，长途主客多。月轩纷白树，风院老青萝。此地堪投辖，殷勤和楚歌。"《张若愚话旧》："鞍马大河边，纡回路几千。关心寻一老，转眼过三年。圃熟跳蝉屡，檐空得树偏。清言消鄙吝，潇洒病中眠。"

(四) 临漳诗歌交游

万历庚寅，王一鸣因狂放、放言不羁改任临漳县令。此时，不管是从地理位置还是心理距离上，王一鸣都不得不与以往的亲友天各一方。他在此阶段往来的主要对象是临漳同僚，包括苏子长、李君实、陈参甫、陈嘉谟、程阿衡、李元晖等。王一鸣与同僚们往来唱和，分韵作诗。《次子长舟字》："天送层层白，霜留树树丹。马蹄终玩世，牛耳漫登坛。次第盘餐出，留连几杖宽。诸公毋遽起，吾惜此盘桓。"《次君实州字》："匹马留迁次，长吟苦劝酬。寺深芳树老，城迥古云流。洹浦孤鸿夕，韩陵万水秋。衔杯莫不尽，从事是青州。"《次参甫书字》："不醉欲何如，留欢更驻车。霞分高阁晚，风澹古林疏。潘令秋题赋，虞乡老著书。魏台衰草上，登眺莽踌躇。"《次嘉谟朝字》："古寺夜萧条，过从路不遥。树凉清蔼重，秋老白云骄。烂醉须迁客，长吟托圣朝。公才合高贵，吾约久渔樵。"《次阿衡豪字》："命驾来何晚，操觚兴并豪。雁鸿惊月起，钟盘递风高。诗好客中得，禅深醉后逃。新安江见底，应得梦轻舠。"《次元晖颜字》："官闲足来往，大隐市朝间。胜会随时得，新诗避客删。梧楸疏净土，星月共名山。仓卒成倡和，萧疏壮士颜。"

　　王一鸣是明万历年间湖广重要作家，与袁宏道、汤显祖等交游密切，然其著述《朱陵洞稿》尚未被整理。湖北省图书馆编定的《鄂东王氏未刊稿丛编》虽收录了《朱陵洞稿》，也只是影印本。笔者目前已将王一鸣诗歌部分整理完成，卷 17 至卷 33 的文章尚在整理中。

张溥的魏晋文集编撰及其得失[*]

匡永亮

（华中师范大学文学院）

明人张溥所辑《汉魏六朝百三家集》（以下简称《百三家集》）收罗广泛，评点精审，新意迭出，自问世以来备受学者重视，成为后人研究汉魏六朝文学的必读书目之一。新时期以来，学界对《百三家集》进行了若干文献考察，并对张溥的文学思想做了一些评析，产生了一批相关研究论著。然而就笔者所见，单纯从典籍整理角度切入的研究成果尚不多见，对张溥的编撰活动进行分期研究的更少。张溥从事魏晋文集编撰工作的动机是什么？编撰工作是如何进行的？其依托的基本材料是什么，有哪些？其辑录标准和体例又是什么？有何成就与不足？原因何在？诸如此类问题，目前似乎尚缺乏专门、深入、系统的研究。缘此，本文拟从张溥的魏晋遗文编撰活动入手，试图把握其编撰活动的动机、文献基础、编撰体例等，并对其编撰活动的得失及其成因做出初步述论。

一　编撰之动机、缘起与文献依据

（一）编撰活动之动机和缘起

关于进行魏晋文人文集编订工作的动机与缘起，张溥在《百三家集·原叙》中有一段"夫子自道"："余少嗜秦、汉文字，苦不能解，既略上口，遍求义类。"由于喜好秦汉文章，认为"古人诗文，不容加点"，

---

[*] 本文系中央高校基本科研业务费资助（创新资助项目）、华中师范大学2019年度研究生教育创新资助项目"明代总集编撰类例研究"阶段性成果。

又苦于不能完全理解，故苦苦追索，"遍求义类"，"断自唐前，目成掌录"，养成了勤奋抄录古代遗文的习惯；所得随着阅读面的扩大而日渐增多，于是加以分类，"编次为集，可得百四十五种"。① 出于爱好，渐成兴趣，这是其从事文集编撰活动的心理远源。《原叙》又说："千余年间，文士辈出，彬彬极盛，而卷帙所存，不满三十余家；藏书五厄，古今同慨"，面对如此局面，前贤虽然"勠力稽古"，却"不能追续坠简，铺扬词苑"。② 这激发了其知识精英的责任感与使命感，成为其发愿整理唐前遗文的近源。

具备了强烈的主观意愿之后，还需一个客观刺激促使张溥下定决心，动手辑录和修订遗文。这便是张燮所编《七十二家集》。《原叙》对此直言不讳："近见闽刻七十二家，更服其搜扬苦心，有功作者。"③ 张燮的整理成果令他耳目一新，不仅提供了极佳参照，还激发了他青出于蓝、后来居上的野心，所以他难抑亢奋，宣称"两京风雅，光并日月"，"魏虽改元，承流未远；晋尚清微"。这些遗文倘能"一字获留"，便"寿且亿万"。④《七十二家集》彻底点燃了张溥整理汉晋遗文的雄心壮志，使其主观意愿化为实际行动，加之好友张采纂成汉晋历代文钞，二者共同促成了《百三家集》的编撰问世。

（二）遗文整理之文献依据

《百三家集》是在前人已有材料基础之上纂就的。据《原叙》自陈，其书钞中分类抄辑的 145 种文集便是此书的资料来源，闽刻《七十二家集》亦为辅助参考资料之一。作为佐证，张溥还列出了原始材料的来源范围：

> 文集之名，始于阮孝绪七录，后代因之，遂列史志。马贵与经籍考详载集名，……览者开卷，大意已显；然李唐以上，放轶多矣：周惟屈原、宋玉，汉惟枚乘、董仲舒、刘向、扬雄、蔡邕，魏惟曹植、陈琳、王粲、阮籍、嵇康，晋惟张华、陆机、陆云、刘琨、陶潜，

---

① 殷孟伦注：《汉魏六朝百三家集题辞注》，人民文学出版社 1960 年版，第 313—314 页。
② 殷孟伦注：《汉魏六朝百三家集题辞注》，第 313 页。
③ 殷孟伦注：《汉魏六朝百三家集题辞注》，第 313 页。
④ 殷孟伦注：《汉魏六朝百三家集题辞注》，第 314 页。

宋惟鲍照、谢惠连，齐惟谢朓、孔珪，梁惟沈约、吴均、江淹、何逊，周惟庾信，陈惟阴铿。千余年间，……而卷帙所存，不满三十余家；……晋挚仲洽总钞群集，分为流别，梁昭明特标选目，举世称工，澄汰之余，遗亡弥众。至逸书编于豫章，古文钞自会稽，巨源宝经龛之帙，容斋发故箧之藏，赵宋诸贤，勷力稽古，……①

察其语气，从阮孝绪《七录》、隋唐宋正史艺文志经籍志、马端临《文献通考·经籍考》等书目文献，到明代所存三十余家唐前文集，再到挚虞《文章流别集》残文、昭明《文选》等选集，最后再到洪刍《楚汉逸书》、石公辅《古文章》、孙洙《古文苑》、洪迈《晋代名臣文集》等辑佚书，他似乎都曾翻阅。

这份书单跨度巨大、数量庞多，不过大致可信。据"娄东二张"的另一位、张溥的知己好友张采在《〈七录斋近集〉原序》中所说，张溥"归发所庋书可万卷，哦咏其中。数年来，自纂辑经史诸集外，凡所著篇什，已一再成集矣"②。庋藏宏富而又勤于吟读著述，其学问和阅读量不容置疑。从其《易》学研究中亦可得到旁证。其《与宋宗玉》自陈："近弟将有事《大易》，一思击刺榛蔓，稍开户牖，拟辑先正大家，与近时作者，殚志撮括，务求其是。……冀捃剔古文，自上古以暨有明，随代表列，加之年岁，长第遴次，首以三代周秦为端。除二氏外，考古所传之目，不下百种，而不得见者居半，汉魏以往，阙略概可知已。"③《易》为显学，罕有其匹，张溥尚且自信能"开户牖"，其余自可等而推之。不过，信中所述有目无书的情况也同样符合唐前文学作品的存佚实际，明季尚能见到的魏晋文集、文章自然也十分有限。这就决定了《百三家集》不可能完全跳出前人辑佚诸书的圈子，张溥的魏晋遗文集编撰工作必然需要充分借鉴吸收前人已有成果。

由此，后人生出"张溥抄袭前人"的判断。清四库馆臣已指斥其"因人成事"："自冯惟讷辑《诗纪》，而汉魏六朝之诗汇于一编。自梅鼎祚辑《文纪》，而汉魏六朝之文汇于一编。自张燮辑《七十二家集》，而

---

① 殷孟伦注：《汉魏六朝百三家集题辞注》，第313页。
② （明）张溥撰：《七录斋合集》，曾肖点校，齐鲁书社2015年版，第646页。
③ （明）张溥撰：《七录斋合集》，曾肖点校，齐鲁书社2015年版，第212页。

汉魏六朝之遗集汇于一编。溥以张氏书为根柢，而取冯氏、梅氏书中其人著作稍多者，排比而附益之，以成是集。"① 另一位唐前遗文整理名家严可均也持类似看法："张氏百三家集。以张采文钞为蓝本。唯有赋有诗为异。张采本二千余家。而仅取百三。约之又约矣。……张氏未载出处。错误甚多。"② "文钞"当指黄虞稷《千顷堂书目》所著录的张采撰《西汉文》二十卷、《东汉文》若干卷、《三国文》二十卷、《西晋文》二十卷、《东晋文》若干卷、《宋齐文》四十卷。③ 尽管严氏之说未受重视，学界一般只转述《四库提要》断语，但无论前者还是后者，都郑重指明了《百三家集》并非自纂，而是剿袭成书、删改损益而成。这已经成为共识和定论。但也不能因此否定张溥的贡献。折中论之，张溥所列诸书与上述书目，均应视为其编撰《百三家集》之文献依据。

二　编撰之方法与体例

关于《百三家集》的编撰方法，《原叙》只笼统地说"断自唐前，目成掌录，编次为集"，"自贾长沙以下讫隋薛河东，随手次第，先授剞劂，凡百三家"。④ 具体如何操作，则并未说明。四库馆臣通过比较《百三家集》与此前的《古诗纪》《历代文纪》《七十二家集》，发现了张溥的"秘密"：他直接以《七十二家集》为底本，择取作品遗存较多的唐前作者，将其作品进行大致分类，再依据《历代文纪》《古诗纪》等书增补一些佚文，另本抄出，从而撰成《百三家集》。这种判断大致准确（详下）。

关于其撰录标准与体例，这里讨论几个问题。首先，是否严格按照时代先后顺序抄辑刊布？《原叙》说"自贾长沙以下讫隋薛河东，随手次第"，可见并非事先制定严密的编撰计划，而是随手抄撰、分批刊行。这

---

① （清）永瑢等：《四库全书总目》，中华书局1965年影印版，第1723页。
② （清）严可均校辑：《附目·附张溥汉魏六朝一百三家集目录》，《全上古三代秦汉三国六朝文》，中华书局1958年影印版，第6页。商务印书馆排印本未收此篇。
③ （清）黄虞稷撰，瞿凤起、潘景郑整理：《千顷堂书目》卷31，《总集类》，上海古籍出版社2001年版，第759页。
④ 殷孟伦注：《汉魏六朝百三家集题辞注》，第314页。

与张燮《七十二家集》"递以年代相次"①的凡例大异其趣。至《百三家集》各集分别印行之后,合订时再大致按先后编排,也不会有人再分辨各单行本与"合集本"之间的次序差异。由于文献不足,已很难考证各集的刊行次第和具体时间,但张溥的魏晋遗文集编撰活动并非先定体例再"递以年代相次",则当属无疑。

其次,是否遵循了一定的原则和体例?《原叙》自称有其体例:"别集之外,诸家著书,非文体者,概不编入。其他断篇逸句,虽少亦贵,期于毕收。"②但实际编撰工作并未很好地贯彻和遵循自定的体例。如《挚太常集》"论"类收录了其专著《文章流别论》佚文,此书并非单篇文章,属于"诸家著书,非文体者",应"概不编入",此处却收入,自破体例。这样的失误还有很多。可见,其编撰活动虽有一定规则,却体例不纯,且未能固守。

再次,其体例是独创还是借鉴了他人成例?如有借鉴,系源自何书?是全部沿袭,还是另有损益变化?《四库提要》谓张溥以《七十二家集》为"根柢",则其体例亦当袭自张燮书。真实情况如何呢?以下从收录书目和篇目次序两方面加以比较考察。

第一,收录书目。《百三家集》与《七十二家集》在收录作者、文集编录次序上高度一致。《七十二家集》魏晋部分依次为:汉1家,《诸葛丞相集》;魏7家,《魏武帝集》《魏文帝集》《陈思王集》《王侍中集》《陈记室集》《阮步兵集》《嵇中散集》;晋11家,《傅鹑觚集》《孙冯翊集》《夏侯常侍集》《潘黄门集》《傅中丞集》《潘太常集》《陆平原集》《陆清河集》《郭弘农集》《孙廷尉集》《陶彭泽集》。凡19家,占总数的1/4强。③《百三家集》魏晋部分共收35家,占全书1/3强,依次为汉1家、魏12家、晋22家,较张燮书多出阮瑀、刘桢、应玚、应璩、钟会、杜预、荀勖、张华、挚虞、束晳、成公绥、张载、张协、刘琨、王羲之、王献之等16家。两书所共有的19种文集,先后次序几乎完全重合,仅王粲、陈琳二家先后对调。如果说收录书目的大面积重合只是巧合,具有时代先后和公认"座次"方面的客观因素,那么,各文集的具体篇目及其

---

① (明)张燮辑:《七十二家集·凡例》,《续修四库全书》第1583册,上海古籍出版社2002年版,第2页。

② 殷孟伦注:《汉魏六朝百三家集题辞注》,第314页。

③ (明)张燮辑:《七十二家集·总目》,《续修四库全书》第1583册,第3页。

编排次序则更能说明问题。

　　第二，篇目次序。通过考察两书的目录可知，尽管两书在文体分类上存在较大差异，具体小类错综复杂，张溥的分类更为细致多样，但大体均可归结为赋、乐府、诗、文四大板块，且两书的编排次序同样高度重合。例如，《七十二家集》本《陈思王集》，赋类篇次为《登台赋》《节游赋》《临观赋》《游观赋》《东征赋》《藉田赋》《述行赋》，乐府类篇次为《薤露行》《惟汉行》《君子行》《鰕䱇篇》《吁嗟篇》《豫章行》《蒲生行浮萍篇》《箜篌引》，诗类篇次为《上责躬诗》《应诏诗》《朔风诗》《矫志诗》《元会诗》《闺情》《公宴诗》《侍太子坐》《赠徐乾》《赠丁仪》，文类篇次为《黄初五年令》《黄初六年令》《写灌均上事令》《求自试表》《求通亲亲表》《陈审举表》《谏取诸国士息表》《谏伐辽东表》《庆文帝受禅表》《庆受禅上礼表》《龙见贺表》《初封安乡侯表》《封甄城王谢表》。《百三家集》集本，乐府类篇次升《箜篌引》至卷首、拆《蒲生行浮萍篇》为《蒲生行》《浮萍篇》，诗类改"宴"字为"讌"，其余篇目次序及文字均完全一致。① 类似情况在其他分集中同样可见，如《七十二家集》本《陆平原集》辞赋部分篇次为：卷一，《文赋》《遂志赋》《祖德赋》《述先赋》《思亲赋》《别赋》《怀土赋》《思归赋》《行思赋》《感时赋》《叹逝赋》《愍思赋》《述思赋》《大暮赋》《感丘赋》；卷二，《列仙赋》《凌霄赋》《幽人赋》《应嘉赋》《豪士赋》《浮云赋》《白云赋》《鼓吹赋》《漏刻赋》《羽扇赋》《桑赋》《瓜赋》《鳖赋》。② 《百三家集》本将辞赋并为一卷，增收表、笺、书、七、连珠、论、议七种不相干的文体，合为卷一，但卷内编排仍旧重复了《七十二家集》本的次序，仅将《感丘赋》"又一首"提行，《鼓吹赋》增入"又"一篇，其余均保持不变；乐府类篇次原封不动地抄录了《七十二家集》本；诗类篇次前十首仅删去《七十二家集》本所附他人赠答诗，其余篇次基本一致。

　　据此足证：张溥《百三家集》沿袭了张燮《七十二家集》的部分体例，但也并非原封不动地照抄，在文章分类、编排次序、卷次划分方面都

---

　　① 本文参看了《百三家集》的三种版本：1. 信述堂重刻本，清光绪五年（1879）；2.《摘藻堂四库全书荟要》本，第 468—472 册，台湾世界书局 1988 年影印本；3.《景印文渊阁四库全书》本，第 1412—1416 册，台北商务印书馆 1986 年影印本。行文主要依据信述堂本。

　　② （明）张燮辑：《七十二家集·陆平原集·目录》，《续修四库全书》第 1584 册，第 595—596 页。

做了较大变动，并在细节上加以微调。这也就难怪信述堂刊本《百三家集》题署作"张溥阅"，而非文渊阁本和《荟要》本那样题作"张溥编""张溥辑"了。

三　编撰活动之得失及其成因

（一）魏晋遗文整理之成就

张溥《百三家集》"州分部居，以文隶人，以人隶代"①，取得了良好的效果，获得了前人的高度赞誉。就魏晋部分而言，最大的功劳在于对遗文的保存和传播方面，可谓集其大成。魏晋遗文越后越少，及至明代所存寥寥。尽管明代以前魏晋遗文整理之作已多，如宋代已取得较好成绩，但各书均有短长，尚乏全面订补之作。明代同类之书，《历代文纪》收文而不收诗，《古诗纪》收诗而不收文，《七十二家集》兼收诗文，但仍有阙遗，且流布有限。《百三家集》正是在此背景下编撰刊布的，"搜罗放佚，采摭繁富，颇于艺苑有功"②。张溥"砥行博闻，所纂述经史，有功圣学"，无意仕进，主盟复社，在士林的影响力极大，"四方嗛名者争走其门，尽名为复社。溥亦倾身结纳，交游日广，声气通朝右。所品题甲乙，颇能为荣辱。诸奔走附丽者，辄自矜"，以致"执政大僚由此恶之"，在此等声望下，他所进行的魏晋遗文刊布活动，无疑具有极为强大的号召力。③张溥死后，其座主周延儒再次入相当国，从中斡旋，并向皇帝推荐其文章著述，"有诏征溥遗书，……有司先后录上三千余卷，帝悉留览"，④有了"皇帝御览"的加持，魏晋遗文自然因收入张溥"遗书之最"⑤的《百三家集》而水涨船高，广泛流布。因此，张溥编撰《百三

---

① （清）永瑢等：《四库全书总目》，第1723页。
② （清）永瑢等：《四库全书总目》，第250页。
③ （清）张廷玉等：《明史》卷288，《文苑四·张溥传》，中华书局1974年版，第7404—7405页。
④ （清）张廷玉等：《明史》卷288，《文苑四·张溥传》，第7404页。
⑤ （清）永瑢等：《四库全书总目》，第1723页。

家集》的活动,"使唐以前作者遗篇,一一略见其梗概",① 对魏晋遗文的保存和传播居功甚伟。

《百三家集》也沿用了《七十二家集》各集卷首题辞的做法,将人物点评与文章点评结合起来,"知人论世","取法乎上",新见迭出,嘉惠学林。与张燮略有不同,张溥对各集题辞的标目(名称)进行了统一。《七十二家集》题辞或称"序",如《诸葛丞相集序》《重纂陈思王集序》等(本文仅考虑魏晋部分,下同);或名"引",如《王侍中集引》《陈记室集小引》等;或作"题词"("题辞"),如《孙廷尉集题词》。张溥《百三家集》则统一为"题辞"(亦即"题词"),不再沿用"序""引"。如此则显得整齐划一、开卷了然。这也可算作张溥典籍整理活动中的一项创新。

另外,张溥的题辞偶尔也涉及编撰所据底本。如《陶彭泽集题辞》说:"陶刻颇多,而学者多善焦太史所订宋本,故仍其篇。"② 点明所据的是焦竑整理过的宋本,显示出择善而从的自觉意识,值得肯定。然而,限于文献不足、版本意识淡薄等因素,加之立意不在于此,《题辞》标明版本信息者极少,未能覆盖全书,实为学术史上之一种缺憾。

(二) 编撰类例之不足

如上文所述,张溥《百三家集》据《七十二家集》而成,基本沿袭了张燮的体例,但又有所损益变化;由于种种原因,张溥魏晋文集整理活动的成就往往基于对张燮书的继承,而其不足则多与其改动之处紧密关联。其变化主要有三点:一是删去了张燮《七十二家集》的考证和附录部分;二是打乱卷次,卷帙划分不再整齐;三是文体分类及文体、文章编排次序的调整。前人指出,《百三家集》存在"失于断限""编录无法""考证不明"三大不足:

> 有本系经说而入之集者,……有本系史类而入之集者,……有本系子书而入之集者,如诸葛亮集录《心书》……有抵牾显然而不辨者,……有是非疑似而臆断者,如《陈琳传》中有袁绍使掌书记一语,遂以《三国志注》绍册乌桓单于文录之《琳集》是也。有伪妄

---

① (清) 永瑢等:《四库全书总目》,第 1723 页。
② 殷孟伦注:《汉魏六朝百三家集题辞注》,第 160 页。

无稽而滥收者，……有移甲入乙而不觉者，……有采撫未尽者，如《束晳集》所录《饼赋》，寥寥数语，不知祝穆《事文类聚》所载尚多之类是也。有割裂失次者，如《钟会集·成侯命妇传》，《三国志注》截载两处，遂分其首尾名为一篇之类是也。有可以成集而遗之者，……左思《三都赋》、《白髮赋》、《髑髅赋》，及《文选》所载《咏史诗》，亦可成一卷而摈落不载之类是也。①

这段内容抓住了《百三家集》类例方面的硬伤，但似乎只停留在表面现象，没有深入挖掘内在的思想观念问题。笔者认为，"断限"是收录标准问题，"考证"与体例粘连，"编录"则纯系乎文类。故上述三点归根结底只是一条——"类例"不明，其核心在于"文体"观。

其一，文体分类混乱，标准前后不一，编排次序缺乏通例。张燮《七十二家集》体例较为严谨，文体分类也比较合理，标准比较统一，大致遵循了该书《凡例》中"首赋、次诗、次文"② 的规定。而张溥《百三家集》则难以望其项背，不仅没有《凡例》，《原叙》也不交代具体的文体编次顺序，各集随意编排，有的以诗殿后，有的则以骚收尾，显得混乱不堪。这是由于"文体"没有厘清所导致的。《百三家集》的文体分类，少者仅4种，如《张景阳集》；多者至20种，如《陈思王集》。去除重名，全书共70种文类名目：赋、诏、表、章、奏、奏事、奏记、疏、启、启疏、文、公文、杂文、教、策、策文、哀策、哀策文、哀辞、哀文、吊文、祭文、谏、书、上书、尺牍、帖、书帖、笺、议、法、论、说、记、传、述、传赞、赞、谱、讴、碑、碑铭、墓志、墓志铭、铭、制、令、草、序、颂、箴、诫、训、祝文、诗、乐府、乐歌、连珠、骚、七、檄、版文、设难、问、对、驳、服、诰、盟文、书后。这些名目稍加留意，就能很容易地合并重组，但张溥显然无意于此。《百三家集》各集中，文体分类无科学的固定标准，有时按照文章内容分，有时按功能与用途划分，多数时候则只是根据文章题名加以抄合，小文类的名称及先后次序均不统一，极度混乱。由于体无定类，各文体下所收文章的编排也随之呈现无序状态，既非按照文章数量多少编次，也非依据固定的文类次序抄

---

① （清）永瑢等：《四库全书总目》，第1723页。
② （明）张燮辑：《七十二家集·凡例》，《续修四库全书》第1583册，第1页。

录，而是"随手次第"。

表1 《汉魏六朝百三家集》魏晋35家集目录所见文体分类统计（部分）

序号	作家文集	文体分类	备注	种数
1	《诸葛丞相集》	诏、表、奏、疏、公文、教、书、笺、议、法、论、记、碑、令、诗		15
3	《魏文帝集》	赋、诏、令、策、教、表、书、序、论、议、连珠、铭、文、哀策、诔、制、乐府、诗		18
4	《陈思王集》	赋、骚、令、表、章、书、序、七、论、说、讴、碑、颂、赞、铭、文、诔、哀辞、乐府、诗	讴为颂诗体	20
16	《傅鹑觚集》	赋、墓志铭、疏、表、奏、议、序、论、赞、箴、铭、诫、颂、设难、诔、祝文、服、乐府、诗	墓志铭即碑；铭为器物铭；服为仪注；乐府含乐歌	19
19	《挚太常集》	赋、策、表、奏、议、驳、书、笺、颂、箴、赞、铭、诰、论、对、诗、骚	驳即驳论，属论；论收《流别论》；骚收《愍骚》，属赋	17
23	《傅中丞集》	赋、疏、表、奏、上书、笺、教、草、书、尺牍、颂、箴、铭、碑铭、诔、诗	上书属奏疏；《相谕草》属教（代作）	16
25	《陆平原集》	赋、表、笺、书、七、连珠、论、议、哀辞、吊文、颂、赞、策文、传、碑、诔、乐府、诗	乐府系拟乐府，属诗	18

注：本表以信述堂刊本为统计依据，此处选录分类较多者。顺序一仍原书目录。

《百三家集》中"文"的概念前后不一，不仅上位概念与下位概念相混，如《束广微集》"文"与"杂文"并列，而且所指具体文体也不同，时而指吊文、祭文，如《阮元瑜集》《阮步兵集》《束广微集》《王右军集》；时而指策文，如《陆平原集》；时而指杂文，如《陆清河集》。同体异名者，如《杜征南集》中"杂文"与"论"实为一类而分作两种；《傅鹑觚集》中的两篇"服"文，《魏武帝拟古皮弁裁缣帛为白帢以易旧服》和《魏尚书何晏好服妇人之服》，本是关于礼服的议论，属于奏议文中的礼议，《挚太常集》中"议"类所收《国丧服制议》《师服议》等与此相近；书、笺同类，哀文、哀策、哀策文三名本为一体，《百三家集》有时又一分为二；同为碑文，《傅鹑觚集》单列"墓志铭"类，《傅中丞集》列"碑铭"类,《诸葛丞相集》《潘黄门集》则列入"碑"类;《文心雕龙》"哀诔"并称,而《张茂先集》称"诔",《孙冯翊集》称"哀文";"乐歌"与"乐府"、"诗"均互有交叉;"帖"本应归为"书"(书信)类,但《傅中丞集》又将"书"与"尺牍"分列。诸如此类,不胜枚举。其前后分类龃龉若此,聊胜于无,令人如坠云雾,莫知所从,不仅直接导致了各集分类严重交叉重复、前后矛盾甚至误分,还存在很多知识性错误,带给读者的危害不容小觑。

其二,分卷过于随意,没有一贯的卷帙划分标准,且缺乏理据。张燮《七十二家集·凡例》规定:"诸家最少亦以二卷为率,其不能足二卷者,……存而不论,徐俟广收。"① 该书基本遵从了此标准,各集将赋、乐府、诗三个大文类单独成卷,而"文"(杂体应用文)的部分则根据文章多寡进行剪裁分卷,多者一体数卷,少者数体一卷,体例严谨,分类统一,卷帙整齐。例如,《陈思王集》,卷1、卷2为赋,卷3为乐府,卷4为诗,卷5至卷10为文。而张溥《百三家集》则"后出转劣",大体先文后诗,卷帙划分缺乏标准,诸文集多者十数卷,少者仅一卷单行,显得参差不齐。这也是前人所诟病的一端,如傅增湘先生便说:"所辑虽颇为宏富,而精审乃远不逮绍和。此编各家卷数有依旧本者,有就所葺重行叙次者;天如则少者一卷,多者二三卷,尽改旧观。"②

不仅如此,张溥《百三家集》的分卷还缺乏一定的理据,既未严格按照文体类别分卷,也非出于均衡篇帙的目的,加以裁剪,而是莫名其妙地"重行叙次"。如陆机的《陆平原集》,陆云《与兄书》称有二十卷,③《隋书·经籍志》著录十四卷,注云"梁四十七卷,录一卷,亡",《旧唐书·经籍志》十五卷,《新唐书·艺文志》十五卷,④ 可知唐宋时期尚有较多存文。张燮《百三家集》厘分为八卷,清严可均《全晋文》仍以四卷的篇幅收录其赋、文。可在张溥《百三家集》中,这八卷的篇幅被强行合抄为二卷:卷1收赋、表、笺、疏、七、连珠、论、议八种文体,横

---

① (明)张燮辑:《七十二家集·凡例》,《续修四库全书》第1583册,第2页。
② 傅增湘:《双鉴楼藏书续记》,转引自(明)张燮著,王京洲笺注《七十二家集题辞笺注》,上海古籍出版社2016年版,第11页。
③ (晋)陆云:《与兄书》,(清)严可均校辑:《全晋文》卷102,商务印书馆1999年版,第1082—1083页。
④ 据《隋书·经籍志》、《旧唐书·经籍志》及《新唐书·艺文志》,中华书局点校本。

跨赋、文两大文类；卷2收哀辞、文（吊文）、颂、赞、箴、策文、传、碑、诔、乐府、诗11种文体，横跨文、乐府、诗三大文类。辞赋与诗歌同卷，韵文与散文同卷，张溥的做法显然过于随意，缺乏"文理"支撑，几无体例可言。

（三）体例缺失之成因分析

编次混乱的直接原因是编撰体例缺失，深层原因则在于张溥的文体观念和学术观念。张溥"好读书""善读书""能文章"，[①] 断然不会认识不到《百三家集》的文体分类和编次体例存在着知识结构上的硬伤，更何况他还曾参与艾千子、陈子龙等人"互证文体，衡定是非"的古文文体之争。[②] 那么，他为何还要这样编排呢？

笔者认为，这首先与其自身的学术观念和价值追求有直接关联。张溥"结发读书，抗言忠孝，常思簪笔柱下，策《天人》《治安》，庶几倾否保泰"[③]，徐光启又曾"勉以读书经世大义"[④]，他因此"尚经史"[⑤]"刻志经济"[⑥]，整合诸文社为复社，宣称"自世教衰，士子不通经术，但剽耳绘目，几幸弋获于有司。登明堂不能致君，长郡邑不知泽民：人材日下，吏治日偷，皆由于此。溥不度德，不量力，期与四方多士共兴复古学，将使异日者务为有用"[⑦]。显然，他主张"通经致用"，提倡经世的"实学"。虽然他也特别强调古人"三不朽"中的"立言"，在给友人的书信中反复表达了自己的"立言"志向，但毕竟"文为小道"，其志本不在文，只是由于"文"的功用乃在于"载道"，必须经由这个筏子才能通向彼岸，故而不得不提倡并大量创作诗文，但内心深处仍旧十分鄙夷"今学士家刻意论撰，辄闭门构思""经营惨淡"。[⑧] 他之所以"嗜秦汉文字"，便是因为"古人指事陈意，以言凿凿焉，可见诸施行"，"其言则依

[①] （清）张廷玉等：《明史》卷288，《文苑四·张溥传》，第7405页。

[②] （明）陆世仪撰：《复社纪略》卷1，（明）吴应箕等：《东林本末（外七种）》，北京古籍出版社1999年版，第204页。

[③] （明）张溥撰：《七录斋合集》，曾肖点校，第646页。

[④] （明）张溥撰：《七录斋合集》，曾肖点校，第378页。

[⑤] （明）陆世仪撰，《复社纪略》卷1，（明）吴应箕等：《东林本末（外七种）》，第202页。

[⑥] （明）张溥撰：《七录斋合集》，曾肖点校，第654页。

[⑦] （明）陆世仪撰：《复社纪略》卷1，（明）吴应箕等：《东林本末（外七种）》，第210页。

[⑧] （明）张溥撰：《七录斋合集》，曾肖点校，第646页。

经本理，确乎其不可易"，"先秦两汉犹不失经学之宗派、子史之先声"，"有秦汉诸君子之立言在"。① 因此，斤斤计较于文类、孜孜以求于体例，并不是张溥所认可的要务，只要遗文集承载了古人思想，传递了作文的要妙，"范"也是可以不设的。换言之，《百三家集》之所以缺乏体例，主要是因为他未曾订立体例；之所以不立体例，主要是因为他不屑为此。他在《原叙》中早就坦承自己"随手次第"，以便"先授剞劂"。因此，其"目成掌录，编次为集"的操作，实际上只能遵从心中"别集之外，诸家著书，非文体者，概不编入。其他断篇逸句，虽少亦贵，期于毕收"的粗略印象，而不可能遵循一套严谨的凡例。对此，张采说得很透彻："文章不同禄位，……天下万世，自有知张子者，如知张子，定不专以文章推，则亦可无复问天矣！"② 这是张溥去世后张采经营其遗集时所作序文中的评价，亦可谓"盖棺定论"之语。

其次，张溥对此书的价值定位不高。其《古文五删总序》说："史与文相经纬也，……余窃有志，欲总括历代，为《文典》《文乘》二书。《文典》体仿编年，必关国家治乱、王朝掌故，文始采列。……上自天子，下逮布衣，诏表撰述，大事备存。其文详于温公《通鉴》、马氏《通考》，又微加折衷，志其短长。《文乘》体同《文选》，各以类从，神经怪牒，朽书断简，靡不征讨；琢磨淘汰，取于极精，不敢滥入。二书若成，识大识小，文或无憾。乃年来探览，功未及半，又代必搜人，人必搜集，十年聚书，犹惧不给，何容旁皇津梁，苟且问俗？则姑襃（引者按：'襃'当作'裒'）当代所通，点次流传，急资世用。"③ 张溥心目中的"文范"应当是辅经翼史、"必关国家治乱、王朝掌故"的"资世用"之作。这种职能由《文典》《文乘》等专书承担，根本无须《百三家集》越俎代庖，体例不严自无关痛痒、无须介怀。

再次，张溥的纂辑分工易致混乱。其"纂辑经史诸集"的工作并非事必躬亲、连续不断、一以贯之，而是假手于人、时断时续。《〈七录斋近集〉原序》云："张子日高起，夜分后息，起即坐书舍，拥卷丹黄，呼侍史缮录，口占手注，旁侍史六七辈不暇给。又急友声，书生故人子挟册

---

① （明）张溥撰：《七录斋合集》，曾肖点校，第639—640页。
② （明）张溥撰：《七录斋合集》，曾肖点校，第647页。
③ （明）张溥撰：《七录斋合集》，曾肖点校，第372页。

问询，无用剥啄，辄通坐恒满。四方赤牍，且哆哆酬应，而张子俯仰浩落，未尝逾时废翰墨。"① 其典籍整理和文学创作，亲自为之的是"口占"、阅读和批点，具体的笔录、誊抄、缮写等工作，则交给知识水准一般的书童或抄书人员；张溥忙于应酬友朋、答问后学，无暇检校监督，抄撰出来的书籍自然无法保证质量。

最后，张溥出于"超越前贤的渴望"而"将张燮当作暗中角力的对手"，故意与其体例相异。② 删去附录中"遗事、集评、纠谬三门"，正文不收唱和赠答原文，附录仅保留本传，便出于这种心理。保留本传，系编选总集之惯例，有之不为功，无之必为过；"遗事"乃杂传记之流，"集评"属文选之俗套，"纠谬"为校勘之札记，均非纂集之要务；后人题咏，亦属"集评"之类，收之略显枝芜，删去亦无可厚非。如此，其处理方式自有道理，未容一笔抹杀，"使阅者茫无依据"③ 的指责未免过当。但疏于考证则毋庸讳言，这是"因人成事"所不可避免的，毕竟其"根柢"本就"真伪错杂""抵牾舛漏"④。

---

① （明）张溥撰：《七录斋合集》，曾肖点校，第647页。
② 王京洲：《张溥〈汉魏六朝百三家集题辞〉"论者"考释》，《中国典籍与文化》2015年第2期。
③ 傅增湘：《双鉴楼藏书续记》，转引自（明）张燮著，王京洲笺注《七十二家集题辞笺注》，第11页。
④ （清）永瑢等：《四库全书总目》，第1716页。

犹吐光芒配残月
——论陈三立诗文创作

关爱和

（河南大学文学院）

陈三立（1853—1937）字伯严，号散原，是晚清民国时期的重要诗人。陈三立诗存世2000余题，文500余篇。早年自弃诗文中有"太平人""袖手人"的称谓，可称为"袖手人"时期；1901—1908年的诗作，不时有"独余慷慨悲歌气"的描述，可称为"悲歌人"时期；1909—1922年的诗作，多有"我辈今为亡国人"的表述，可称为"亡国人"时期；1922年以后的诗作，多有"兵归四海无归处"的感慨，故名为"无归人"时期。陈三立古文写作，由作者本人取去定稿，共17卷，名为《散原精舍文集》，生前亲手编定，1949年方才刊行问世。本文试图根据陈三立"袖手人""悲歌人""亡国人""无归人"的生命与历史线索，论述陈三立的诗文创作及其所表达的思想情感与心路历程。

一 袖手人：九州传说是狂名

陈三立1853年生于义宁，1872年，由义宁迁居长沙，渐次结识易顺鼎、郭嵩焘、王闿运、曾广钧、瞿鸿禨、俞明震等师友朋辈。1889年，成为进士后，以主事官吏部。随即请假回籍，侍亲武昌。1890年，湖广总督张之洞提议建立两湖书院。两湖书院及张之洞幕府，一时成为两湖及东南士人的聚集之所。陈三立在张之洞督府所在地与父亲为官地武昌，度过了几年读书养望、诗酒文会、结交天下士人的生活。陈三立的《散原精舍诗集》自编于1901年。陈三立1900年前的诗，主要见于潘益民、李开军合编的《散原精舍诗文集补编》及李开军辑《散原精舍集外诗》。维新变法前，陈三立诗酒文会有长沙与武昌两个文人圈，两个圈子对陈三立的眼界与诗风的形成，都有重要影响。

陈三立在长沙、武昌期间创作的古文，收在《散原精舍文集》的前四卷与《散原精舍集外诗》中。其中最值得注意的是论志向气节与论文诗旨趣之作。1881年作《七竹居杂记》，主张为诗文之道，应由"务惊流俗"走向"冲虚宁静"。避作大言议论，枵张意气，倾心冲虚宁静，心安理得，成为青年陈三立追求的诗文取向。十年后陈三立有《欧阳中鹄自书所著五言古诗题词》，对欧阳中鹄诗做出内不失其志，外不掇于俗，以学道君子明清尔雅之言，应对世变的评价，也可旁见陈三立的诗学主张。陈三立早年的诗学主张与经验，对他个人诗风的形成有重要影响。

1895年秋，陈宝箴就任湖南巡抚，陈三立携家至长沙，开始了生命中最重要的一个阶段。陈三立在1896年到1898年之间，主要协助陈宝箴做了以下几件事情：一是协办矿产与铁路事宜，坚持在兴办矿产与铁路过程中，充分保护湖南利益；二是支持汪康年、梁启超在上海兴办《时务报》，并在《时务报》发行后，在湖南各州县订阅；三是协办《湘学报》、湖南时务学堂事宜；四是经黄遵宪举荐，协助请梁启超来湘任时务学堂总教习；五是创立南学会。1898年8月5日，陈宝箴密保陈宝琛、杨锐、刘光第等十七人。9月21日，戊戌政变爆发，六君子被杀。10月6日，陈宝箴以"滥保匪人"被革职，永不叙用。陈三立因"招引奸邪"的罪名一并革职。轰烈一时的湖南新政以陈氏父子被革职告终。

二　悲歌人：国忧家难正迷茫

陈家颠覆性的灾难，给陈三立带来沉重的打击。不料随后陈宝箴又突然去世。陈三立葬父之后，遂以"散原"为号，以识隐痛。在万口嘲诮中，"九州传说是狂名"的义宁公子陈三立不复存在，而"独余慷慨悲歌气"的诗人陈三立倔强而行。诗人陈三立的断舍离行为之一，就是尽弃此前之诗。陈三立1909年自编《散原精舍诗》，收入1901年至1908年间600余首诗作，记录了"写忧龌龊拈吟笔，偶尔留传江湖间"的诗人生涯。郑孝胥作《散原精舍诗序》。郑序有两个重要判断：一是陈三立辛丑之后的诗，"有不可一世之概"与"莽苍排奡之意态"，卓然大家，未可列之江西诗派；二是诗之为道，不可以"清切"为限。三立之诗，吾人不能为，当于古人求之，是当下真诗。由此可见，郑孝胥堪称是陈三立的知音。

居江宁久，陈三立逐渐形成个人交游的圈子。与俞明震、缪荃孙、李有棻、易顺鼎、曾广钧、陈锐、夏敬观、况周颐、李详、樊增祥、杨文会多有文酒之会，两江总督端方及张之洞也偶有参与。在南昌与武昌时，交集者有王闿运、文廷式、沈曾植、沈瑜庆、梁鼎芬、陈衍。在上海交往较多者有陈诗、丁惠康、吴保初、郑孝胥、夏曾佑、严复、伍光建、张元济。广泛的交游与唱和是陈三立诗歌写作的重要方式。

陈三立1900年至1908年间所作文主要收在《散原精舍文集》卷5、卷6中。《书韩退之柳子厚墓志铭后》对柳宗元建立事功甚巨，而韩愈作墓志铭只用"勇于为人，不自贵重"作评，多有感触。韩愈此评，使天下怀公而忘私之心的志士心生忌惮。陈文此论，应该有弦外之音。陈三立为父作行状，有两处甚为精彩。一是描述湖南新政，突出众星拱月。二是写父子罢官后居守崝庐，以细节尽见落拓。传状后，又有《崝庐记》，真情灌注，感人至深。

三 亡国人：针线弥缝忘老至

《散原精舍诗续集》1922年由商务印书馆出版，收入陈三立1909年至1921年的诗作。辛亥革命和五四新文化运动所引发的情感波澜，成为陈三立这一时期诗作的精神底色。

1909年前后，陈三立逐渐摆脱戊戌政变免职丧父的痛苦，与樊增祥、郑孝胥、陈宝琛、缪荃孙、俞明震、朱祖谋、陈衍、沈曾植、严复等寓居江南的诗人名士，过往甚繁。这是陈衍标榜为"同光体"诗派的阵容。所谓同光体，除去诗学路径上的共同追求之外，更重要的是动荡漂泊时代的声气相求与情感知音。

陈三立居住的南京，成为武昌起义之后的共和旗帜的飘扬之地。兵乱之中，陈三立仓皇携家至沪上。此后，奔走于南京、上海、苏州、杭州之间。1912年年届六十的陈三立，与沪上旧友诗酒唱和，将民国的建立，称为"换世""乱后""国亡"。称诗友为"吾党""羁客"，将诗作称为

"骚雅""变征"。1913年，樊增祥在沪有召集海上寓公，成立超然吟社。超社由参与者轮流做东，一年中有十五次文酒之会。陈三立几乎参与了全部诗聚。超社第九次雅集是王士禛生辰，陈三立有"我辈今为亡国人"的诗句。"亡国人"是一个整体的存在。这个群体的基本价值指向是同情逊位者，鄙视篡位者。1915年袁世凯成立筹安会、恢复帝制，陈三立先后作《消息》《上赏》《双鱼》《玉玺》《旧题》《史家》一系列诗作，讽刺袁世凯称帝。"亡国人"诗歌群体臧否人物，又以是否出仕新朝为评价标准。

参与沪上诗社聚会的还有陈宝琛。陈宝琛是陈三立乡试时的江西学政，长陈三立五岁，陈三立终生以师事之。1917年，陈宝琛七十岁生日时，陈三立作《陈太保弢庵夫子七十寿序》，引林纾之语，称陈宝琛之诗为"古遗民之诗"。因为陈宝琛得罪降职与陈三立的父亲陈宝箴得罪免职的原因相同，陈三立在感同身受之中，演绎出其对"古遗民之诗"的诠释。序中"光绪之季"，几乎成为陈三立政治叙事的原点。在陈三立看来，光绪之季的清王朝，尚在同治中兴的余晖之中。中外祸变虽日亟，但不至于一朝瓦解。一二柄国重臣，反复无常，构祸忠良，三十年间，遂至于不可收拾。辛亥革命后清王朝覆灭，足挽时艰而延国脉者，不幸沦为"亡国人"。其黍稷离离、忧怀深远之诗，便成为遗民之诗。

四 无归人：独摩老眼立秋风

七十岁之后，陈三立生命与情感中的大事有以下几件。一是1922年11月陈三立七十大寿，全家几代在散原精舍前合影，其乐融融。好景不长，1923年夫人俞明诗、长子陈衡恪相继在南京去世。二是1922年秋梁启超南京讲学旧友重聚与1929年在上海主持梁启超公祭。三是1924年4月15日前后，在杭州寓所会见印度诗人泰戈尔。四是陈宝琛、郑孝胥谋划陈三立见溥仪之事。五是1925年8月15日，《甲寅周刊》刊出《光宣诗坛点将录》，将陈三立列在宋江的位置，郑孝胥列在卢俊义的位置。

《光宣诗坛点将录》刊出后，陈三立逐渐恢复诗歌创作。其1922年至1930年间的诗，辑为《散原精舍诗别集》，1931年由商务印书馆铅印刊行。1925年底，在杭州葬俞夫人、子衡恪后，由朱祖谋等好友在《申报》刊出陈三立书例，原有的以鬻文为生之外，增加了以鬻字为生的项目。陈三立南京悼亡后，居杭州两年、上海四年。其间，与康有为来往频繁。康有为晚年执着于"以孔教为国教"的社会活动，是张勋复辟闹剧的主要参与者。在提倡孔教方面，有合于陈三立思想之处。1934 年陈三立索要张伯桢所写《康南海先生传》，读后写信给作者，一是申明王先谦非旧党，是湖南新政的支持者；二是以为康有为为中国一大人杰，天下后世，自有定论，因而需要保护好有关史料。

三子陈寅恪 1926 年起已在清华任教，陈三立 1929 年 9 月拟就养于北平，因军阀混战，道路阻断，被迫改道庐山牯岭二儿子隆恪的家。陈隆恪在江西任职，在庐山有居所。于是陈三立有了几年的山居生活。山居四年后，因患有癃闭症，山上治疗不便，陈三立便于 1933 年 10 月回到南京，度过了八十一岁生日，索阅并审定汪国垣《光宣诗坛点将录》。然后到北京，在北京度过了生命的最后时光。其时，北京已处在日本侵华战争的第一线。陈三立在京期间，与陈宝琛等旧友，多有聚谈。1937 年 7 月 7 日卢沟桥事变爆发，陈三立困居北京，旧疾复发，9 月 14 日在家中去世，得年八十五岁。陈三立家人遵嘱将其灵柩厝长椿寺。陈三立的灵柩，直至抗战胜利后的 1948 年才归葬杭州。1938 年，其《散原精舍文集》由中华书局刊行。

五　稍稍挹苏黄　磊磊攀韩杜

晚年的陈三立，颇受《光宣诗坛点将录》将其置于领袖群伦位置的鼓舞。1927 年陈三立在友人诗册上题诗，有"稍稍挹苏黄，磊磊攀韩杜"的诗句，与年轻诗友共勉。"稍稍"是一个逐渐的过程，"挹"属膜拜而酌取的行为。"稍稍挹苏黄"是渐次得苏与黄浸润，然后酌取其精华；"磊磊"谓胸次分明，"攀"是攀缘接近。仰之弥高，日积月累，接近杜韩的诗境。诗人关于学诗方向、路径的描述，是我们把握陈三立诗学成就的基本遵循。

咸同年间湖湘诗文之兴，与曾国藩风气鼓荡大有关系。"袖手人"时期，游走于长沙与武昌之间的陈三立，尚处在年轻气盛，孜孜功名，奔走求进的时期。游走于长沙与武昌之间的陈三立，实际是游走于两个诗歌流派之间。至经历戊戌罢官免职,家破人亡的人生惨剧后,陈三立从"袖手人"走向"悲歌人",其"独余慷慨悲歌气"的情感,得以与"稍稍挹苏黄,磊磊攀韩杜"的诗学路径结合,才真正成就了诗人陈三立。陈三立"悲歌人"时期的诗文,有强大的气场与精神力量。诗骚传统,贬谪遭遇,家国孤愤,士大夫穷达情怀,构成陈三立诗文中的底气,或喷薄而出,或盘旋曲折;既是自家怀抱,也是众人心声。

辛亥革命的爆发,陈三立的生命与情感进入"亡国人"时期。辛亥之变及稍后的新文化运动,给陈三立的诗文带来更多的风云之气。同时,与清王朝去职的罢官废吏以及遗民自居的诗友聚集唱和的增多,也给这一时期的诗作带来互慰寂寥与切磋诗艺的新质。"亡国人"时期,陈三立诗作收入《散原精舍诗续集》中,其诗学取径的眼光更宽。以杜韩苏黄为诗学旗帜,上溯诗骚传统,不弃郊寒岛瘦,广收博取,使陈三立的诗更具表现力。1922年之后,陈三立进入"无归人"时期的诗作,收入《散原精舍诗别集》中。诗已经成为诗人生命和情感的重要载体,而文化托命人的认同,经史的滋养,先贤的垂范,皆是诗人自立自信的凭借。

六　犹吐光芒配残月

在本文的最后,试图借用陈三立"犹吐光芒配残月"的诗句,描述陈三立在晚清民国诗坛存在的意义。

首先,作为晚清旧秩序崩溃、民国新秩序建立的亲历者,陈三立的诗文是这个西学东渐、新旧交替的时代,最后一代士大夫去旧向新情感的记录。曾经议论风生、谈兵究弊的旧秩序与旧文学,已是一弯残月;因党锢惩处被迫置身于政治之外的士人,以诗文写作的方式,旁通曲畅,叙写心声,犹吐光芒。由本文以上所作的描述中,我们可以证实:陈三立并非晚清民国历史进程的"袖手人"。他用燃烧生命与情感的方式,参与了新旧时代的历史过程。这种投入与参与,使一弯残月的旧秩序、旧文学,呈现一抹光芒。此是陈三立在晚清民国诗坛存在的第一重意义。

其次,陈三立"犹吐光芒配残月"的努力,表现在"文化托命人"价值观的坚守。1932年,陈三立已进入生命的晚年,此年,陈三立寓庐山,一·二八事变在上海发生,五年前,王国维去世,陈寅恪有著名的

《王观堂先生挽词并序》。陈序以"殉文化"说解释王国维的自杀行为在前,陈三立谈"凡托命于文字,其中必有其不死之处"在后。陈三立陈寅恪父子的精神世界有许多内合与呼应。这些价值观是义宁陈学的重要内容。对照读之,我们似乎可以感受到晚清民国从传统士大夫到现代知识人价值观的接榫与转换。戊戌政变后,陈氏父子被人讥讽;南社成立后,陈三立及同光体诗派受到攻讦;五四新文学起,陈三立成为拟古诗派的代名。这些曲折都可以纳入陈三立所谓"万变万哄万劫"的范畴。陈三立没有与上述讥讽攻讦正面冲突,也不愿断断辩白,不侈谈自己诗属何派,文学何人。蛰伏隐忍的背后,是因为他坚信:凡托命于文字,其中必有其不死之处。其自立自信的精神气度,当属晚清民国西学东渐、新旧交替文化场域中"犹吐光芒"者。这是陈三立在晚清民国存在的另一重要意义。

作品研究专题

李善《文选注》《文选钞》征引《孝经》与郑玄《孝经注》略考[*]

赵建成

(南开大学文学院)

一 李善《文选注》与《文选钞》前《孝经》学背景简说

《孝经》是十三经中篇幅最短的经典，但对中国传统文化的影响却非常深远。周予同说："按《孝经》虽寥寥不及两千言，然其在经学上论难之繁，亦不亚于他经。"[①] 《汉书·艺文志》（下文简称《汉志》）云："《孝经》者，孔子为曾子陈孝道也。夫孝，天之经，地之义，民之行也。举大者言，故曰《孝经》。"[②]《孝经》有今古文之别。《汉志》："《古文尚书》者，出孔子壁中。武帝末，鲁共王坏孔子宅，欲以广其宫，而得《古文尚书》及《礼记》《论语》《孝经》凡数十篇，皆古字也。"[③] 今古文《孝经》在分章、文字上皆有差异。今文《孝经》十八章，古文《孝经》二十二章。今文《孝经》诸家"经文皆同，唯孔氏壁中古文为异。'父母生之，续莫大焉'，'故亲生之膝下'，诸家说不安处，古文字读皆异"。颜师古曰："桓谭《新论》云《古孝经》千八百七十二字，今异者

---

[*] 本文为 2016 年度国家社会科学基金项目 "学术史视阈下李善《文选注》引书研究"（项目批准号：16BZW049）的阶段性成果。

① 周予同：《朱熹》第 4 章，《朱熹之经学》，载朱维铮编《周予同经学史论著选集》，上海人民出版社 1983 年版，第 165 页。

② （汉）班固撰，（唐）颜师古注：《汉书》卷 30，中华书局 1962 年标点本，第 1719 页。

③ （汉）班固撰，（唐）颜师古注：《汉书》卷 30，第 1706 页。

四百余字。"①

陆德明《经典释文序录·注解传述人》云:"《孝经》者,孔子为弟子曾参说孝道,因明天子庶人五等之孝、事亲之法。亦遭焚烬,河间人颜芝为秦禁,藏之。汉氏尊学,芝子贞出之,是为今文。长孙氏、博士江翁、少府后苍、谏大夫翼奉、安昌侯张禹传之,各自名家②。凡十八章。又有古文,出于孔氏壁中,别有《闺门》一章,自余分析十八章,总为二十二章,孔安国作《传》③。刘向校书,定为十八。后汉马融亦作《古文孝经传》,而世不传。世所行郑注相承以为郑玄。案郑《志》及《中经簿》无,唯中朝穆帝集讲《孝经》,云以郑玄为主。检《孝经注》与康成注《五经》不同,未详是非(江左中兴,《孝经》《论语》共立郑氏博士一人)。《古文孝经》世既不行,今随俗用郑注十八章本。"④

《隋书·经籍志》(下文简称《隋志》)云:"《古文孝经》一卷,孔安国传。梁末亡逸,今疑非古本。《孝经》一卷,郑氏注。梁有马融、郑众注《孝经》二卷,亡。"⑤ 其《孝经》类小序云:"至刘向典校经籍,以颜本比古文,除其繁惑,以十八章为定。郑众、马融,并为之注。又有郑氏注,相传或云郑玄,其立义与玄所注余书不同,故疑之。梁代,安国及郑氏二家,并立国学,而安国之本,亡于梁乱。陈及周、齐,唯传郑氏。至隋,秘书监王劭于京师访得《孔传》,送至河间刘炫。炫因序其得丧,述其议疏,讲于人间,渐闻朝廷,后遂著令,与郑氏并立。儒者喧喧,皆云炫自作之,非孔旧本,而秘府又先无其书。"⑥

至唐,《孝经》今古文之争十分激烈。《四库全书总目》云:"《孝经》有今文、古文二本,今文称郑元注,其说传自荀昶,而郑《志》不载其名。古文称孔安国注,其书出自刘炫,而《隋书》已言其伪。至唐

---

① (汉)班固撰,(唐)颜师古注:《汉书》卷30,第1719页。
② 《汉志》著录《长孙氏说》二篇,《江氏说》一篇,《翼氏说》一篇,《后氏说》一篇,《杂传》四篇,《安昌侯说》一篇(《汉书》卷30,第1718页)。
③ 《汉志》:"《孝经古孔氏》一篇。二十二章(师古曰:'刘向云古文字也。《庶人章》分为二也,《曾子敢问章》为三,又多一章,凡二十二章。')。《孝经》一篇。十八章。长孙氏、江氏、后氏、翼氏四家。"(《汉书》卷30,第1718、1719页)
④ (唐)陆德明:《经典释文》卷1,上海古籍出版社1985年影印本,第57—58页。
⑤ (唐)魏征、令狐德棻:《隋书》卷32,中华书局1973年标点本,第933页。
⑥ (唐)魏征、令狐德棻:《隋书》卷32,第935页。

开元七年三月，诏令群儒质定。右庶子刘知几主古文，立十二验以驳郑。国子祭酒司马贞主今文，摘《闺门章》文句凡鄙，《庶人章》割制旧文、妄加'子曰'字及句中'脱衣就功'诸语以驳孔。其文具载《唐会要》中。厥后今文行而古文废。"①

从整体上看，汉末至南北朝，注解《孝经》之作渐夥，《隋志》著录此类著作 18 部合 63 卷，通计亡书合 59 部 114 卷。陆德明《经典释文序录·注解传述人》列注《孝经》者孔安国、马融以下 24 人及撰义疏之皇侃，共 25 人。唐玄宗《孝经序》云："近观《孝经》旧注，踳驳尤甚。至于迹相祖述，殆且百家；业擅专门，犹将十室。"② 亦可反映这一时期《孝经》研究的繁荣局面（"踳驳尤甚"之说自然未必客观）。

在唐玄宗之前，郑玄（郑氏）《孝经注》一直立于国学并为世所重。王溥《唐会要》载唐玄宗开元七年（719）三月六日诏曰："《孝经》者德教所先，自顷已来，独宗郑氏，孔氏遗旨，今则无闻。"③ 然唐玄宗对孔、郑注皆不满意，其开元七年三月一日敕曰："《孝经》《尚书》有古文本孔郑注，其中旨趣，颇多踳驳；精义妙理，若无所归；作业用心，复何所适。宜令诸儒并访后进达解者，质定奏闻。"④ 后来，唐玄宗又两次亲自注释《孝经》，皆颁行天下。《唐会要》云："（开元）十年六月二日，上注《孝经》，颁于天下及国子学。至天宝二年五月二十二日，上重注，亦颁于天下。"⑤ 除自作新注外，唐玄宗又令元行冲作疏，立于学官。"御注既行，孔、郑两家遂并废"⑥，其余各家自然也不在话下。

李善《文选注》与《文选钞》皆征引《孝经》类文献 2 家，一为《孝经》本文，一为郑玄《孝经注》，以下分别言之。

---

① （清）纪昀等：《武英殿本四库全书总目》卷 32，孝经正义三卷（内府藏本）条，国家图书馆出版社 2019 年影印本，第 10 册，第 109 页。案据《唐会要》卷 77，"句中"当作"注中"。又"割制"当作"割裂"。
② （清）皮锡瑞：《孝经郑注疏》，吴仰湘点校，中华书局 2016 年标点本，第 9 页。
③ （宋）王溥：《唐会要》卷 77，《贡举下》，中华书局 1955 年版，第 1405—1406 页。
④ （宋）王溥：《唐会要》卷 77，《贡举下》，第 1405 页。
⑤ （宋）王溥：《唐会要》卷 36，第 658 页。
⑥ （清）纪昀等：《武英殿本四库全书总目》卷 32，孝经正义三卷（内府藏本）条，第 10 册，第 111 页。

二 李善《文选注》所引《孝经》为今文《孝经》

李善注征引《孝经》本文 75 次。笔者对全部引文与今古文《孝经》进行了比勘①，发现李善所引《孝经》与今文《孝经》只有少数无关于版本判断的异文，如：

1.《孝经》曰：卜其宅兆而安厝之。(《丧亲章》第十八。② 卷十六潘安仁《寡妇赋》"痛存亡之殊制兮，将迁神而安厝"下、卷五十七潘安仁《哀永逝文》"中慕叫兮擗摽，之子降兮宅兆"下、卷六十谢惠连《祭古冢文》"仰羡古风，为君改卜"下李善注引)③

建成按："安厝"，今传诸本，无论今古文，皆作"安措"。

2.《孝经》曰：昔者先王有至德要道。(《开宗明义章》第一。卷十八嵇叔夜《琴赋》"性絜静以端理，含至德之和平"下李善注引)

建成按：今传诸本，无论今古文，皆无"昔者"二字。

3.《孝经》曰：君子之教以孝，非家至而日见之。(《广至德章》

---

① 本文用以比勘的古文《孝经》版本为知不足斋本《古文孝经》与仁治本《古文孝经》，今文《孝经》据《十三经注疏》本与日本昭和 7 年（1932）日本书志学会影印北宋刻本李隆基《御注孝经》（简称"北宋本《孝经》"）。司马光著有《古文孝经指解》，《通志堂经解》《四库全书》皆收录，然其已非司马光书原貌，实为司马光书、范祖禹《古文孝经说》与唐玄宗《孝经注》之合编本，经文经过改窜。如《三才章》"陈之以德义而民兴行，先之以敬让而民不争"句，今本《古文孝经指解》无第二个"以"字，然与其同源的大足石刻范祖禹书《古文孝经》有。又《孝治章》"治家者不敢失于臣妾"句，今本《古文孝经指解》"失"作"侮"，而石刻本作"失"（参见舒大刚《今传〈古文孝经指解〉并非司马光原本考》，《中华文化论坛》2002 年第 2 期），故本文不以为据。

② 本文对《孝经》原文之分章系据今文《孝经》。

③ 本文所引《文选》及李善注，若无特别说明，均据南宋淳熙八年（1181）尤袤刻本，中华书局 1974 年影印本。

第十三。卷三十八庾元规《让中书令表》"天下之人，何可门到户说，使皆坦然邪"下、卷六十任彦升《齐竟陵文宣王行状》"不言之化，若门到户说矣"下李善注引）

建成按：知不足斋本《古文孝经》、今文《孝经》"孝""之"后均有"也"字，仁治本《古文孝经》"孝"后有"也"字，"之"后无。

而李善注所引《孝经》与古文《孝经》则多有歧异，略举数例如下：

1. 《孝经》子曰：爱敬尽于事亲，而德教加于百姓。（《天子章》第二。卷七潘安仁《藉田赋》"仪刑孚于万国，爱敬尽于祖考"下李善注引）

建成按："而"，仁治本、知不足斋本《古文孝经》作"然后"。

2. 《孝经》曰：故亲生之膝下，以养父母日严。（《圣治章》第九。卷十六潘安仁《闲居赋》"尚何能违膝下色养，而屑屑从斗筲之役乎"下、卷三十九任彦升《启萧太傅固辞夺礼》"膝下之欢，已同过隙"下李善注引，但后者无"日严"二字）

建成按：仁治本、知不足斋本《古文孝经》"故"作"是故"，"之膝下"作"毓之"。此一歧异，《汉志》已注出，见前文所引。另外，由所用典故来源可以判断，潘岳、任昉所习《孝经》皆当为今文。

3. 《孝经》曰：陈之以德义而民兴行，先之以敬让而民不争。（《三才章》第七。卷三十五潘元茂《册魏公九锡文》"君敦尚谦让，俾民兴行"下李善注引）

建成按："德义"，仁治本、知不足斋本《古文孝经》作"德谊"。"不"，仁治本《古文孝经》作"弗"。第一个"以"字，北宋本《孝经》同，而《十三经注疏》本作"于"。

4. 《孝经》曰：五刑之属三千，而罪莫大于不孝。（《五刑章》

第十一。卷三十七陆士衡《谢平原内史表》"莫大之衅，日经圣听"下李善注引，北宋本《文选》同）

建成按："罪"，仁治本《古文孝经》作"辜"，知不足斋本《古文孝经》作"皋"。

5.《孝经》曰：资于事父以事母，而爱同；资于事父以事君，而敬同。（《士章》第五。卷四十七袁彦伯《三国名臣序赞》"敬授既同，情礼兼到"下、卷六十任彦升《齐竟陵文宣王行状》"公二极一致，爱敬同归"下李善注引，集注本、北宋本《文选》均同。卷三十五张景阳《七命八首》"有生之欢灭，资父之义废"下、卷四十六任彦升《王文宪集序》"莫不北面人宗，自同资敬"下、卷五十八王仲宝《褚渊碑文》"义在资敬，情同布衣"下李善注引后两句①，后者集注本、北宋本同）

建成按：两处"而"字，仁治本、知不足斋本《古文孝经》均作"其"。

6.《孝经》曰：治家者不敢失于臣妾。（《孝治章》第八。卷四十三孙子荆《为石仲容与孙皓书》"蝉蜕内向，愿为臣妾"下李善注引。"《孝经》曰"，集注本作"《孝经》子曰"）

建成按："不"，仁治本《古文孝经》作"弗"。仁治本、知不足斋本《古文孝经》"臣妾"后有"之心"二字。

7.《孝经》曰：擗踊哭泣，哀以送之。（《丧亲章》第十八。卷五十七谢希逸《宋孝武宣贵妃诔》"纯孝擗其俱毁，共气摧其同荣"下李善注引，北宋本同）

---

① "事君"，尤袤本《王文宪集序》李善注引作"事母"，奎章阁本、建州本《文选》均作"事君"，今传《孝经》诸本无论今古文均作"事君"，尤袤本误。

建成按："擗踊哭泣"，仁治本《古文孝经》作"哭泣擘踊"，知不足斋本《古文孝经》作"哭泣擗踊"。

8.《孝经》曰：夫孝，天之经，地之义，民之行也。(《三才章》第七。卷五十九沈休文《齐故安陆昭王碑文》"天经地义之德，因心必尽"下李善注引)

建成按：仁治本、知不足斋本《古文孝经》"义"作"谊"，"经""谊"后皆有"也"字。今文《孝经》"经""义"后亦皆有"也"字。

综上，李善《文选注》所引《孝经》与今文《孝经》除少数无关于版本判断的异文外皆同，而其与古文《孝经》则颇多歧异，加之李善注所引《孝经》注释唯郑康成一家，而郑氏《孝经》为今文，我们能够确定，李善注所引《孝经》为今文《孝经》。

对李善注所引《孝经》的考察，可以解决一些具体的问题，加强对李善注的准确把握。如卷60任彦升《齐竟陵文宣王行状》"翼亮孝治，缉熙中教"下李善注引《孝经》曰：昔者明王之以孝治天下也，不敢遗小国之臣，司徒故曰中教（北宋本同）。今传诸本皆无"司徒故曰中教"之语。梁章钜《文选旁证》卷46（注）司徒故曰中教条曰："此语未详。或引《周礼》大司徒'以五礼防万民之伪而教之中'，而各本脱误，无以证之。"[1] 建成按：任昉《行状》前文已言萧子良为司徒。《周礼·地官司徒第二》："惟王建国，辨方正位，体国经野，设官分职，以为民极。乃立地官司徒，使帅其属而掌邦教，以佐王安扰邦国。"[2] 则司徒为掌邦教之官。故"司徒故曰中教"并非《孝经》之文，而是李善于"中教"之注语，意谓萧子良为司徒，司徒掌邦教，故曰中教。李善此注，一引《孝经》以注"孝治"，一出己意以注"中教"，但很容易产生理解上的淆乱。

---

[1] （清）梁章钜：《文选旁证》，载宋志英、南江涛选编《〈文选〉研究文献辑刊》，国家图书馆出版社2013年影印本，第54册，第324页。

[2] （汉）郑玄注，（唐）贾公彦疏：《周礼注疏》卷9，北京大学出版社2000年标点本，第263页。

三 郑玄《孝经注》及李善《文选注》
引文辑考

今所谓郑玄《孝经注》的著者，在学术史上存在争议。据刘知几《孝经注议》引《春秋纬演孔图》云："康成注《三礼》《诗》《易》《尚书》《论语》，其《春秋》《孝经》，别有评论。"宋均《春秋纬注》云："玄为《春秋》《孝经》略说。"宋均《孝经纬注》引郑《六艺论》叙《孝经》云："玄又为之注。"宋均则曰："司农论如是，而均无闻焉。有义无辞，令余昏惑。"①似作为郑玄弟子的宋均对其师有《孝经注》颇持怀疑态度。《南史·陆澄传》云："世有一《孝经》，题为郑玄注，观其用辞，不与注书相类。案玄自序所注众书，亦无《孝经》。且为小学之类，不宜列在帝典。"②《隋志》《经典释文》对此书是否为郑玄之作分别持"疑之""未详是非"的态度，其说已见上文。《礼记·王制》"诸侯之于天子也，比年一小聘，三年一大聘，五年一朝。天子五年一巡守"下孔颖达疏云："《孝经》之注，多与郑义乖违，儒者疑非郑注。"③同时，《毛诗注疏》孔颖达疏引郑玄《孝经注》但称"《孝经注》"，不署郑玄。唐开元七年四月七日，左庶子刘子元（知几）上《孝经注议》曰："谨按今俗所行《孝经》，题曰郑氏注，爰自近古皆云郑即康成，而魏晋之朝无有此说。至晋穆帝永和十一年及孝武帝太元元年再聚群臣，其论经义，有荀昶者撰集《孝经》诸说，始以郑氏为宗。自齐梁以来多有异论，陆澄以为非玄所注，请不藏于秘省，王俭不依其请，遂得见传于时。魏齐则立于学官，著在律令。盖由肤俗无识，故致斯讹舛。然则《孝经》非元所注，其验十有二条……"④王应麟《困学纪闻》云："今按康成有'六天'之说，而《孝经注》云：'上帝，天之别名。'故陆澄谓'不与注书

---

① （宋）王溥：《唐会要》卷77，《贡举下·论经义》，第1407页。《春秋纬演孔图》，《孝经注疏》引作《春秋纬演孔图注》（第4页），应是，乃宋均所作。
② （唐）李延寿：《南史》卷48，中华书局1975年标点本，第1188页。
③ （汉）郑玄注，（唐）孔颖达疏：《礼记正义》卷11，北京大学出版社2000年标点本，第423页。
④ （宋）王溥：《唐会要》卷77，《贡举下·论经义》，第1406页。

相类'。"① 皆有所疑。

另外，刘肃《大唐新语·著述》以为此《孝经注》"盖康成胤孙所作也"②，王应麟《困学纪闻》卷7、《玉海·艺文》皆引《国史志》，云郑氏为郑玄之孙郑小同③，但都没有提出论据。

然而对郑玄注《孝经》持肯定态度之学者亦颇有人。《后汉书·郑玄传》明言郑玄注《孝经》，李贤注曰："案谢承书（《后汉书》）……不言注《孝经》，唯此书独有也。"④《南史·陆澄传》引王俭对陆澄质疑《孝经》郑玄注之答复曰："……疑《孝经》非郑所注，仆以此书明百行之首，实人伦所先，《七略》《艺文》并陈之六艺，不与《苍颉》《凡将》之流也。郑注虚实，前代不嫌，意谓可安，仍旧立置。"⑤ 侯康《补后汉书艺文志》卷2《孝经》类"郑氏《孝经注》一卷"条列陆澄、陆德明、孔颖达、刘知几、王应麟诸人质疑或否定之说，一一加以辩驳，指出其论证上的问题与疏漏，力证其为郑玄所注，令人信服⑥。皮锡瑞《孝经郑注疏》卷上"郑氏解"题下，亦针对刘知几十二验一一辩驳，力陈"此十二验皆不足证郑注之伪，郑《六艺论》自言为注，无可致疑"⑦。对于《孝经注》与郑玄他经注风格不同或持论相异的质疑，皮锡瑞云："郑君深于礼学，注《易》笺《诗》，必引礼为证。其注《孝经》，亦援古礼。"⑧ 在具体疏证中，他依郑玄以礼注经的风格，援引郑玄《三礼注》《尚书注》《尚书大传注》《毛诗笺》等，附以孔、贾疏解，以《孝经注》与之相同、相合或相近，证明《孝经注》必出郑玄之手，"以郑君他经之注以证此注，尤得汇通之旨"⑨。至于《孝经注》中俯拾即是的今文家说，

---

① （宋）王应麟著，（清）翁元圻等注：《困学纪闻》（全校本）卷7，乐保群等校点，上海古籍出版社2008年版，第976页。

② （唐）刘肃：《大唐新语》卷9，中华书局1984年标点本，第135页。

③ （宋）王应麟著，（清）翁元圻等注：《困学纪闻》（全校本），乐保群等校点，第978页；（宋）王应麟撰，武秀成、赵庶洋校证：《玉海艺文校证》卷7，凤凰出版社2013年版，第323页。

④ （南朝宋）范晔：《后汉书》卷35，中华书局1965年标点本，第1212页。

⑤ （唐）李延寿：《南史》，第1188—1189页。

⑥ （清）侯康：《补后汉书艺文志》，清光绪十七年（1891）广雅书局刻本。

⑦ （清）皮锡瑞：《孝经郑注疏》，第5页。

⑧ （清）皮锡瑞：《孝经郑注疏·序》，第1页。

⑨ 马宗霍：《孝经郑注疏提要》，载《孝经郑注疏》附录，第156页。

与郑玄他经注多从古文歧互,皮锡瑞从郑玄先今后古的学术变化进行解答:"郑君先治今文,后治古文。《大唐新语》《太平御览》引郑君《孝经序》云'避难于南城山',严铁桥以为避党锢之难,是郑君注《孝经》最早,其解社稷、明堂大典礼,皆引《孝经》纬《援神契》《钩命决》文。郑所据《孝经》本今文,其注一用今文家说;后注《礼》笺《诗》,参用古文。陆彦渊、陆元朗、孔冲远不考今、古文异同,遂疑乖违,非郑所著。刘子玄妄列十二证,请行伪孔、废郑。"① 其《师伏堂日记》光绪二十一年(乙未,1895)正月初四载:"阅《孝经》及《王制》注疏,知《孝经》皆今文说,郑注《孝经》皆从今文,故与诸经注引《周礼》、从古文者不同。浅人不知郑学不专一家,乃误疑其非郑注矣。"② 顾实《汉书艺文志讲疏》云:"郑玄注《孝经》甚确(钱恫《重刊孝经郑注序》曰:宋均《孝经纬注》引郑玄《六艺论》序《孝经》云:玄又为之注。《大唐新语》引郑《孝经序》云:仆避难于南城山,栖迟废石之下,念昔先人,余暇述夫子之志而注《孝经》。皆当日作注之证)。《隋志》疑之,非也。"③

笔者认为,郑玄注《孝经》,可以在文献中找到直接的依据,如上文述及郑玄《六艺论》、《孝经序》与《后汉书》郑玄本传皆言其作《孝经注》。又如《礼记·郊特牲》孔颖达正义引王肃又难郑玄云:"《春秋》说伐鼓于社责上公,不云责地祇,明社是上公也。又《月令》'命民社'郑注云:'社,后土也。'《孝经注》云:'后稷,土也。句龙为后土。'郑既云'社,后土',则句龙也。是郑自相违反。"④ 明确引用郑玄《孝经注》之内容,非如刘知几所云王肃无攻击《孝经》郑注者,可为郑注《孝经》之确证⑤。疑之者并不能提出绝对的证据以推翻成说,故宜对郑玄《孝经注》仍持肯定态度。前人所疑,或本无所疑,因所见有限而致

---

① (清)皮锡瑞:《孝经郑注疏·序》,第1—2页。又,以上对皮锡瑞辩护郑玄《孝经注》的概括,参考了《孝经郑注疏·点校说明》,第4—5页,特此说明。

② (清)皮锡瑞:《师伏堂日记》第2册,国家图书馆出版社2009年影印本,第2页。

③ 顾实:《汉书艺文志讲疏》,商务印书馆1976年版,第78页。标点有所调整,括号内文字原文为双行夹注。

④ (汉)郑玄注,(唐)孔颖达疏:《礼记正义》卷25,第920页。又校勘记云:"'后稷',阮校:'闽、监、毛本同。惠栋校宋本作"社后"。'孙校:'《周礼·封人》疏引郑《孝经注》云"社谓后土",则惠校是也。'"(第920页)

⑤ (清)陈澧:《东塾读书记》卷1,《孝经》已以此例为证。

疑，或其疑并不充分，不足以为证。

虽然《隋志》仅著录为《孝经》郑氏注，但《日本国见在书目录》"孝经家"著录"《孝经》一卷，郑玄注"①。《旧唐书》著录"(《孝经》)又一卷，郑玄注"②，《新唐书》著录"(《孝经》)郑玄注一卷"③。唐玄宗御注既行，孔、郑两家并废，至唐末五代动乱而皆亡佚，所幸郑注复得之异域。《崇文总目》卷2"孝经类"著录《孝经》一卷："郑康成注。……五代兵兴，中原久逸其书。咸平中，日本僧以此书来献，议藏秘府。"④ 陈振孙《直斋书录解题》卷3"孝经类"著录《孝经》一卷："汉郑康成撰。……按《三朝志》，五代以来，孔、郑注皆亡。周显德中，新罗献别序《孝经》即郑注者，而《崇文总目》以为咸平中日本国僧奝然所献，未详孰是。世少有其本。乾道中，熊克子复从袁枢机仲得之，刻于京口学宫，而《孔传》不可复见。"⑤ ［显德（954—960）是后周太祖郭威年号，咸平（998—1003）是宋真宗赵恒年号，乾道（1165—1173）是南宋孝宗赵昚年号］咸平中，邢昺作《孝经注疏》，仍用唐玄宗注，郑注进一步式微。周应合《（景定）建康志·文籍志·书籍》著录"《孝经》十二本"，有一本为"郑康成注，唐明皇解"⑥，则其南宋尚存。《宋史·艺文志》著录《郑氏注孝经》一卷⑦。盖亡于宋末。

郑玄《孝经注》有余萧客（《古经解钩沉》）、陈鳣、袁钧（《郑氏佚书》）、王谟（《汉魏遗书钞》）、孔广林、严可均、洪颐煊、臧庸、黄奭（《汉学堂丛书》）、孙季咸、曹元弼等多种清人辑本。在东邻日本，光格天皇宽政5年（1793），冈田挺之自《群书治要》——其书在中国亡佚已久——辑出《今文孝经郑注》一卷。清嘉庆中，此本回传中国。嘉庆六年（1801），鲍廷博重刻冈田挺之辑本，收入《知不足斋丛书》第二十一集，并附洪颐煊《孝经补证》一卷。以上所列清人辑本中，除余、王、

---

① ［日］藤原佐世：《日本国见在书目录》，名著刊行会1996年影印本，第16页。
② （后晋）刘昫等：《旧唐书》卷46，中华书局1975年标点本，第1980页。
③ （宋）欧阳修、宋祁：《新唐书》卷57，中华书局1975年标点本，第1442页。
④ （宋）王尧臣等：《崇文总目》，《丛书集成初编》本，商务印书馆1937年版，第30页。
⑤ （宋）陈振孙：《直斋书录解题》，徐小蛮、顾美华点校，上海古籍出版社1987年标点本，第69—70页。
⑥ （宋）周应合：《（景定）建康志》卷33，清文渊阁《四库全书》本。
⑦ （元）脱脱等：《宋史》卷202，中华书局1977年标点本，第5066页。

陈本成于冈田本回传之前，后出之本多以冈田本为基础，进一步广搜博采。严可均本即依据冈田本，与《经典释文》《孝经注疏》等所引郑注参互考订，形成了一个较为完善的辑本。皮锡瑞《孝经郑注疏》据严本，并吸取了叶德辉对严本的补充意见，又进一步补缺订讹，使《孝经郑注》文本更加完善。吴承仕《经典释文序录疏证》云："清儒臧庸、陈鱣始裒辑之，而以严可均所撰录为尤备。近人皮锡瑞依据严辑，为之作疏，扶微辅弱，亦足多云。"[1]

据笔者统计，李善《文选注》征引郑玄《孝经注》共8次，列之于下：

1. 郑玄《孝经注》曰：五十无夫曰寡。（卷二十潘安仁《关中诗》"夫行妻寡，父出子孤"下李善注引。所注为《孝治章》第八"治国者不敢侮于鳏寡，而况于士民乎"句）

2. 郑玄《孝经注》曰：大夫服藻火。（卷二十陆士龙《大将军宴会被命作诗》"冕弁振缨，服藻垂带"下李善注引。所注为《卿大夫章》第四"非先王之法服不敢服"句）

3. 郑玄《礼记注》曰：名，令闻也。《孝经注》曰：死君之难为尽忠。（卷二十一曹子建《三良诗》"功名不可为，忠义我所安"下李善引。《孝经注》前未标明著者，系承前而省，即郑玄注。所注为《事君章》第十七"子曰：君子之事上也，进思尽忠，退思补过"句）

4. 郑玄《孝经注》曰：忒，差也。（卷三十六王元长《永明十一年策秀才文五首》"是以五正置于朱宣，下民不忒"下李善注引，北宋本同。所注为《圣治章》第九"《诗》云：淑人君子，其仪不忒"句。唐玄宗注同[2]）

5. 郑玄《孝经注》曰：引譬连类。（卷四十三孙子荆《为石仲容与孙皓书》"不复广引譬类，崇饰浮辞"下李善注引，集注本同。所注为《天子章》第二"《甫刑》云：一人有庆"句）

6. 《孝经》曰：擗踊哭泣，哀以送之。郑玄《孝经注》曰：毁瘠羸瘦，孝子有之。（卷五十七谢希逸《宋孝武宣贵妃诔》"纯孝擗其俱毁，共气摧其同栾"下李善注引，北宋本同。建成按：此处李

---

[1] 吴承仕：《经典释文序录疏证》，中华书局2008年版，第120页。
[2] （唐）李隆基注，（宋）邢昺疏：《孝经注疏》卷5，上海古籍出版社2009年版，第53页。

善注所引《孝经》与郑注之间并非对应关系，郑注所注为《丧亲章》第十八"三日而食，教民无以死伤生，毁不灭性"句）

7.《孝经》曰：君子之教以孝，非家至而日见之。郑玄曰：非门到户至而见之。（卷三十八庾元规《让中书令表》"天下之人，何可门到户说，使皆坦然邪"下李善注引，北宋本同。所引《孝经》见《广至德章》第十三。其与今、古文诸本之差异已见上文）

8.《孝经》曰：君子之教以孝，非家至而日见之。郑玄曰：非门到户至而日见也。（卷六十任彦升《齐竟陵文宣王行状》"不言之化，若门到户说矣"下李善注引，北宋本同）

此《孝经注》，李善在征引时皆引作郑玄，可见其亦以所谓"郑氏注"为郑玄注。而其在诸家注释中选择郑注而非其他注释为《文选》作注，一方面与当时郑注的学术地位有关，一方面则说明了李善对郑注的认同。

能够看出，上列7、8两条李善注所引郑注虽文字稍异，但当为同一则，故李善注征引郑注之内容实为7则。这7则郑玄《孝经注》，具有重要的辑佚价值，尤其是第6条谢庄《宋孝武宣贵妃诔》注所引与7、8两条庾亮《让中书令表》注、任昉《齐竟陵文宣王行状》注所引之2则，仅见于李善《文选注》。

7、8两条李善注所引郑注，前者作"非门到户至而见之"，后者作"非门到户至而日见也"。由《孝经》本文，可以判断郑注"见"前必有"日"作状语，后亦应有"之"作宾语，二者结合，作"非门到户至而日见之也"为是。唐玄宗注作："言教不必家到户至，日见而语之。"邢昺疏曰："此依郑注也。"① 又《经典释文·孝经音义·广至德章》音义有"语之"二字②，皮锡瑞《孝经郑注疏》由是而加"言教""而语"，辑作："言教非门到户至，而日见而语之也。"③

此则郑玄注有助于对唐玄宗注之校勘。《孝经注疏》校勘记"家到户至"条引阮（元）云："《正义》曰'此依郑注也'，案李善注《文选》

---

① （唐）李隆基注，（宋）邢昺疏：《孝经注疏》卷7，第67页。
② （唐）陆德明：《经典释文》卷23，第1343页。
③ （清）皮锡瑞：《孝经郑注疏》，第104页。

引郑注作'门到户至',石台本'门'改'家',诸本仍之。"并加"今按":"卷子本亦作'门'。"① 建成按:卷子本即唐玄宗开元注本(初注本),石台本即石台《孝经》,为唐玄宗天宝重注本。故知此则郑玄注为唐玄宗注所沿袭,其"门到户至"之语,初注本同,但重注本刻石后作"家到户至"。由于石台《孝经》系以唐玄宗手书刻石,有文字改易与脱误等情况,"当由信笔偶讹,未及勘对辄勒于石,不得以之校经者也"②,加之"门""户"在语词搭配上也更合适,因此笔者以为石台《孝经》"家到户至"很可能是"门到户至"之误。

四 《文选钞》所引《孝经》及郑玄注辑考

《文选钞》③征引《孝经》5次(其中1次误引作《孝经注》),征引郑玄《孝经注》6次,其中2次内容相同,故为5则。尤其是郑注,古今中外学者之辑本均未参据《文选钞》所引,是很重要的文献。分别列之于下并稍加考论。

(一)《孝经》

1.《孝经》云:有至德要道。(《开宗明义章》第一。卷五左太冲《吴都赋》"建至德以创洪业,世无得而显称"下《文选钞》引)

2.《孝经》云:在上不骄,高而不危。(《诸侯章》第三。卷三十六王元长《永明九年策秀才文五首》"审听高居,载怀祇惧"下《文选钞》引。在仁治本、知不足斋本《古文孝经》作"居")

3.《孝经》曰:终于立身。(《开宗明义章》第一。卷五十八蔡伯喈《陈太丘碑文》"及文书赦宥,时年已七十,遂隐丘山,悬车告老"下《文选钞》引。终于立身,仁治本《古文孝经》作

---

① (唐)李隆基注,(宋)邢昺疏:《孝经注疏》卷7,第74页。
② (清)王昶:《金石萃编》卷87,清嘉庆十年(1805)刻、同治钱宝传等补修本。
③ 《文选钞》见于今存《文选集注》残卷,其他典籍亦偶有零星征引,远非全貌。其对《孝经》与郑玄《孝经注》之征引,仅见于《文选集注》。本文所引《文选钞》,据周勋初纂辑《唐钞文选集注汇存》,上海古籍出版社2000年影印本。

"终立于身")

  4.《孝经》曰：资于事父以事君，而敬同。(《士章》第五。卷五十八王仲宝《褚渊碑文》"于是见君亲之同致，知在三之如一"下《文选钞》引。而仁治本、知不足斋本《古文孝经》作"其")

  5.《孝经注》曰：扬名于后世，以显父母。(卷四十四陈孔璋《檄吴将校部曲文》"及吴诸顾、陆旧族长者，世有高位，当报汉德，显祖扬名"下《文选钞》引。案此为《开宗明义章》第一之经文，非注释，故衍"注"字)

建成按：通过与今古文各本《孝经》之比较，可知《文选钞》所引亦为今文《孝经》，实即郑玄注本《孝经》。

（二）郑玄《孝经注》

  1. 郑注《孝经》曰：至德，孝悌也。(卷四十六王元长《三月三日曲水诗序》"斧藻至德，琢磨令范"下《文选钞》引。所注为《开宗明义章》第一"先王有至德要道"句)

  2.《孝经》云：有至德要道。郑玄云：至德者，孝悌也。(卷五左太冲《吴都赋》)"建至德以创洪业，世无得而显称"下《文选钞》引。出处同上)

  3. 郑玄《孝经注》曰：圣人因人情而教，民皆乐之，故不肃而成也。(卷五十八蔡伯喈《陈太丘碑文》"德务中庸，教敦不肃"下《文选钞》引。所注为《圣治章》第九"圣人之教，不肃而成"句)

  4.《孝经》云：在上不骄，高而不危。《注》曰：身居高位而不危殆也。(卷三十六王元长《永明九年策秀才文五首》"审听高居，载怀祗惧"下《文选钞》引。所注为《诸侯章》第三"在上不骄，高而不危"句)

建成按：《文选钞》但引作《注》，未标明著者，《群书治要·孝经》"在上不骄，高而不危"下所采郑注云："诸侯在民上，故言在上。敬上爱下，谓之不骄。故居高位而不危殆也。"[①] 故知其为郑玄注。

---

① （唐）魏征等：《群书治要》卷9，商务印书馆1937年版，第139页。

5.《孝经》曰：终于立身。郑玄曰：臣年七十，耳目不聪明，行步不及逮，退就田里，悬车致仕也。（卷五十八蔡伯喈《陈太丘碑文》"及文书赦宥，时年已七十，遂隐丘山，悬车告老"下《文选钞》引）

建成按：《文选钞》所引《孝经》本文在《开宗明义章》第一。全句为："夫孝，始于事亲，中于事君，终于立身。"《经典释文·孝经音义·开宗明义章》有相应之郑注："也者。卌强而仕。行步不逮，县车致仕。"①《孝经注疏》邢昺正义引郑玄曰："郑玄以为父母生之，是事亲为始。四十强而仕，是事君为中。七十致仕，是立身为终也者。"② 皮锡瑞《孝经郑注疏》据之而辑录郑注曰："父母生之，是事亲为始。卌强而仕，是事君为中。七十行步不逮，悬车致仕，是立身为终也。"③ 很显然，《文选钞》所引郑注，可进一步补充《正义》《释文》所引，从而最大程度复原《孝经》此句之郑注：

父母生之，是事亲为始也者。卌强而仕，是事君为中。臣年七十，耳目不聪明，行步不及逮，退就田里，悬车致仕，是立身为终也者。

由皮锡瑞疏，可知此则郑注本于《礼记》之《曲礼》《内则》二篇与《白虎通·致仕》之相关内容④，而以礼注经，是郑玄注释群经的一个特色。

唐玄宗注云："言行孝以事亲为始，事君为中。忠孝道著，乃能扬名荣亲，故曰终于立身也。"⑤ 表面上看，唐玄宗注与郑注不同，但实际上二者是一致的，唐玄宗注是对郑注的概括。《孝经》本文之始、中、终，是逻辑上的而不是时间上的。郑注因有"父母生之""卌强而仕""臣年七十"之语，似从时间的角度进行解说，实则不然，这些与时间、年龄

---

① （唐）陆德明：《经典释文》卷23，第1334页。
② （唐）李隆基注，（宋）邢昺疏：《孝经注疏》卷1，第5页。
③ （清）皮锡瑞：《孝经郑注疏》，第14—15页。
④ （清）皮锡瑞：《孝经郑注疏》，第15页。
⑤ （唐）李隆基注，（宋）邢昺疏：《孝经注疏》卷1，第5页。

相关的语句，其着眼点并不在时间，而是在事理，因此仍是逻辑上的。这需要细心体会方可理解，否则就可能导致对郑注的误读。如刘炫驳之云："若以始为在家，终为致仕，则兆庶皆能有始，人君所以无终。若以年七十者始为孝终，不致仕者皆为不立，则中寿之辈尽曰不终，颜子之流亦无所立矣。"① 刘炫即从时间的角度理解郑注，其解读过于僵化。故皮锡瑞驳之曰："刘氏刻舟之见，疑非所疑，必若所云，天子尊无二上，无君可事，岂但无终？又有遁世者流，不事王侯，岂皆不孝？不惟郑注可驳，圣经亦可疑矣。经言常理，非为一人言。郑注亦言其常，何得以颜夭为难哉！"② 皮氏之说极当。

6.《孝经》曰：资于事父以事君，而敬同。郑玄曰：资者，人之行也。爱不同也。（卷五十八王仲宝《褚渊碑文》"于是见君亲之同致，知在三之如一"下《文选钞》引）

建成按：《文选钞》所引《孝经》本文在《士章》第五："资于事父以事母，而爱同。资于事父以事君，而敬同。"上句之郑注，皮锡瑞《孝经郑注疏》据《经典释文·孝经音义》、《春秋公羊传》定公四年疏、《群书治要》辑为："资者，人之行也。（《经典释文·孝经音义》、《春秋公羊传》定公四年疏）事父与母，爱同，敬不同也。（《群书治要》）"下句之郑注，据《群书治要》辑为："事父与君，敬同，爱不同。（《群书治要》）"③ 故知《文选钞》所引，"资者，人之行也"应是上句之注，而"爱不同也"应是下句之注。其对下句之注的征引承所引《孝经》本文而有所简省，但也造成了理解上的障碍。

---

① （唐）李隆基注，（宋）邢昺疏：《孝经注疏》卷1，第5页。
② （清）皮锡瑞：《孝经郑注疏》，第15页。
③ （清）皮锡瑞：《孝经郑注疏》，第39页。

"黄神"与王莽
——柳宗元《游黄溪记》发覆[*]

龙珍华

(湖北第二师范学院文学院)

宋世彩堂本《游黄溪记》题注:"自游黄溪至小石城山,为记凡九,皆记永州山水之胜,年月或记或不记,皆次第而作耳。"即柳宗元永州山水游记实有九篇,除《永州八记》外,还有一篇《游黄溪记》。但《八记》之盛名,往往令人忽视了对于柳宗元黄溪之游的关注。《八记》之好,自然不虚,而林纾先生盛赞为"柳州集中第一得意之笔"的《游黄溪记》,也当值得我们重视。

一 柳宗元与《游黄溪记》

柳宗元(773—819)永贞革新失败后在永州贬居了十年,这对其人生影响巨大。《新唐书》传曰:"宗元少时嗜进,谓功业可就,既废,遂不振。"[①] 其《冉溪》亦云:"少时陈力希公侯,许国不复为身谋。风波一跌逝万里,壮心瓦解空缧囚。"[②] 被贬永州可谓柳宗元人生命运的转折点。永州在唐属江南西道,当时甚为荒僻。柳宗元被贬永州,名为员外司马置同正员,但实为闲职,初到时甚至无处安身,因在"众党人中,

---

[*] 本文系国家社会科学基金后期资助项目"唐代灾害诗歌研究"(项目编号:19FZWB085)阶段性成果。

① (宋)欧阳修、宋祁等撰:《新唐书》卷168,中华书局1975年版,第5132页。

② (唐)柳宗元著,尹占华、韩文奇校注:《柳宗元集校注》,中华书局2013年版,第2997页。

罪状最甚"①，政敌落井下石，其"常积忧恐"，"痞气尤甚，加以众疾"，又多火灾，"五年之间，四为天火所迫"②，凡此种种，使其处境颇为不堪。其《始得西山宴游记》称"自余为僇人，居是州，恒惴栗"③，获罪当杀之臣虽幸得活命，却于恐惧战栗中度日，其间隐含着难言的痛苦与幽愤，可想其逐臣心境及痛苦之甚。残酷的政治迫害，艰苦的生活环境，使柳宗元的永州生活直如囚徒，只有借永州山水暂得一乐，乃"日与其徒上高山，入深林，穷回溪，幽泉怪石，无远不到"④。其于西山之顶悠然驰骋，感受自然之浩气；于"不与培塿为类"之山与特立不群之"我"的物我合一之境中，"心凝形释，与万化冥合"⑤；于"澄潭浅渚"⑥、溪谷峻流间寻"山水之异态"，闻水声而"心乐之"⑦，穷山高而"与造物者游"⑧。其游永州山水之乐，实为永州山水之美的发现之乐，永州山水可谓柳宗元的精神知己。其虽处"摧心伤骨，若受锋刃"⑨之凄苦处境，但仍有"虽万受摈弃，不更乎其内"⑩的倔强与孤傲，如笔下"怪特"之西山，卓尔不群。可以说，柳宗元写永州山水之美，实将"列是夷狄"⑪而不为人知的蛮荒之地的山水人格化，借永州不为世所用的"唐氏之弃地"⑫抒写逐臣郁愤不平的贬谪情怀。

同时，永州山水虽能暂时慰藉柳宗元内心世界深深的寂寞和孤独，但永州乃蛮荒之地，加之罪臣身份所限，出游总感局促。其时与友人言：

> 永州于楚为最南，状与越相类。仆闷即出游，游复多恐……时到

---

① （唐）柳宗元：《寄许京兆孟容书》，尹占华、韩文奇校注：《柳宗元集校注》，第1956页。
② （唐）柳宗元：《始得西山宴游记》，尹占华、韩文奇校注：《柳宗元集校注》，第1979页。
③ （唐）柳宗元：《始得西山宴游记》，尹占华、韩文奇校注：《柳宗元集校注》，第1890页。
④ （唐）柳宗元：《始得西山宴游记》，尹占华、韩文奇校注：《柳宗元集校注》，第1890页。
⑤ （唐）柳宗元：《始得西山宴游记》，尹占华、韩文奇校注：《柳宗元集校注》，第1891页。
⑥ （唐）柳宗元：《袁家渴记》，尹占华、韩文奇校注：《柳宗元集校注》，第1918页。
⑦ （唐）柳宗元：《至小丘西小石潭记》，尹占华、韩文奇校注：《柳宗元集校注》，第1912页。
⑧ （唐）柳宗元：《始得西山宴游记》，尹占华、韩文奇校注：《柳宗元集校注》，第1891页。
⑨ （唐）柳宗元：《寄许京兆孟容书》，尹占华、韩文奇校注：《柳宗元集校注》，第1956页。
⑩ （唐）柳宗元：《答周君巢饵药久寿书》，尹占华、韩文奇校注：《柳宗元集校注》，第2107页。
⑪ （唐）柳宗元：《小石城山记》，尹占华、韩文奇校注：《柳宗元集校注》，第1934页。
⑫ （唐）柳宗元：《钴鉧潭西小丘记》，尹占华、韩文奇校注：《柳宗元集校注》，第1904页。

幽树好石，暂得一笑，已复不乐。何者？譬如囚居寰土，一遇和景出，负墙搔摩，伸展支体，当此之时，亦以为适。然顾天窥地，不过寻丈，终不得出，岂复能久为舒畅哉。①

于此可见柳宗元的永州之游，虽可"负墙搔摩，伸展支体"，但"终不得出"，就如囚徒放风，只能暂得一乐，而"游复多恐"。故《永州八记》所涉之景常以步记，多以丈量，其每得一处便喜而描之，"无不形容尽致"，自命为"牢笼百态"②。其于"不过寻丈"的天地间访幽寻胜而诉诸笔端，确实不啻于牢笼中戴着镣铐的起舞。纵然舞姿优美，却不能"久为舒畅"。因此，其被贬的失意，被政敌所迫的忧愤，以及想极力挣脱束缚而不得的压抑，种种不平与痛苦时见于笔端。《游黄溪记》亦可谓柳宗元游永州"牢笼"之作，其曰：

北之晋，西适豳，东极吴，南至楚越之交，其间名山水而州者以百数，永最善。环永之治百里，北至于浯溪，西至于湘之源，南至于泷泉，东至于黄溪东屯，其间名山水而村者以百数，黄溪最善。黄溪距州治七十里，由东屯南行六百步，至黄神祠。祠之上，两山墙立，如丹碧之华叶骈植，与山升降。其缺者为崖峭岩窟，水之中，皆小石平布。黄神之上，揭水八十步，至初潭，最奇丽，殆不可状。其略若剖大瓮，侧立千尺，溪水即焉。黛蓄膏渟，来若白虹，沉沉无声，有鱼数百尾，方来会石下。南去又行百步，至第二潭。石皆巍然，临峻流，若颏颔龂腭。其下大石离列，可坐饮食。有鸟赤首乌翼，大如鹄，方东向立。自是又南数里，地皆一状，树益壮，石益瘦，水鸣皆锵然。又南一里，至大冥之川，山舒水缓，有土田。

始，黄神为人时，居其地。传者曰："黄神王姓，莽之世也。莽既死，神更号黄氏，逃来，择其深峭者潜焉。"始莽尝曰："余黄虞之后也"，故号其女曰黄皇室主。黄与王声相迩，而又有本，其所以传焉者益验。神既居是，民咸安焉。以为有道，死乃俎豆之，为立祠。后稍徙近乎民，今祠在山阴溪水上。元和八年五月十六日，既归

---

① （唐）柳宗元：《与李翰林建书》，尹占华、韩文奇校注：《柳宗元集校注》，第 2008 页。
② （清）刘熙载著，王气中笺注：《艺概笺注》，贵州人民出版社 1980 年版，第 72 页。

为记，以启后之好游者。①

《大清一统志·湖南·永州府》："黄溪在零陵县东七十里。……府志：源出阳明山（今零陵县东一百里处）流经福田山东，又北至祁阳县，合白江水入湘。"②作者开篇先写永州山水概貌，突出永州山水之美，为黄溪之善做铺垫，接着具体描写了黄溪之"善"。其山有"丹碧"，岸有峭石，潭如大瓮，水激如虹，鱼游石下，奇丽不可状；有东向而立的如鹄大鸟，往南之壮树瘦石，水鸣锵然，继而写到南边山舒水缓之地，黄神为人时之所居，最后考索黄神及黄神祠之来历，以纪游结篇。

此记虽和《八记》一样，写出了永州黄溪之美，但还是有所不同。储欣曰："所志不过数里，幽丽奇绝，政如万壑千岩，应接不暇。"③据考，《游黄溪记》虽然在柳集中被编于《八记》之前，但写作时间实际却在其后④。其时柳宗元被贬永州已有八年，其心态有所变化，愤激之情稍减，从容通达之态稍增。其之所以被林纾先生誉为"《柳州集》中第一得意之笔。虽合荆、关、董、巨四大家，不能描而肖也"⑤，当有其不寻常处。浦起龙《古文眉诠》云："此记与前诸篇有别，前皆去州近，多搜剔出之，时时憩息者。此去州远，特记一时之游耳。"⑥确实如此，较之《八记》，此记气势更为恢宏，视野更为开阔，所及不只寻丈，而是以北、西、东、南数十里、数里记了。而尤为值得注意的是，全文所记虽为黄溪山水之美，但最后的点睛之笔却落在黄神之"传"，文眼在于黄神之"有道"。

可以说，此文最得意之处恐为《游黄溪记》"一起，先从幽、晋、吴、楚四面写来，抬出永州。次从永州名胜四面写来，抬出黄溪"⑦，再

---

① （唐）柳宗元：《游黄溪记》，尹占华、韩文奇校注：《柳宗元集校注》，第1879—1880页。
② 《大清一统志·湖南·永州府一》，《嘉庆重修一统志》卷370。
③ （清）储欣：《河东先生全集录》卷4，（唐）柳宗元著，尹占华、韩文奇校注：《柳宗元集校注》，第1887页。
④ 徐洪耀：《〈游黄溪记〉题注辨析》，《宁波师专学报》（社会科学版）1983年第3期。
⑤ 林纾：《韩柳文研究法·柳文研究法》，台北商务印书馆1964年版，第117页。
⑥ （清）浦起龙：《古文眉诠》，（唐）柳宗元著，尹占华、韩文奇校注：《柳宗元集校注》，第1887页。
⑦ （清）孙琮：《山晓阁选唐大家柳柳州全集》，（唐）柳宗元著，尹占华、韩文奇校注：《柳宗元集校注》，第1887—1888页。

由黄溪，抬出一个"黄神"来。其称北西东南间山水"永最善"，而"环永之治百里"之山水又数"黄溪最善"，而黄溪之善不仅在乎其景美，更在乎其"有道"之神善——"神既居是，民咸安焉"，即黄溪有了"黄神"，才可称永州山水之最善者也。

二 "以史记游"：黄溪游记道"黄神"

柳宗元挚友刘禹锡曾言："吾尝评其文，雄深雅健似司马之长，崔蔡不足多也。"① 拙以为，其"雄深雅健"应与子厚以史笔入文密切相关。其既聪明，又"读古书，能以理析之"，"造语极古，而析理又极明达"②。其黄溪一记，"入手摹《汉书·西南夷传》"③，由永州牵出黄溪，由黄溪而牵出黄神，最后以考据黄神，"清出溪之所以名黄者"，以史笔记游，"简括入古"④，故《邵氏闻见录》所云"柳子厚之文，自史中来"⑤ 一说不无道理。

据柳氏所传，此记之"黄神"本王姓，"莽之世也"，王莽死后，便更为黄氏，逃亡到此"深峭者潜焉"，居此有道，"民咸安焉"，故死后被民立祠以祀，而因"黄神"深得百姓信奉，后被迁到离百姓更近的地方，即今黄神祠所在地。但"黄神"究竟是谁，似乎不得而知。事实上，"黄神"之称古已有之，而文中"黄神"是否真如子厚所传与

---

① （唐）刘禹锡：《河东先生集序》，（唐）柳宗元：《柳河东集》，上海人民出版社 1974 年版，序第 1 页。

② 林纾：《韩柳文研究法》，第 75 页。

③ 林纾《韩柳文研究法·柳文研究法》："黄溪一记……入手摹《汉书·西南夷传》，'永最善'，'黄溪最善'，简括入古。"又林纾选评《古文辞类纂》卷9："此篇入手摹《史记·西南夷列传》……《史记》选三，此文选两。"（唐）柳宗元著，尹占华、韩文奇校注：《柳宗元集校注》，第 1889 页。又吴子良《荆溪林下偶谈》卷 1："子厚《游黄溪记》云：'北之晋，西适豳……黄溪最善。'句法亦祖《史记·西南夷传》……"；王应麟《困学纪闻》卷 17："《游黄溪记》仿太史公《西南夷传》。"廖莹中《河东先生集》卷 29"永最善"句评："《汉书·西南夷传》：'南夷君以十数，夜郎最大。……'公文势本此。"陈衍《石遗室论文》卷 4："文有显然模拟颇见其用之恰当者。《史记·西南夷列传》首云……柳子厚《游黄溪记》首段直模拟云……"等，均言子厚拟史为此记。参见（唐）柳宗元著，尹占华、韩文奇校注《柳宗元集校注》，第 1884—1888 页。

④ 林纾：《韩柳文研究法》，第 117 页。

⑤ 《河东集叙说》，（唐）柳宗元：《柳河东集》，第 4 页。

王莽有关？作者于客观纪传中，有无史家之微言大义？都值得进一步深入探讨。

（一）"黄帝"之神

黄帝作为一位公认的中国上古伟大的部落首领，"其历史上逐渐定于一尊的形象对华夏历史文化传统形成所起到的无与伦比的重大作用"，故历史文献上溯国史，"皆推黄帝为国史之第一人"[1]。自战国以来，人们便尊奉黄帝为神。甚至有学者认为，"黄帝即皇天上帝的别名"[2]，而黄帝作为天神，实为"中国上古'神统'之首要或纲领，是上古先民神灵信仰中显形或隐蔽之最重要的神"[3]。

汉高祖刘邦于沛县初即"祠黄帝，祭蚩尤于沛庭"[4]，后汉武帝"北巡朔方"，即"勒兵十余万，还祭黄帝冢桥山"[5]，说明汉初即有黄帝祠和黄帝信仰。《淮南子》云："西老折胜，黄神啸吟"，高诱注"黄神"为"黄帝之神"[6]，故最迟至西汉时，人们已称黄帝为黄神。班固《汉书》所引《幽通赋》"黄神邈而靡质兮，仪遗谶以臆对"中的"黄神"亦为黄帝，应劭云："黄帝善占梦，久远无从得问，准其谶书，以意求其象也。"[7]《文选》李善注《幽通赋》："应劭曰：'黄，黄帝也。'"[8] 黄帝有时又简称为"黄"，《文选》注张衡《东京赋》"登岱勒封，与黄比崇"曰："黄，黄帝也。"[9] 由此可见，"黄神"多指黄帝，即轩辕。《后汉书·天文志》刘昭注引张衡《灵宪》曰："黄神轩辕于中。"[10] 确指"黄

---

[1] 杜贵晨：《黄帝形象对中国"大一统"历史的贡献》，《文史哲》2019年第3期。

[2] 丁山：《中国古代宗教与神话》，上海书店出版社2011年版，第439—440页。

[3] 杜贵晨：《黄帝形象对中国"大一统"历史的贡献》，《文史哲》2019年第3期。

[4] （汉）司马迁：《史记》卷8，《高祖本纪》，中华书局1982年版，第350页。

[5] （汉）司马迁：《史记》卷12，《孝武本纪》，第472—473页。

[6] 高诱注曰："黄帝之神，伤道之衰，故啸吟而长叹也。"，何宁撰：《淮南子集释》卷6，《览冥训》，《新编诸子集成》（第一辑），中华书局1998年版，第489页。

[7] （汉）班固撰，（唐）颜师古注：《汉书》第12册，卷100上，中华书局1962年版，第4215页。

[8] （梁）萧统编，（唐）李善注：《文选》卷14，中华书局1977年版，第209页上。

[9] （梁）萧统编，（唐）李善注：《文选》卷3，第55页上。

[10] （晋）司马彪撰，（梁）刘昭补注：《后汉书志第十·天文上》，（南朝宋）范晔撰，（唐）李贤等注：《后汉书》，中华书局1965年版，第3216页。

神"为黄帝轩辕。

关于黄帝的传说也很丰富，作为天神而广受崇拜。《礼记·曲礼》云："天子祭天地，祭四方"，孔颖达疏："天神有六，祭之一岁有九：……"[1] 六天神中就包括黄帝。在"五方帝""五色帝"传说中，黄帝居中，黄色，佐后土[2]。同时，在道教文化中，"黄神"作为巫鬼道信奉之神，还被做成"黄神"法印以辟邪。如《抱朴子·登涉》："古之人入山者，皆佩黄神越章之印，……则虎狼不敢近其内也。"[3] 而此"黄神"实际也是黄帝[4]。总之，黄帝乃"千古神统之总管"[5]，作为天神，"能够驱遣鬼神及其他怪物为他驾车开路"[6]。有学者认为，黄帝的地位在东汉以后明显下降，"黄神越章"印也消失于东汉以后，并且"很可能与黄巾军的覆灭有关"，因为黄巾起义者以黄帝为尊，以"苍天已死，黄天当立"为号，而"黄天"之义指向黄帝[7]，东汉以后还偶有"黄神"之称，可"一般都和'后土'连称，被人们视作普通的土地神"[8]，甚至是灶神了[9]。但黄帝地位的下降，是不是也和自称黄虞之后的王莽覆亡有关呢？可待考证。

---

[1] （清）孙希旦撰：《十三经清人注疏·礼记集解》，沈啸寰、王星贤点校，中华书局1989年版，第150—151页。

[2] 《淮南子·天文训》："东方，木也，其帝太皞……治春"；"南方，火也，其帝炎帝……治夏"；"西方，金也，其帝少昊……治秋"；"北方，水也，其帝颛顼，其佐玄冥……治冬"，而"中央，土也，其帝黄帝，其佐后土"。（汉）刘安等：《淮南子》，《诸子百家丛书》缩印本，上海古籍出版社1989年版，第28页上、下。

[3] （晋）葛洪撰，（清）朱记荣校：《抱朴子·内篇·登涉卷第十七》，清孙星衍新校刊印本。

[4] 刘昭瑞：《论"黄神越章"——兼谈黄巾口号的意义及相关问题》，《历史研究》1996年第1期。

[5] 杜贵晨：《黄帝形象对中国"大一统"历史的贡献》，《文史哲》2019年第3期。

[6] 丁山：《中国古代宗教与神话》，第439—440页。

[7] 刘昭瑞：《论"黄神越章"——兼谈黄巾口号的意义及相关问题》，《历史研究》1996年第1期。

[8] 刘昭瑞：《论"黄神越章"——兼谈黄巾口号的意义及相关问题》，《历史研究》1996年第1期。

[9] 《太平御览》引《淮南子》曰："黄帝作灶，死为灶神。"（宋）李昉等撰：《太平御览》卷186，《居住部》十四，中华书局1960年影印本，第一册，第903页上。对于灶神来历，历来众说纷纭，黄帝作为人文始祖，农业文明、饮食文化的创始者，此当可备一说。

可以说，黄帝既是中华民族的人文始祖，也是集人性与神性于一身的文化图腾。班固《汉书·地理志》称："昔在黄帝，作舟车以济不通，旁行天下，方制万里，画野分州，得百里之国万区。"①"黄神"之称也反映了黄帝作为中华文明始祖、一代部族领袖，在长期历史发展过程中被不断神化的历史事实。黄帝的影响和形象早已传遍四方万国，黄帝（神）崇拜在各地广泛存在，一直未绝。中国各地迄今都不乏黄帝庙和黄神崇拜存在。除前述班固《幽通赋》、张衡《灵宪》外，早期诗文中，也可见"黄神"之称，如《全上古三代文》卷15《古逸》："昔黄神与炎神争斗涿鹿之野"②，此"黄神"明显指黄帝，说明黄帝崇拜、"黄神"之称早已有之，而且到宋代时尚未绝，黄庭坚即云："六书章句苦支离，非复黄神太古时。"（《学许氏说文赠诸弟》）由此，我们完全可以设想，永州黄溪所崇拜的"黄神"，是否也是黄帝崇拜，或者由黄帝崇拜演化而来？

（二）"（王）莽之世"

虽然我们有理由相信，黄溪之"黄神"可能与黄帝崇拜也有关联，但柳宗元却以"传"指出："黄神王姓，莽之世也。莽既死，神更号黄氏，逃来，择其深峭者潜焉。"那么，柳宗元所言是否确凿，此"黄神"与王莽是否真有关系，黄神是否还有其他所指呢？假设答案是否定的，那么柳宗元何以言"黄神"为"王莽之世也"？不管柳文所传是否真实，其将"黄神"与王莽密切关联起来，其中所蕴含的深意也不容忽视。

王莽（前45—23），字巨君，魏郡元城委粟里（今河北邯郸）人，西汉权臣、政治家、改革家，篡汉自立为"新朝"皇帝，在"真皇帝"位15年。据史载，"莽独孤贫，因折节为恭俭。……勤身博学，被服如儒生。事母及寡嫂，养孤兄子，行甚敕备。又外交英俊，内事诸父，曲有礼意。阳朔中，世父大将军凤病，莽侍疾，亲尝药，乱首垢面，不解衣带连月"。③ 王莽38岁任大司马后，"既拔出同列，继四父而辅政，欲令名誉过前人，遂克己不倦，聘诸贤良以为掾史，赏赐邑钱悉以享士，愈为俭

---

① （汉）班固撰，（唐）颜师古注：《汉书》，第1523页。

② （清）严可均辑校：《全上古三代文》卷15，《古逸》，《全上古三代秦汉三国六朝文》，中华书局1958年版，第104页上。

③ （汉）班固撰，（唐）颜师古注：《汉书》卷99，《王莽传》，第4039页。

约。母病，公卿列侯遣夫人问疾，莽妻迎之，衣不曳地，布蔽膝。见之者以为僮使，问知其夫人，皆惊"①。可见其平素贯以儒生形象行事及示人。虽然王莽"新朝"成为中国历史上的短命王朝之一，最后命丧乱兵之手，但其实行的"改制""新政"，却影响巨大，王莽作为一位备受争议的历史人物，历来评价褒贬不一。班固《汉书·王莽传》：

> 赞曰：王莽始起外戚，折节力行，以要名誉，宗族称孝，师友归仁。及其居位辅政，成、哀之际，勤劳国家，直道而行，动见称述。岂所谓"在家必闻，在国必闻"，"色取仁而行违"者邪？莽既不仁而有佞邪之材，又乘四父历世之权，遭汉中微，国统三绝，而太后寿考为之宗主，故得肆其奸慝，以成篡盗之祸。推是言之，亦天时，非人力之致矣。及其窃位南面，处非所据，颠覆之势险于桀纣，而莽晏然自以黄、虞复出也。乃始恣睢，奋其威诈，滔天虐民，穷凶极恶，毒流诸夏，乱延蛮貉，犹未足逞其欲焉。是以四海之内，嚣然丧其乐生之心，中外愤怨，远近俱发，城池不守，支体分裂，遂令天下城邑为虚，丘垅发掘，害遍生民，辜及朽骨，昔秦燔《诗》《书》以立私议，莽诵六艺以文奸言，同归殊途，俱用灭亡，皆炕龙绝气，非命之运，紫色蛙声，余分闰位，圣王之驱除云尔！②

班固称王莽"不仁而有佞邪之材"，是沽名钓誉、假仁假义的伪君子，"穷凶极恶""害遍生民"的暴戾奸臣。其流毒华夏，还祸及边区，使四海之内水深火热，民不聊生，因而"中外愤怨，远近俱发，城池不守"，最后落得身首异处、"支体分裂"的下场。班固笔下的王莽简直是古今大忠大奸、罪大恶极、虚伪无道之第一人，自古以来史书记载的"乱臣贼子无道之人"中没有比王莽更甚者，其德不配位，天命非正，故"众怨神怒"，圣王出而除之。其勤俭谦恭在班固等史家看来，都是虚伪矫饰，都是篡汉夺位的阴谋。班固之论影响巨大，后世文人也多站在封建正统立场上评价王莽，篡汉"贼子"之说几乎盖棺定论，如唐白居易《放言五首·其三》即云："周公恐惧流言后（一作日），王莽谦恭未篡

---

① （汉）班固撰，（唐）颜师古注：《汉书》卷99，《王莽传》，第4041页。
② （汉）班固撰，（唐）颜师古注：《汉书》卷99，《王莽传》，第4194页。

时。向使当初身便死，一生真伪复谁知。"① 白居易的看法与班固一致，认为王莽的谦恭实际上是"色仁而行违"之"伪"，目的是阴谋篡汉，经不住时间的考验。

但也有人认为王莽并不是一味的虚伪，甚至认为他是一位政治改革家②，是1900年前的社会主义皇帝（胡适语），至少在中国历史上"并不是一个很坏的皇帝"③，"以西汉末年社会的实际条件来衡量王莽的改革措施，不能不承认大多数是有进步意义的，而且切中时弊"④。其信奉儒家思想，希望通过复古周礼制度达到治国安天下的理念，称帝后便仿周制、行新政。王莽认为，"古者，设庐井八家，一夫一妇田百亩，什一而税，则国给民富而颂声作。此唐虞之道，三代所遵行也。秦为无道，厚赋税以自供奉，罢民力以极欲，坏圣制，废井田，是以兼并起，贪鄙生，强者规田以千数，弱者曾无立锥之居。又置奴婢之市，与牛马同兰，制于民臣，颛断其命。奸虐之人因缘为利，至略卖人妻子，逆天心，悖人伦"，于是"更名天下田曰'王田'，奴婢曰'私属'，皆不得卖买"⑤。王莽企图恢复井田制，禁止奴婢买卖，实行土地国有，并屡次进行币制改革，更改官制与官名，希望将盐、铁、酒、铸钱及山林川泽收归国有，然后与民修养，使国泰民安。尽管王莽的政治也许是一种"书生的政治"（钱穆语），政策的制定与实行之间存在距离，理想与现实之间存在巨大落差，但是毫无疑问，这些改革措施颇有人性和民本思想，且切中时弊。王莽篡位改制于"遭汉中微，国统三绝，而太后寿考为之宗主"之时，正如班固所言，"亦天时，非人力之致矣"，如是观之，王莽篡汉也是势在必然。

汉末以来，政治腐败，朝廷奢华无度，地方搜刮盘剥，豪强地主大量兼并土地，百姓流离失所，生活困苦，经济凋敝，以致人心浮动，社会矛盾日益尖锐。王莽执政所采取的一系列改革措施，也是为了缓和社会矛盾，挽救政治危机，实现大同理想社会蓝图。其"新政"所针对

---

① （唐）白居易著，谢思炜校注：《白居易诗集校注》，中华书局2006年版，第1232页。

② 葛承雍：《王莽的悲剧——兼与张志哲等同志商榷》，《西北大学学报》（哲学社会科学版）1981年第1期。

③ 萧立岩：《略论王莽及其改制》，《齐鲁学刊》1981年第6期。

④ 葛承雍：《王莽的悲剧——兼与张志哲等同志商榷》，《西北大学学报》（哲学社会科学版）1981年第1期。

⑤ （汉）班固撰，（唐）颜师古注：《汉书》卷99，《王莽传》，第4110—4111页。

的正是西汉以来最突出的土地和奴婢两大社会问题,而规定土地国有,不准私人买卖土地,从而从根本上解决农民土地问题。所以至少从这点来说,王莽独具远见卓识。时人中就有为其鸣不平的,认为王莽胜过那些夺取"新政"政权的更始帝君臣,如耿弇即云:"今更始失政,君臣淫乱,诸将擅命于畿内,贵戚纵横于都内。天子之命,不出城门,所在牧守,辄自迁易,百姓不知所从,士人莫敢自安。虏掠财物,劫掠妇女,怀金玉者,至不生归。元元叩心,更思莽朝。"① 故王莽改制确有一定的历史积极意义。

由此可知,王莽新政虽然失败了,但朝野上下也许尚有一定的支持者和影响力,其后人中也可能确有潜逃并隐匿于民间者,并且得到民间百姓的同情、肯定甚至拥戴,柳宗元"黄溪一记"中的"黄神"可能确为"王莽之世",而且为"有道"之人,死后被百姓立祠祭祀。之所以被称"黄神",可能存在两个方面的原因:一是当地方音中的"黄"与"王"同音②,久而久之,"黄""王"不分,"王"渐渐被称作"黄","王神"被称为了"黄神";二是如柳文所说,黄溪之"黄神"本姓王,因王莽后人逃亡至此,为隐姓埋名改姓"黄",加之王莽在世时曾自称为"黄、虞苗裔"③,故而改称"黄"姓。故《韩醇诂训》解曰:"《汉书·王莽传》自谓黄、虞之后,姚、妫、陈、田、王氏,凡五姓者,皆黄虞苗裔,其令天下尚此五姓,名籍于秩宗,以为宗室记。所言黄神王姓,盖取诸此。"④而王莽既称黄虞之后,史有舜帝南巡而葬于江南九嶷之说,遂"遣骑都尉嚣等分治黄帝园于上都桥畤,虞帝于零陵九嶷"⑤,可见王莽在世时,可能已有亲信治于零陵九嶷一带,其后裔逃往此地,隐居黄溪,很可能也与此有关。

但是,柳记只说"黄神"为"王莽之世",但究竟何许人也?文中

---

① (南朝宋)范晔撰,(唐)李贤等注:《后汉书》卷19,《耿弇列传第九》,第705—706页。
② 永州地处赣方言区,而赣方言中,迄今有地方"黄""王"发音相同。柳宗元《游黄溪记》亦云:"黄与王声相迩。"又朱翌《猗觉寮杂记》卷下:"黄、王不分,江南之音也,岭外尤甚。柳子厚《黄溪记》……以此考之,自唐以来已然矣。"(唐)柳宗元著,尹占华、韩文奇校注:《柳宗元集校注》,第1884页。
③ (汉)班固撰,(唐)颜师古注:《汉书》卷99,《王莽传》,第4106页。
④ (唐)柳宗元著,尹占华、韩文奇校注:《柳宗元集校注》,第1882页。
⑤ (汉)班固撰,(唐)颜师古注:《汉书》卷99,《王莽传》,第4107页。

并未具体交代,后来的《永州府志》也多为柳说之敷衍,那么"黄神"为"莽之世"的说法似乎值得怀疑。而且,历史上甚至还存在着其他说法,比如"黄神"为"黄盖"一说影响便较大,只是鉴于柳宗元《游黄溪记》的影响,故少有文献支撑①,如此看来,柳宗元《游黄溪记》中"黄神"的存在便有更为丰富的内涵,其"黄神"身份应该还有其他所指。

(三)"黄王"合体:"黄神""有道"

既然从丰富的历史文献中可以看出,"黄神"乃指黄帝或与黄帝有关,永州黄溪所祠"黄神"具体身份又难以确考,而柳宗元《游黄溪记》却以史家笔法传其为王莽后裔。这其中的深意,前人也已看出,如高步瀛《唐宋文举要》即按:"此隐以黄神自喻。"② 可以说,《游黄溪记》中的"黄神"形象实为柳宗元的政治理想与王莽革新精神的结合,是黄帝崇拜和王莽形象的合体。

司马迁《史记·五帝本纪》云:"轩辕之时,神农氏世衰。诸侯相侵伐,暴虐百姓,而神农氏弗能征。于是轩辕乃习用干戈,以征不享,诸侯咸来宾从。……代神农氏,是为黄帝。天下有不顺者,黄帝从而征之。平者去之,披山通道,未尝宁居",并"置左右大监,监于万国"③。而且黄帝作为有国史以来第一帝,其作为国家意义之象征,对中国封建社会政治影响深远。又贾谊《新书·修政语上》载:"黄帝职道义,经天地,纪人伦,序万物,以信与仁为天下先。然后济东海,入江内,取绿图,西济积石,涉流沙,登于昆仑,于是还归中国,以平天下,天下太平,唯躬道而已。"④ 黄帝不仅是实现天下大统之政治先祖、励精图治的榜样,还是"垂裳而治"而天下太平的政治表率。⑤ 故《白虎通义·号》释"黄帝"云:"黄者,中和之色,自然之性,万世不易",而"黄帝始作制度,得

---

① 吕国康:《从黄溪庙的祀主谈〈游黄溪记〉的弦外之音》,《零陵新闻网》2017年8月23日。

② (唐)柳宗元著,尹占华、韩文奇校注:《柳宗元集校注》,第1890页。

③ (汉)司马迁:《史记》卷1,《五帝本纪》,第3页。

④ (汉)贾谊著,王洲明注评:《新书·修政语上》,凤凰出版社2011年版,第115页。

⑤ 《周易·系辞传》:"黄帝、尧、舜垂衣裳而天下治。"(唐)孔颖达疏:《周易正义》,(清)阮元校刻:《十三经注疏》,中华书局1980年版,第87页上。

其中和，万世常存，故称黄帝也"①。"黄帝"也作为国家大统的政治图腾、民族文化的精神图腾而影响深远，"黄神"之谓亦如此。可以说，柳宗元"黄神"之说，既有对王莽政治革新之褒意，又有着丰富的政治内涵，即希望唐皇像黄帝治统天下那样，"天下有不顺者"，即"从而征之"，平定藩镇，收治割据，从而皇权得固，天下一统，又以"垂裳而治"，怀柔四海，使万国来服。

虽然封建制被认为起源于黄帝，而柳宗元倡郡县之制，但其认为"封建非圣人意也，势也"②，即黄帝之行"封建"也是当时天下之"势"所然。五帝之时，部落纷争，黄帝"乃习用干戈，以征不享，诸侯咸来宾从"，其以兵戈息止纷争，以战争平定天下，"置左右大监，监于万国"，乃因当时部落宗族构成的政治形势所决定的。那么，中唐宦官擅权，藩镇割据，党争不息之"势"，也需要有一位像黄帝那样的帝王，将天下不顺者，"从而征之"，加强皇权统治，使天下大统，政治安定，有道于民，使之安居乐业。但是，鉴于当时的社会局面，必定需要进行一番政治改革，以拯时弊，破痼疾，施新政，正如"二王刘柳"领导的永贞革新运动，又如王莽所实行的"新政"。然而，永贞革新之失败，"二王八司马"纷遭贬故，亦似王莽新政之败亡，不由使人产生诸多联想。

可想而知，王莽自称黄、虞之后，且改其女"安定太后号曰黄皇室主"，以"绝之于汉"③，实际上带有一定的宗教造反性质。《淮南子·修务训》云："世俗之人，多尊古而贱今，故为道者必托之于神农、黄帝而后能入说。"高诱注："说，言也。言为二圣所作，乃能入其说于人，人乃用之。"④ 也即凡起事者，多举神农、黄帝之道为帜，说于众人，才能令人信而服之，王莽即是如此。后来的起事者也有自称"黄帝"或"黄帝子"的，如东汉顺帝末"九江贼马勉称黄帝"（《后汉书·顺帝纪》），其"皮冠黄衣，带玉印"，自称为黄帝（《后汉书·滕抚传》），"长平陈景自号黄帝子，署置官属"（《后汉书·桓帝纪》），前述黄巾起义的口

---

① （汉）班固：《白虎通义》卷2，《号》，（清）陈立撰，吴则虞点校：《白虎通疏证》，中华书局1994年版，第53页。
② （唐）柳宗元：《封建论》，（唐）柳宗元著，尹占华、韩文奇校注：《柳宗元集校注》，第186页。
③ （汉）班固撰，（唐）颜师古注：《汉书》卷99，《王莽传》，第4120页。
④ 何宁撰：《淮南子集释》卷19，《修务训》，《新编诸子集成》（第一辑），第1355页。

号也与黄帝有关。可见，王莽称"黄虞"以绝刘汉的做法便颇具造反意义，故其后起事者遂纷纷仿效之，打出"黄帝"尊神的名号，甚至自称黄帝或其后裔。因此，"黄神"之称颇具反叛意味而有着一定政治革新气息。

柳宗元乃名门之后，年少多才，本想通过永贞革新运动，达其政治之理想。遂与王叔文、王伾、刘禹锡等同道，针对中唐三大痼疾，进行大胆革新，企图抑制藩镇和宦官势力，巩固皇权，重建中央集权；惩贪鄙，用贤能，免苛征，恤百姓。在短时间内拟订改革方案，采取了系列措施，取消进奉，罢宫市，减俸钱，夺军权，并放宫人，还女乐，令其与家亲相聚，等等。永贞革新虽因遭到既得利益者的反扑而落败，但当时无疑也产生了一些积极影响，其历史意义也多为史家所肯定。事实上，永贞革新所采取的有些改革措施，其后的顺宗朝仍然得以延续，"元和中兴"局面的出现也应与永贞革新有关。永贞革新失败而遭贬，对于柳宗元影响巨大。其心中的幽愤与苦闷，有志而不得申，有怨而不能言的矛盾、屈辱、压抑只能诉诸永州的山水以及山水中的神祇，于是借永州山水之游的书写，以慰其寂寞而孤独的心灵。

因此，柳宗元传写黄溪之"黄神"和王莽"黄虞苗裔"之称，且强调"黄神"之有道于民，使民咸安，便有着政治隐喻之深意。作为一代政治革新运动的领导者之一的柳宗元，和实行新政改制的王莽一样，也是针对时弊，勠力改革而失败，和其后人一样沦落至此蛮荒之地，其与"黄神"有着类似的遭际，可谓同病相怜的同道之人，可以说，"黄神"之于柳宗元，无异于又一座"特立"之西山，精神之知己，无怪乎高步瀛认为其"隐以黄神自喻"了。

虽然，柳宗元诗文中并没有对王莽的直接评价，但在《舜禹之事》等文中却可见其基本观点，即得民心者得天下。在颇具反传统意义的《六逆论》中，柳宗元大胆提出择嗣立储不应讲嫡庶，置臣不应讲门第、论亲疏，反对"任人唯亲"，主张任人唯贤。而王莽虽为篡汉自立，但其新政改制，却颇具现代意义的民本思想。柳宗元与王莽一样，也是出生世家，柳氏家族曾显赫一时，祖上世代为官，可一朝天子一朝臣的封建统治，即使柳宗元再有才华，终究"不列于中州"而被弃之蛮荒。柳宗元《游黄溪记》以史笔传王莽之世，也间接体现了对于王莽的看法，尤其对"黄神""有道"的赞颂，更是从侧面对王莽的肯定，显示了一代政治家柳宗元的远见卓识。

三 "孤臣"与黄溪：柳宗元的黄溪诗作

除《游黄溪记》外，柳宗元还写了两首黄溪诗歌，即《韦使君黄溪祈雨见召从行至祠下口号》，与《入黄溪闻猿》。这两首诗与《游黄溪记》所作时间应该相近。《韦使君黄溪祈雨见召从行至祠下口号》云：

> 骄阳愆岁事，良牧念畜畲。列骑低残月，鸣笳度碧虚。稍穷樵客路，遥驻野人居。谷口寒流净，丛祠古木疏。焚香秋雾湿，奠玉晓光初。胙蒀巫言报，精诚礼物余。惠风仍偃草，灵雨会随车。俟罪非真吏，翻惭奉简书。①

据考，此诗为柳宗元于元和八年（813）秋季所作，韦使君即韦彪②，黄溪为湘江二级支流，诗中的"祠"即为《游黄溪记》所载"黄神祠"。可以说，黄神既是受人敬奉祭拜的人神，同时也是当地人们祭拜祈雨的黄溪水神，故是年旱灾，柳宗元见召随韦彪到黄神祠祈雨。诗歌有叙事，有写景，有议论，也有抒情，书写了黄溪祈雨的缘由，黄溪周围景色，以及祈雨情景及求雨之意。诗末二句则隐含自况意味，《韩醇诂训》云："贾谊谪长沙王太傅，为赋吊屈原。其辞曰：'恭承嘉惠兮，俟罪长沙。'公为永州员外司马，故曰非真吏。"③ 如果说此诗作为一首祈雨诗，显得庄重典雅，抒情含蓄，那么另一首《入黄溪闻猿》相较而言，抒情色彩则更为浓郁。诗曰：

> 溪路千里曲，哀猿何处鸣？孤臣泪已尽，虚作断肠声。④

据考，此诗与前同作于元和八年，即随韦使君韦彪祈雨黄溪之时，作

---

① （唐）柳宗元著，尹占华、韩文奇校注：《柳宗元集校注》，第2974页。
② （唐）柳宗元著，尹占华、韩文奇校注：《柳宗元集校注》，第2975页。
③ （宋）韩醇：《韩醇诂训》，尹占华、韩文奇校注：《柳宗元集校注》，第2976页。
④ （唐）柳宗元：《入黄溪闻猿》，尹占华、韩文奇校注：《柳宗元集校注》，第2972页。

二诗与《游黄溪记》。① 此诗获前人诸多好评，大意均谓此诗颇有新意②。诗歌首写黄溪蜿蜒弯曲、幽深之貌，次写千里深曲之黄溪两岸猿声哀鸣不绝，令人断肠落泪，然而猿声虽哀，令人断肠，可孤臣泪尽，却已无泪可流。此诗虽颇"得翻案法"③，但更值得注意的是，诗中所言"孤臣"究竟指谁？除了柳宗元自遣外，鉴于黄溪游记中有"黄神"为王莽后人之说，"孤臣"一词便值得好好揣摩，其含义也更为丰富，也许其中既有柳宗元贬谪情怀的表达，又有对于王莽或"王莽之世"的惺惺相惜。而正是因为内心的孤独，逐臣柳宗元与"黄神"之间才有着某种精神上的神遇，使之成为特殊的精神知己！于"黄神祠"祈雨的诗人，穿行于幽深的溪谷，耳听哀猿悲鸣，此时当会格外哀怨伤感，精神上也更感孤独。

"柳氏之孤"可以说是子厚诗文表现的重要内容，多见或直接或间接抒写孤独的作品。柳宗元山水诗清峻幽峭的诗风也与其抑郁孤愤的心境密切相关。其于诗中常言寂寞，《中夜起望西园值月上》云："觉闻繁露坠，开户临西园。寒月上东岭，泠泠疏竹根。石泉远逾响，山鸟时一喧。倚楹遂东旦，寂寞将何言。"④ 诗人中夜睡起，孤寂难眠，只好"倚楹遂东旦"，诗歌意境清冷，烘托出诗人难言的寂寞心境。其诗中也多说孤独，《江雪》云："千山鸟飞绝，万径人踪灭。孤舟蓑笠翁，独钓寒江雪。"⑤ 道尽"千万孤独"。其喜写石，《永州八记》中几乎篇篇都会写石，《游黄溪记》中也有对奇石的描写；其喜写水，永州山水中的水尤其清淳，甚至透着清寒之气。如果说石的坚硬恰好可表现出柳宗元的内心孤独、坚忍不拔的意志和孤傲不群的精神气质，那么水的清寒则可反映出柳宗元高洁的人格形象和与时不合的孤独心境。其黄溪诗文同样表现了这种内心深处的孤独。可以说，《入黄溪闻猿》中"孤臣"一词既是自况，也是深层隐喻，道出逐臣柳宗元的幽愤、哀怨以及精神上的"万千孤独"。

虽然柳宗元书写黄溪之作并不多，但黄溪却成为柳宗元的又一处精神

---

① （唐）柳宗元著，尹占华、韩文奇校注：《柳宗元集校注》，第 2973 页。
② （唐）柳宗元著，尹占华、韩文奇校注：《柳宗元集校注》，第 2973—2974 页。
③ （唐）柳宗元著，尹占华、韩文奇校注：《柳宗元集校注》，第 2973 页。
④ （唐）柳宗元：《中夜起望西园值月上》，尹占华、韩文奇校注：《柳宗元集校注》，第 2982 页。
⑤ （唐）柳宗元：《江雪》，尹占华、韩文奇校注：《柳宗元集校注》，第 2993 页。

家园,而黄溪之"黄神",使柳宗元更是有了一位精神知己,令"孤臣"柳宗元在此驻足。其黄溪诗文也让黄溪之美、黄溪之神得以播扬天下,而影响着一代代后来者。其后宋代梅尧臣即称"最苦来黄溪,坐石数游鳞。有鸟大如鹄,东向立不跧"①,写柳文所记之"黄溪",并有《泊下黄溪》等诗篇。另如欧阳修《黄溪夜泊》一诗所写虽然可能并非永州之黄溪,但其中"行见江山且吟咏,不因迁谪岂能来"②,也可能受到"孤臣"柳宗元黄溪诗文的影响。

结　语

如果说,《永州八记》代表着柳宗元永州山水游记的最高成就,其对永州山水进行了超功利的审美观照,使"孤臣"柳宗元的精神不孤,因为永州山水令他暂时达成内心的和解,使他拥有短暂的宁静和安详,达到物我合一的精神境界,将"永之人未尝游"③的永州山水皆着"我"之色彩,赋予永州山水表达其个人情志的功能,那么,《游黄溪记》可谓《永州八记》后的第九记,同样代表着柳宗元山水游记的最高水平。与《永州八记》多表现"山水即我,我即山水"所不同的是,《游黄溪记》的精神隐喻不仅是黄溪之山水,还有黄溪之神祇。柳宗元"以黄神作标准"④的写法,更是达到了"黄神即我,我即黄神"的精神高度。

---

① (宋)梅尧臣,朱东润编年校注:《梅尧臣集编年校注》,上海古籍出版社1980年版,第547页。

② (宋)欧阳修,李逸安点校:《欧阳修全集》,中华书局2001年版,第168页。

③ (唐)柳宗元:《袁家渴记》,尹占华、韩文奇校注:《柳宗元集校注》,第1918页。

④ (唐)柳宗元著,尹占华、韩文奇校注:《柳宗元集校注》,第1887页。

《新安文献志》的文学史料价值

潘定武

(黄山学院文学院)

《新安文献志》为明代徽州著名学者程敏政所辑纂,其篇幅多达 100 卷,计 120 多万字。内容涵盖魏晋南北朝至明代前期徽州先贤事略及大量徽州籍文人诗文著述和其他各地人士涉及徽州之著述,总录文 633 题,诗 916 题,行实 358 题。《新安文献志》不但是研究徽州社会历史文化的重要文献,而且在研究徽州文人及徽州文学方面同样具有重要的价值。以下试简略缕述之。

一　程敏政与《新安文献志》

程敏政(1445—1499),字克勤,明代徽州休宁篁墩人,中年后因号篁墩,世称程篁墩。程氏以早慧著称乡里,成化二年(1466)成进士,授编修,官至礼部右侍郎。弘治十二年(1499),因主持礼部会试被告舞弊,下狱后不久愤恚而死。程敏政一生著述丰富,有《篁墩文集》93 卷等,而最有影响的则是《新安文献志》100 卷。

据程敏政撰于弘治三年之《新安文献志序》,本编"盖积之三十年始克成",则著者尚未二十之时,即已关注相关新安文献并进行辑纂。作为生长于朱子之乡徽州(新安)的一代文化名人,程敏政深感"生于其地,而弗究心于一乡之文献,非大阙与"?故早年即有志于此,"凡吾党之士,抚先正之嘉言懿行萃于此,发高山景行之思,而日从事乎身心,由一家以达四海,时言与行符,华与实称,文章德业无愧前闻。又进而诵法程朱氏,以上窥邹鲁,庶几新安之山川,所以炳灵毓秀者,不徒重一乡,将可以名天下;不徒荣一时,或可以垂后世。而此编亦不为无用之空言也哉"

(《新安文献志序》)。而本编《凡例》则说："凡先达时文，务取平正醇粹有关世教者。否，虽脍炙人口，不录也。"可见程氏不仅是为保存乡邦文献，而且更为弘扬乡邦先贤德业，垂范后世以至教化乡邦后世，因而积数十年心力纂述此书。

《新安文献志》选录之文，重在表彰先贤贤能德义，所谓文能安邦济民，武能杀敌御侮之辈。新安先贤众多，而朱熹无疑是明代之前最突出的一位。《新安文献志序》更称朱熹为"嗣孔孟之统，而开绝学于无穷"的承前启后、继往开来的关键性的人物，视之为新安文化的代表。本编收录了诸多朱熹以及和朱熹有关的文献，从中可以见出朱子之学在徽州的代代传承与广泛影响。

《新安文献志》还注重收录描写、介绍徽州大好山水的诗文，并彰显徽州人物热爱乡邦、建设乡邦、奉献乡邦的懿德义举，折射了程敏政对故乡新安的炽热情感。要之，通过阅读《新安文献志》，可以使人感受到徽州山水与人文的灵秀，尤其堪称为人文底蕴深厚的礼仪之邦，不愧"东南邹鲁"的美誉。

《新安文献志》在文献方面既广搜博采，又主旨突出，对所采文献还能注重考核校订、拾遗补阙，见出程敏政的考证之功与学者眼力。虽然因时代局限等因素，《新安文献志》也存在文献遗漏或取文方面一定的偏好，编纂者的若干识见也存在着偏颇，但总体而言，本编可谓明初之前徽州（新安）文献的渊薮与精粹之所在。《新安文献志》不仅具有广泛意义上的重要文献价值，而且具有重要的文学史料价值，因而也是研究徽州地域文学乃至中国古典文学应予重视的资料。

二 《新安文献志》中的文学家史料

《新安文献志》卷首为《新安文献志先贤事略》，含上、下两部分，分别录新安本郡先贤人物345人和外郡先贤人物118人，本、外郡合计463人。所录本郡人物中，南齐1人，南梁1人，唐11人，南唐1人，两宋145人，元88人，国朝（明）98人。本郡345人中，至少150多位人物有诗文创作、诗文集或辑纂有诗文集，或有诗文评论著述。撮其要者略举如下：

梁·程秘书誉，……尝作《东天竺赋》以自况，为文士所传。

唐·吴侍御少微，……以文名，有集五卷。

方玄英干，……有集十卷。

宋·洪比部湛，……有集十五卷。

程文简公琳，……有文集、奏议六十卷。

聂内翰冠卿，……以文名，有《蕲春集》十卷，《河东集》三十卷。

丘殿丞濬，……有诗一卷，文集十五卷。

程殿撰师孟，……有诗集二十卷，奏议十五卷。

王提刑汝舟，……有文百卷，手校书万余卷。

程龙图瑀，……有《鲍山集》六十卷，《野叟谈古》、《两汉索隐》、《唐传摘奇》、诗话、杂志各一编。

朱奉使弁，……有《风月堂诗话》一卷，《新郑旧诗》一卷，《南归诗文》一卷。

朱献靖公松，……有集十二卷，外集十卷。

程章靖公克俊，……有文集五十卷，内外制集二十卷。

汪文定公应辰，……有《玉山集》八十卷。

张衡州敦颐，……所著有《韩柳文音辨编年》诸书。

胡苕溪仔，……以诗名，所著有《渔隐丛话》六十卷。

程壮节公叔达，……有制草、论谏、杂文共三十六卷。

吴文肃公儆，……有《竹洲集》三十卷。

罗鄂州愿，……有《鄂州小集》五卷，文公亟称之，论文者以为"南渡后第一人"。

方秋崖岳，……所著有《秋崖小稿》。

孙楚望吴会，……诗文不尚绮靡，当世利病莫不练核。

汪山泉仪凤，……有《山泉类稿》四十二卷，《程文》六卷。

程述翁时登，……所著有《感兴诗讲义》《古诗订义》《文章原委》。

江天多心宇，……著《杜诗章旨》六卷。

吴古梅龙翰，……有诗十六卷，杂著文二百余篇。

元·方虚谷回，……所著有《碧流集》《桐江集》，又有《瀛奎律髓》《名僧诗话》诸书。

汪杏山梦斗，……所著诗文曰《云间集》《北游集》。

曹弘斋泾，……所著有讲义四卷，文稿、俪稿、书稿、韵稿共五卷，又有《服膺录》《读书记》《杂作管见》《三场管见》《过庭录》《课馀杂记》《曹氏家录》《古文选》。

程文宪公文海，……有文集四十五卷。

江顺德濬，……尝编新安之诗曰《徽风》。

江石卿砢，……诗长于五言，有《古瓢诗丸》一卷，虚谷序称之。

唐筠轩元，……所著有诗文五十卷。

汪文节公泽民，……所著有《巢深》《燕山》《宛陵》三稿。

郑师山玉，……诗文曰《馀力稿》。

程黟南文，……所著有《蚊雷小稿》《师意集》《黟南生集》。

张子经文在，……诗蕴藉闲雅。

吴克敏讷，……有诗集五卷。

国朝·詹承旨书，……所著有《海涓集》《天衢吟啸集》。

赵东山汸，……诗文曰《东山集》。

程邦民国儒，……早与刘基、杨维桢辈俱负盛名，有《雪崖集》。

郑樗庵潜，……所著有《白沙稿》《樗庵集》。弟晦，字子明，尝编《朝野诗选》八卷。

唐白云桂芳，……所著有《武夷小稿》。

任本立原，……兄弟皆有诗文集。

朱礼侍同，……有文集曰《覆瓿稿》。

程子元亿，……所著诗曰《泉石斋稿》。

韩樵墅廉，……能诗文，兼工翰墨，时人目为"三绝"。

余子韶镛，……有诗文曰《尚友斋集》。

郑居贞桓，……有文曰《闽南集》《关陇行稿》《归来稿》《随稿》《桧庭稿》。

唐梧冈文凤，……所著曰《梧冈集》。

程襄毅公信，……所著有《晴洲集》，又有《容轩稿》《榆庄集》《尹东稿》《南征录》。

汪以名德，……工诗，有集曰《袜线稿》。

汪思敬敬，……所著诗文曰《养浩斋集》。

苏景元大，……所著有《瓮天集》及编《新安文萃》十五卷。

《新安文献志》所录众多徽州文学家，虽未载其生卒年，但均依年代先后列举，而且交代出部分作家之间的关系，尤其是大部分均载其所著诗文集名称，部分为徽州郡县志所未载。且由于《新安文献志》纂于明代中期，早于徽州府志及多数徽州县志的编纂，因此，在保存徽州文学家资料方面，《新安文献志》无疑具有不可替代的价值。

三　《新安文献志》中的文学作品

　　《新安文献志》辑录了大量徽州籍文人诗文著述和其他各地人士涉及徽州之著述，总录文633题，诗916题，行实358题。细分之，文类633题中，辞命66题，奏疏40题，书40题，记82题，序52题，题跋62题，议6题，论26题，辨8题，说11题，考8题，杂著36题，问对4题，策问8题，讲义9题，檄19题，表笺奏17题，启43题，碑13题，祭文20题，铭箴赞颂38题，赋11题，辞14题。诗类916题中，乐府71题，古诗五言85题，古诗七言67题，律诗五言125题，律诗七言179题，排律五七言21题，绝句250题，杂体诗70题，诗余48题。行实类358题中，神迹2题，道原15题，忠孝21题，儒硕33题，勋贤10题，风节18题，才望22题，吏治28题，遗逸57题，世德26题，寓公10题，文苑36题，材武31题，列女16题，贞女18题，方技15题。

　　《新安文献志》所录辞命、奏疏、辨说、问对之类，虽注重于"平正醇粹、有关世教"，但也多文辞高华、注重修辞，而绝非质木无文、枯燥说教。卷1收录南宋汪藻所制辞命12题，均平正通达、文采斐然。诚如程敏政跋语中引孙觌、吴澄所论："建炎绍兴间，新安汪公为中书舍人、翰林学士，一时诏令多出公手，开示赤心，明白洞达，不出户窥牖而天威咫尺，坐照万里。学士大夫传诵，以比陆宣公。""代言之臣，南渡迄于季年，惟显谟汪公最优。多难之秋，德音所被，闻者悽愤，何其感人之深哉！盖其制作得体，不但言语之工而已。"卷1又录南宋程俱辞命9题，程俱亦是学问风节卓然不群之辈，当时宰相誉之为"今之韩退之"。卷2录汪藻《论追夺冒进人不当叙复状》后跋引黄震语曰："浮溪之文，明澈高爽。欧苏之后，邈焉寡俦。艰难扈从之际，敷陈指斥，尤多痛快，殆有烈丈夫之气。"卷4录朱松（朱熹之父）《论时事劄子》后跋曰："韦斋文温婉典裁,至表疏书奏,又皆中于理而切事情。盖公闻河南二程先生之遗论既久,而所得益深,故发于文自然臻此,非有意于求工也。"卷8录有汪若海《上曹枢密辅论兵书》等文,并引《宋史》本传所论曰:"若海豁达高亮,深沉有度,耻为世俗章句学,为文操纸笔立就,蹈厉风发。"

《新安文献志》中收录的书、记、序、说、辞赋等作品,无疑均在注重内容雅正的同时,也不忽视其艺术性、可读性。而其中收录的大量诗歌作品,虽然见于文学史上的一流名家之作似乎为数不多,但不乏有影响的作家作品,尤其在书写特定社会历史内容及描绘新安(徽州)社会文化、自然山水方面。诸多诗文彰显了徽州世宦大族耕读传家、文教兴邦的优秀传统,将徽州山水之奇丽壮伟、高下异趣以及对新安大好山水赞美热爱之情充溢于字里行间。要之,就《新安文献志》所收作品来说,其相当一部分均是可观的文学作品。因此,《新安文献志》可以说既是徽州阶段性历史文献的总集,也是明代中期前徽州文学作品的重要选集。

四 从《新安文献志》看徽州文学

中华民族历史悠久、疆域辽阔,考察中国古代的文学艺术,无疑不能忽视时代性、地域性因素。不同地域不但具有不同的山川地理、自然环境,而且往往形成了一定差异的社会环境、政治环境、经济环境、文化环境。徽州地处皖南山区,群山环抱,地理相对闭塞,因而久已形成富于地域特色的徽文化。而因自魏晋南北朝至唐宋时期,每逢离乱,北方中原地区大族多有南迁,徽州相对闭塞、安定的环境不断吸引着北方大族的到来。中原文化的交流、融入,使得新安(徽州)地域文化又具有一种开放性、包容性;自宋代以来,特别是明代以后,徽州人口日渐繁盛,人多地狭的矛盾日渐突出,徽人不得不纷纷离乡谋生,徽商由此产生并逐渐壮大,徽商的发达,对徽州教育文化无疑是有力的反哺,进一步促进了徽文化的繁荣,提高了徽州文化和徽州地域文学艺术的影响力。

徽文化渊源有自,但真正对徽文化产生决定影响的代表人物无疑是大儒朱熹。朱熹虽生于福建尤溪,但祖籍徽州婺源,朱熹本人也高度认同徽州,著述常署"新安朱熹"。不过,相对于朱熹对徽州的认同,徽州更愿意接纳朱熹。自宋元以后,徽州更深受朱熹理学的影响,接受、宣传和弘扬朱子学说成为诸多徽州文化学人义不容辞的光荣使命，徽州文化也深深地烙上了程朱理学的印记。

作为明代前期徽州文化的代表人物之一，程敏政既推崇程朱，也试图调和程朱、陆王之学。其所著《道一编》，称程朱、陆王"始焉如冰炭之相反，中焉则疑信之相半，终焉若辅车之相依"。程氏又著有《苏氏梼杌》，被《四库全书总目》称为"锻炼苏轼，复伊川九世之仇，至今为通人所诟厉"，可见其维护程朱之积极态度。而《四库全书总目》亦称："然明之中叶，士大夫侈谈性命，其病日流于空疏，敏政独以雄才博学，挺出一时。"（《篁墩集提要》）雄才博学的程敏政，耗费巨大心力辑纂《新安文献志》，"征引繁博，条理淹贯。凡徽州一郡之典故，汇萃极为赅备，遗文轶事，咸得借以考见大凡。故自明以来，推为钜制"（《四库全书总目·新安文献志提要》）。《新安文献志》虽编纂于徽州文学尚未大盛的明代中期以前，但从中亦可窥见徽州文学的初具规模与其基本特征。

《新安文献志》中，首录徽州文化先贤，至少150余人均有诗文集传世，而本编所收大量徽州诗文，部分著者尚在卷首所列之外，故总计《新安文献志》所及徽州文学家不下200人，作品更在千篇以上。以并非广袤之一郡，能聚集如此众多作家作品，的确颇为可观。而综览《新安文献志》，又可窥见徽州文学的若干特点。

《新安文献志》所录徽州作家既颇为广泛，又一定程度体现了家族化的特点。以卷首所录本郡先贤中有诗文作家统计，程氏、汪氏作家最多，程氏33人，汪氏28人，其次为吴氏13人，朱氏8人，胡氏6人，孙氏6人，方氏5人，江氏5人，等等。各氏作家人数与徽州名族之规模基本一致。程氏、汪氏向称徽州之雄，其次吴氏、方氏、胡氏、朱氏等在徽州也颇具影响。

由于南宋后期以后，徽州士人普遍深受程朱理学影响，多为朱子之学的传人，影响到文学创作也颇为明显。《新安文献志》编纂者程敏政带有弘扬朱子之学之倾向，所录作品多醇正入理，而这正是徽州作家文学创作的普遍特点。徽州作家多数同时也是学者，或者首先为学者，以绍述光大先贤的思想学术为己任，而文学创作多为余事，且文学中也多渗透着儒家理学经世报国、修身养性的思想精神。

同时，《新安文献志》中也收录了数量颇为可观的描写徽州山水自然的诗文作品。徽州奇美的山水自来引起诸多文人的关注与赞美，徽州士人更出自对故土的热爱与自豪,普遍留下歌咏乡邦山水自然的诗文作品,这正是徽州文学的重要内容和突出艺术成就之所在。《新安文献志》所收徽州山水文学作品中,不仅收录描写徽州奇山秀水的作品,还关注开发利用山水自然资源,达到人与自然和谐互融的内容,无疑从更深层次上体现出对故土山水与文化的热爱与嘉美,也彰显了徽州文学的独特魅力。

查慎行《陪猎笔记》的书籍史文献价值

甄 芸

(西北民族大学中国语言文学学部)

《陪猎笔记》是清代诗人查慎行著录的扈从行程日记,[①] 也是近年整理出版的查慎行稀见文献一种。《陪猎笔记》记载查慎行仕臣生涯中首次随驾康熙皇帝巡幸避暑山庄的见闻和感思。笔记内容纷繁博杂,涉及巡行路线轨迹、驻跸行宫地点、山川地理形势、珍奇物产资源、政治历史事件与权重人物言行等,对于清代历史研究具有多重文献价值。其中值得特别注意的是,《陪猎笔记》详细记述了康熙皇帝集合翰林文士编纂咏物诗集的完整过程,展示出了清代官修书籍生产过程中从编排方式、分工流程、皇帝参与到文献来源、文本组合的丰富细节,是留存认知清代官修书籍文本生产和编辑形态的生动文献。与此同时,《陪猎笔记》对于皇帝与翰林文士阅读情况的记载,呈现出了他们的阅读世界。《陪猎笔记》细致而集中地存录编书与阅读的材料,具有珍贵的书籍史文献价值。

一 考证诗集编纂过程和展现书籍编辑流程

《陪猎笔记》的书籍史文献价值首先体现在为考证《佩文斋咏物诗选》的编纂提供确切文献,并且从咏物诗集编纂的完整进程可以了解清代官修书籍文本生产的标准流程。

《佩文斋咏物诗选》(以下简称《咏物诗选》)四百八十六卷,《四库

[①] 查慎行(1650—1727),原名嗣琏,字夏重。后改名慎行,字悔余,号他山,又号查田,晚号初白翁。浙江海宁人。作为清代"宗宋"诗派的重要人物,查慎行的诗歌创作强调"宋诗新变",尤其是他所主张的"唐宋互参"诗学理论,对于清代诗风的转向产生深远影响。

全书总目》称为《御定佩文斋咏物诗选》，是中国诗歌史上卷帙最为庞大的咏物诗选。《咏物诗选》以吟咏物象划分，遵照"天、地、人、事、物"的顺序，收选起自上古，终于明末的历代咏物诗作一万四千六百首。《咏物诗选》的成书对清代咏物诗观的转变以及咏物选本的编纂体例均产生过深刻影响，① 被视为咏物文学史上的权威文本。关于这部咏物诗集的成书过程及编纂细节，目前所见康熙年间历史档案、实录、皇帝上谕及各类书目文献中都未存详细记载，各类清代官修书籍研究论著中亦未有深入讨论。② 康熙四十二年（1703），查慎行奉旨随驾康熙皇帝巡幸避暑山庄，著录《陪猎笔记》以记行旅见闻。其中详细记载了这部中国最大咏物诗选的编纂细节及其完整过程，提供了考证《咏物诗选》编纂成书的一手文献。

根据《陪猎笔记》所载，《咏物诗选》编纂于康熙四十二年五月至九月的巡幸避暑山庄途中。笔记开篇交代：

[癸未五月]　皇上将幸山庄避暑。初四日于畅春园，奉旨："查升、陈壮履、励廷仪、汪灏、查慎行、蒋廷锡六人俱着随驾。"臣钱名世自请行，奉旨亦允所请。③

七位奉旨随驾的翰林文士构成编纂《咏物诗选》的编者群体。诗选编纂正式开始于六月初四日，笔记有载："[六月初三日]时行殿初成，上驻跸焉。……奉旨令臣等将古人咏物诗分类编辑，自明日始。"④《查慎行年谱》亦载："六月，奉旨编辑历代咏物诗。"⑤ 缀连拼合笔记所载编纂记

---

① 《佩文斋咏物诗选》对于中国咏物文学产生的影响在于：一是通过文本编选呈现出的"大咏物"诗观，拓宽了中国咏物文学的范围界定，影响了咏物文学的创作实践；二是诗选采用的"类—体—世"三级体例，确立了中国咏物文学选本的标准体例。参见甄芸《〈佩文斋咏物诗选〉研究》，博士学位论文，北京师范大学，2012年，第75—94页。
② 在清代宫廷档案、皇帝上谕等历史文献中，对于《佩文韵府》《康熙字典》等官修书籍的编纂过程、文字勘误、刊刻印刷、皇帝参与程度等细节都存有详细记载。这些关于书籍生产的细节文献正是中国书籍史研究的基本材料。
③ （清）查慎行撰，张玉亮、辜艳红点校：《查慎行集》第二册，浙江古籍出版社2014年版，第235页。
④ （清）查慎行撰，张玉亮、辜艳红点校：《查慎行集》第二册，第240页。
⑤ （清）沈起、陈敬璋撰，汪茂和点校：《查慎行年谱》，中华书局1992年版，第26页。

录,《咏物诗选》编辑流程及其进度如表1所示。

表1　　　　　　　　《佩文斋咏物诗选》编纂流程进度

时间	流程	进度	人员
六月			
初三日	奉旨编书	奉旨分类编辑古人咏物诗	康熙皇帝、翰林编修
初五日	商略凡例	商略凡例八条	康熙皇帝、翰林编修
初六日	选诗初编	荷花诗	翰林编修
初七日		石榴诗	
初八日		芍药诗	
初九日		竹类诗	
初十日		竹类诗	
十一日		蔷薇诗、荼蘼诗	
十二日		菱芰诗、芭蕉诗	
二十二日		兰诗、牡丹诗、菊花诗、海棠诗	
二十二日	呈览样本	各缮样本先呈御览	康熙皇帝、翰林编修
二十三日	定例开编	命照此例编辑	康熙皇帝
三十日	依例分编	石榴诗	翰林编修
七月			
初一日	依例分编	荼蘼诗	翰林编修
初三日		菱芰诗	
初四日		竹类诗	
初五日		金沙花诗	
初六日		蔬菜诗	
十二日	呈览诗册	进呈分类诗册	康熙皇帝
二十四日	依例分编	蔬菜诗	翰林编修
二十五日		手录诗选	
八月			
初一日	依例分编	续分蔬果草木类	翰林编修
初六日		各事纂辑	
二十三日		禽鸟诗、鹤诗	

《咏物诗选》的编纂过程体现清代官修书籍生产的标准程序："奉旨分类编辑"正是书籍生产受到皇帝意志统摄的明确表现，翰林文士遵照皇帝旨意履行编修书籍职责。这类书籍通常统称为"官修书籍"，狭义可称"御制""御定"书籍。编纂官修书籍一般经过商定凡例、按例初编、呈览审定、分工类编、选诗抄录、呈览誊本等多个程序。

　　商定凡例。《咏物诗选》正式开编之前，翰林文士商略编辑凡例，以此确定诗选的编选标准及其编纂体例。"［六月初五日］雨中入直，商略凡例八条。"① 今见《咏物诗选》刊本之前均未附有凡例，笔记亦未详载八条凡例内容，因此咏物诗选凡例内容不得而知。从清代官修书籍通行体例而言，书籍目录之前均会附有凡例，说明书籍编纂的方法与体例。

　　选诗分类。《咏物诗选》收录咏物诗作数量达到一万四千六百首，七位翰林又是如何分工协作编纂体帙如此庞大的诗选呢？自六月初六日开始正式编纂《咏物诗选》，翰林文士将"花卉"定为首编类目。作为初编尝试，翰林文士分别承担"花卉"类目之下的一个花种编纂。具体分工是：陈壮履编选"兰类"、汪灏编选"牡丹类"、钱名世编选"菊花类"、蒋廷锡编选"海棠类"、查慎行编选"荷花类"。② 此后诗选遵照先确定大类，再分配小种的层分方式进行。至于每一小种物象具体由谁负责编选，则是通过抓阄儿的形式确定。查慎行记曰："午后分阄，余又得蔬菜九种。"③《咏物诗选》编选类目依次是花卉类、蔬果类、草木类、禽鸟类。

　　皇帝审阅。《咏物诗选》从编纂体例到入选诗作都需经过皇帝的审阅。六月二十二日，翰林向康熙皇帝进呈御览拟定凡例八条，以及陈壮履、汪灏、钱名世、蒋廷锡、查慎行五人分别辑录的花卉类缮写样本。获得康熙皇帝赞许的凡例及选诗样本，便成为翰林编纂诗选的标准范本："进呈分类诗凡例及选诗五类，俱称旨。命照此例编辑。"④ 在此之后，各位翰林每完成一类咏物诗的编选，可以直接誊清书稿进入缮写阶段。但是缮写稿本仍然需要定期进呈御览。"［七月十二日］旬日来所选分类诗选抄当成册，今日俱进呈。""［七月二十一日］誊清六月十六后所作诗未经

---

① （清）查慎行撰，张玉亮、辜艳红点校：《查慎行集》第二册，第240页。
② （清）查慎行撰，张玉亮、辜艳红点校：《查慎行集》第二册，第244页。
③ （清）查慎行撰，张玉亮、辜艳红点校：《查慎行集》第二册，第248页。
④ （清）查慎行撰，张玉亮、辜艳红点校：《查慎行集》第二册，第245页。

进者，俟驾回呈览。"① 六月二十四日，东宫太子胤礽也来到翰林值守书房，索要咏物诗选稿本进行阅览。

编录进度。从查慎行记录自己分辑诗作的进度来看，每日至少能够完成一个小种诗作的编选工作。例如"荷花类"收诗一百二十五首，六月初六日一天编成；"竹类"收诗一百六十二首，由于随驾外出有所耽误，分由六月初九日、初十日两天编成。六月十一日，编成"蔷薇""荼䕷"两类，十二日又编成"菱芰""芭蕉"两类，编选进度较快。每种类别诗作选定之后，需要进行誊录，"东宫行殿中誊清芍药诗一类，计八页""录石榴诗一种，计六页""录竹诗终卷，共计二十七页""录金沙花一类，计二页""续分蔬果草木类共二十三类。今日手录毕，共七十五页"。② 可见从诗作编选到誊录的整体进度都较快。

《陪猎笔记》记载咏物诗选编纂的内容截止于康熙四十二年九月二十日，此时查慎行结束随驾巡幸返回北京。《陪猎笔记》长达一百二十日行旅途中对于编纂诗选的集中记载，不仅展示一部官修书籍编纂的过程及其细节，从中亦可观察清代官修书籍的生产流程及其编辑形态。翰林通过抓阄儿的形式确定编选诗类，消解了人们对于官修、御制书籍带有想象的"崇高感"与"神圣性"，鲜活地体现出翰林编书生活的日常情节，提供充满趣味的书籍史文献。书籍编选进程中皇帝对待凡例、诗选初稿的态度表达，以及东宫太子审阅稿本等日常细节，都是体察清代皇权渗进书籍生产的微观凭证。查慎行在《陪猎笔记》中以编纂者"第一视角"记录的编书生活，是留存珍贵而细微的书籍史研究文献。

二 追溯编纂文献来源和呈现君臣阅读生活

《陪猎笔记》的书籍史文献价值还体现在通过追溯咏物诗选的文本来源，了解清代继承前朝文献进行文本重组的情况。笔记对于翰林文士编书、校对日常工作的记录，呈现出了皇帝与翰林的阅读世界。

编纂书籍必然要有一定的文献基础。清代官修书籍普遍体帙宏大，多

---

① （清）查慎行撰，张玉亮、辜艳红点校：《查慎行集》第二册，第251页。
② （清）查慎行撰，张玉亮、辜艳红点校：《查慎行集》第二册，第253页。

是集部书籍，这就更需编纂者有深厚的文献基础。《陪猎笔记》记载了为编纂咏物诗选，翰林检阅书籍、皇帝调用内府书籍的情况，便可窥见清代官修书籍编纂成书的文本来源。笔记所载编纂咏物诗选获取文献途径有如下几种。一是皇帝巡幸出游随行带有书籍，但是数量不多。查慎行作《初六日奉旨编辑历代咏物诗恭纪四首·其二》①描绘的正是巡幸带书随行的现象：

> 俪白骈青句已陈，篇章何处发清新。尽携中秘随行笈，三箧何烦默记人。

二是皇帝谕令内府调用，以补编纂书籍缺阙。在诗选编纂过程之中，康熙皇帝两次颁发谕旨调用内府藏书，内府送达书籍共有三次。笔记载内府第一次送达书籍："[六月五日]，内府发下《万首唐人绝句》一部、《唐诗类苑》一部、《诗隽类函》一部。"②康熙皇帝在其谕旨中详细开列调用书目：

> [康熙四十二年六月初六日]此地凉爽，朕欲同翰林等编书。着赫世亨③照此单找寻，遣尔家人，作速送来。其中并无难找寻之书，又恐借故拖延：古诗纪、唐诗纪、汉魏百三名家、合璧事类、锦绣万花谷、唐诗纪事、宋诗钞、元诗选、明列朝诗选、苏东坡全集、黄山谷全集、倪云林集、赵松雪集、中州集、元遗山集。④

从康熙皇帝所列书单上看，需要的书籍主要有两种：诗集和类书。诗集的范围是从古初至明代，有诗通代、断代总集，也有多部别集。类书则有两部：《合璧事类》《锦绣万花谷》。

六月初十日内府送至避暑山庄书籍有五种：《东坡集》一部（四套）、《宋诗钞》一部（三套）、《元诗选》四套、《中州集》四套、《列朝诗选》

---

① （清）查慎行著，周劭标点：《敬业堂诗集》，上海古籍出版社1986年版，第822—823页。
② （清）查慎行撰，张玉亮、辜艳红点校：《查慎行集》第二册，第240页。
③ 赫世亨，时任武英殿总监造，总管书籍编修等事宜。
④ 中国第一历史档案馆编：《康熙朝满文朱批奏折全译》，中国社会科学出版社1996年版，第283页。

四套。① 康熙皇帝谕旨中开列书单十五种，内府却只送达五种。因此，六月十三日，康熙即令翰林励廷仪回京向武英殿检取书籍。② 六月十四日，康熙第二次谕令赫世亨：

> 唐文粹、诸子类函，着赫世亨将此两种书，由下次邸报送来。③

整理上述文献记载，编纂《咏物诗选》具体是以哪些书籍作为文献基础的呢？用书目录如表2所示。

表2　　　　　　　　编纂《佩文斋咏物诗选》用书目录

类书	诗总集	诗别集
《艺文类聚》	《古诗纪》	《苏东坡全集》
《初学记》	《汉魏百三名家集》	《中州集》
《全芳备祖》	《古诗类苑》	《黄山谷全集》
《锦绣万花谷》	《唐诗纪事》	《倪云林集》
《唐类函》	《唐诗类苑》	《赵松雪集》
《合璧事类》	《万首唐人绝句》	《元遗山集》
《诗隽类函》	《唐文粹》	
《诸子类函》	《宋诗钞》	
	《元诗选》	
	《列朝诗选》	
	《岁时杂咏》	

根据用书目录，编选咏物诗集主要是以两类书籍作为编纂文献基础：诗集与类书。诗集包括通代总集、断代总集与别集，诗作时间是从上古迄至明代。另有多部类书。对比《咏物诗选》编定成书后一万四千六百首的收诗数量，上列用书目录应当仅是编纂文献中的一部分。深度思考与探察编纂用书与咏物诗选之间的文本关联，便可看到：从诗作看，《咏物诗选》是从总集、别集之中摘选历代咏物诗作；在体例上，《咏物诗选》以

---

① （清）查慎行撰，张玉亮、辜艳红点校：《查慎行集》第二册，第241页。
② 励廷仪回京兼省其父励杜讷之病。（清）查慎行撰，张玉亮、辜艳红点校：《查慎行集》第二册，第242页。
③ 中国第一历史档案馆编：《康熙朝满文朱批奏折全译》，第284页。

"物象类分""天、地、人"的编排顺序,则是明显受到类书的影响。

　　整体而论,清代官修集部书籍的编纂特点显现为统摄宇宙的总括感和整合历史的跨越性。书籍内容体现为集大成性和总结性,即清代官修集部书籍通常是在前朝已有文献的基础上增补递修而来。例如,《佩文韵府》是以《韵府群玉》和《五车韵府》为底本加以扩编而成;《佩文斋广群芳谱》是在明代王象晋所撰《群芳谱》基础之上增编而来。又如《古文渊鉴》《全唐诗》《全金诗》等,皆是纵贯历朝,搜采咸备。清代继承前朝文献,不仅是文本的继承,更是知识体系、学术思想与文化传统的继承。清代汇集前朝文献并以新的体例编排制作书籍,其行为背后蕴藏着清代统治者重新确定知识秩序、建构学术思想的治理意图。"继"与"统"的政治理路、国家意识便在官修书籍生产进程中得以彰显。

　　《陪猎笔记》中对于翰林校对工作的记载呈现出了皇帝与翰林的阅读生活。翰林的阅读行为包括工作阅读和日常阅读。工作阅读对应着翰林的职责,分为编书阅读和校对阅读。编书阅读是指带有明确编纂目的而进行的阅读。笔记所载翰林文士频繁翻检书籍的阅读行为贯穿诗选编纂过程:"阅《中州集》一过","与亮功、扬孙分阅《列朝诗选》","又翻阅《万首唐人绝句》","选阅《列朝诗》第二套","翻阅《列朝诗》一套","翻阅《列朝诗选》","采阅《元诗选》二套","翻阅杜诗、朱子诗、《唐诗类苑》三种","阅《元诗选》两套","翻阅《唐诗类苑》、《诗隽类函》二种",[①]等等。

　　校对阅读是指翰林文士校对查检康熙皇帝下发的手卷真迹,以书法文献为主。翰林文士会向皇帝呈报校对每一书画文献中出现的问题:"讹……字""缺……字""多……字""错写……行"等。每日完成阅校工作之后,查慎行会以"阅毕缴进""校阅毕缴进"等语进行记录。笔记记载的书法文献如下。

　　宋高宗所书陶弘景《水仙赋》《文君濯锦赋》手卷;赵子昂《秋兴赋》《桃花源记》《石林记》《辋川绝句》《桃花赋》《登楼赋》《琴赋》《山水赋》《游石林记》真迹;蔡君谟所书《文木赋》;赵松雪所书《蓬莱阁赋》《天台山赋》《道德经》;小李将军《海天晓日图》《海赋》手卷,董其昌行书《玉赋》《鹡鸰颂》《滕王阁序》《登楼颂》《竹楼记》

---

① (清)查慎行撰,张玉亮、辜艳红点校:《查慎行集》第二册,第240—245页。

《北山移文》《前赤壁赋》《小园赋》；苏东坡所书《养生主》、《乳泉赋》、五言古诗二首；米芾行书《净名斋记》《参星赋》《上巳》；董宗伯行书《滕王阁序》《竹楼记》《乐寿园歌》。除了以上书法文献，另有书籍：《蒙古地名》。

  日常阅读则是指康熙皇帝与翰林文士在日常生活中的阅读行为。无论是出于编书校对阅读或者日常阅读，康熙皇帝常与翰林文士有所交流。《陪猎笔记》记载五月二十八日，翰林阅读康熙皇帝下发的御制《将之山庄》五言绝句四首。诗中因有"末垂"二字，翰林不能理解这一用词的出处及其含义。康熙皇帝解释"末垂"二字出自《文选》，是六月的意思，因此翰林专门检阅《文选》确定二字是潘岳《怀县》诗中句也。[①] 六月十四日康熙皇帝想要阅读和查询词谱，特意询问翰林随行书箱中是否带有词谱。[②] 又七月十四日，康熙皇帝询问赵子昂字画《山水赋》卷中"霭"字改为"雾"字的依据。查慎行解释："下文尚有两'雾'字，故从刻本驳正。"[③]

  翰林的编书、校对阅读带有明确的知识重新编排整合的目的性。从笔记所载的书法文献阅读，则可以体察到康熙皇帝对于书法的喜好；[④] 下发翰林查检校对次数最多的是符合他所尊崇的"正统"书风的董其昌手卷。康熙皇帝对待书法的态度既包含个人雅趣，也有将书画作为政治教化手段的意图。

  自避暑山庄回到北京后，《佩文斋咏物诗选》后续编纂情况未见其他文献记载。查慎行代康熙皇帝而作的咏物诗选御序落款时间是"四十五年六月二十一日"，应是诗选编纂缮写完成定稿的最终日期。

  查慎行《陪猎笔记》书籍史文献价值的挖掘，是体现日记文献对于中国书籍史研究具有重要价值的典型个案。中国古代拥有自觉的文献书写意识，留存强大的文献记录体系，亦有伴随文献书写体系而产生的悠久书籍编修传统。然而关于书籍制作、生产过程中的微观记载却往往受到传统

[①] （清）查慎行撰，张玉亮、辜艳红点校：《查慎行集》第二册，第240页。
[②] （清）查慎行撰，张玉亮、辜艳红点校：《查慎行集》第二册，第242页。
[③] （清）查慎行撰，张玉亮、辜艳红点校：《查慎行集》第二册，第249页。
[④] "朕少年好学如此，更耽好笔墨。""朕自幼嗜书法，凡见古人墨迹，必临一过。""朕自幼好书，今年老，虽极匆忙时，必书几行字，一日亦未间断，是故犹未至于荒废。"（清）康熙撰：《庭训格言》，陈生玺、贾乃谦译，中州古籍出版社2010年版，第16、136页。

文献书写体系的普遍忽略而鲜有留存。正因如此,同西方书籍史研究的丰富感和生动性相比,中国书籍史研究往往囿于文献不足而缺乏其论证的精确性和细腻化。"日记文献学"的确立,使得"隐藏"在清代日记中的关于书籍制作、生产的细节文献得以显现,从而可以弥补中国书籍史研究微观文献不足的现实。中国书籍史研究的深度探索很大程度上依赖文献史料的挖掘,因此整理、研究及利用清代日记文献中存录的书籍史文献,必然成为推进中国书籍史研究的重要基础工作。

文本旅行
——《格萨尔》史诗在海外的翻译与传播[*]

王 艳
（西北民族大学、中国社会科学院民族文学研究所）

《格萨尔》是迄今世界上篇幅最长、流传最广的活形态史诗，至今以口耳相承的方式流传在青藏高原上，被誉为"东方的荷马史诗""古代藏族社会的百科全书""民族精神标本的展览馆"。《格萨尔》是关于藏族古代英雄格萨尔（Gesar）神圣功绩的宏大叙事。史诗以韵散兼行的方式讲述了英雄格萨尔一生的神圣功业，以独特的串珠结构，将许多古老的神话、传说、故事、歌谣、谚语和谜语等口头文学，融会为气势恢宏、内涵丰富的"超级故事"，经过一代代说唱艺人的不断创编和广泛传唱，形成了规模浩大的史诗演述传统。[①] 在文化研究领域，旅行隐喻着各种类型的转换和变迁，《格萨尔》史诗在海外的传播像是一次文本的旅行，如同爱德华·W. 赛义德（Edward W. Said, 1935—2003）提出的"理论旅行"（traveling theory）[②] 一样，《格萨尔》史诗穿越时空被翻译成多种文字在海外"旅行"，从一个文本到另一个文本，从一种文化到另一种文化，每

---

[*] 本文受国家民委中青年英才计划（〔2018〕98 号）资助，是国家社科基金西部项目"《格萨尔》史诗在多民族文化中的传播和影响研究"（项目编号：17XZW041）阶段性成果。

[①] 朝戈金、尹虎彬、巴莫曲布嫫：《中国史诗传统：文化多样性与民族精神的"博物馆"（代序）》，《国际博物馆》（中文版）2010 年第 1 期。

[②] 理论旅行是著名东方学家爱德华·W. 赛义德提出的概念，他认为观念和理论从一种文化向另一种文化移动、从一种情境向另一种情境旅行，其情形是相当复杂的。我们应该弄清楚这些观念或理论从此时此地向彼时彼地的移动是加强了还是削弱了自身的力量，一定历史时期和民族文化的理论进入另一时期或环境会发生什么变化。参见 Edward W. Said, "Traveling Theory" in the World, the Text and the Critic, London: Faber and Faber, 1984, pp. 226 – 227。

到一个国家都与当地的文学、文化相融合产生出新的文本，这不仅是文本的旅行，也是文化的旅行。

自 1716 年北京木刻版《格斯尔》出版以后开启了史诗的"文本旅行"，《格萨尔》被翻译成蒙语、俄语、德语、法语、英语等多种文字在海外传播，三百年来一直是海外汉学界研究中国文化与文学的热点。在近百年的研究中，以任乃强、刘立千、王沂暖、王兴先、降边嘉措、杨恩洪、角巴东主等为核心的藏学家、民族学家倾向于《格萨尔》史诗的搜集、整理、翻译和出版，汉译本（包括科学本和文学本）、口述本硕果累累、不胜枚举。[①] 而以扎西东珠、王治国、李连荣、王景迁、弋睿仙等人为中心的翻译学家关注的是《格萨尔》史诗的翻译以及在英语世界的传播，从对《格萨尔》史诗域内域外的翻译梳理，提出了史诗传播的三条路线，即"欧洲汉学的域外关注、北美汉学的现代解读与中华大地的本土阐发"。[②] 以往学者的研究都以语言学、翻译学为切入点，重点关注民族文学典籍的民译、汉译和外译，探讨史诗翻译的标准、审美和规范等问题，忽视了《格萨尔》史诗作为一部"活形态"的文学文本，包含着藏学、文学、人类学、历史学、诗学等多重意象。本文将拓深这一研究，将目光投向海外《格萨尔》史诗翻译与传播，以文本为中心，探讨和分析《格萨尔》在海外传播的特征和路径及其背后的宗教背景、文化心理和社会土壤。

[①] 任乃强：《"藏三国"的初步介绍》，《边政公论》1944 年第 4—6 合期；刘立千译：《格萨尔王传：天界篇》，西藏人民出版社 1986 年版；王沂暖、华甲翻译：《格萨尔王——贵德分章本》，甘肃人民出版社 1981 年版；王兴先：《格萨尔文库》，甘肃民族出版社 1996 年版；降边嘉措、吴伟：《格萨尔王全传》（上、中、下），宝文堂书库 1987 年版；角巴东主：《格萨尔王传》，高等教育出版社 2011 年版；格萨尔艺人桑珠说唱本课题组：《格萨尔艺人桑珠说唱本》，西藏藏文古籍出版社 2010—2019 年版。国内关于《格萨尔》史诗的汉译、民译、外译、回译的文本不胜枚举，中国社会科学院出版的精选本、西藏自治区社会科学院出版的说唱本、青海文联出版的精选本以及 2018 年 10 月西北民族大学格萨尔研究院在上海古籍出版社出版的 30 册《格萨尔文库》都是近年来重要的研究成果。

[②] 扎西东珠等：《〈格萨尔〉文学翻译论》，人民出版社 2012 年版；王治国：《集体记忆的千年传唱：〈格萨尔〉翻译与传播研究》，民族出版社 2018 年版；李连荣：《国外学者对〈格萨尔〉的搜集与研究》，《西藏研究》2003 年第 3 期；于静、王景迁：《〈格萨尔〉史诗当代传播研究》，人民出版社 2015 年版。

一　东方学派：信仰连接的文本

据目前所见的资料看，国外对《格萨(斯)尔》的发掘、翻译和研究是从蒙文本入手的。[①] 1776年，德国博物学家帕拉斯(P. S. Pallas, 1741—1811)在圣彼得堡出版的《在俄国神奇的旅行》(*Reisen durchverchiedene Provinzen des russischen Reiches*)一书中，记载了西伯利亚买卖城的格斯尔(汗)庙；1776年，在《蒙古历史文献的收集》一书中首次向读者介绍了《格斯尔》，并对史诗的演述方式及祈祷经文做了相关论述。[②] 帕拉斯由此成为《格萨尔》史诗域外翻译的奠基者，他对于《格斯尔》史诗的介绍基于游记式的猎奇与描述，并非学术史意义上的探讨与研究，却拉开了西方世界研究东方史诗的帷幕。最初《格萨尔》为世人所关注是因为自元明清以来，随着藏传佛教传入蒙古地区，藏族人民对格萨尔王的崇拜与赞颂也逐渐植入蒙古人民的心里，与此同时，蒙古的统治者和贵族受到汉族儒释道的影响，对战神、保护神、武财神三神合一的关帝非常信仰。由此，出现了一种奇怪的宗教文化现象，在蒙藏地区称关帝庙为格斯尔庙，称关帝为格斯尔汗，即"格萨尔拉康即关帝庙，格萨尔即关云长"。[③] 据史料记载：早在明崇祯三年(1630)，有人根据某个青海说书人的叙述，把部分《格萨尔》的内容译为蒙文版《英雄格斯尔可汗》。[④]《格萨尔》史诗随着藏传佛教的传播进入蒙古地区，与当地的文化传统相结合形成了蒙古

[①] 藏文《格萨尔》与蒙文《格斯尔》同源异流，藏族称为"格萨尔"，蒙古族称为"格斯尔"。《格萨尔》发源于藏区，传播到蒙古族地区后才引起了国外的旅行家、传教士的关注，开启了《格萨尔》史诗的"文本旅行"，所以蒙译是《格萨尔》史诗最早的译介，据不完全统计，现已有蒙文、俄文、德文、法文、英文、印度文、拉丁文、土耳其文、西班牙文、日文等十几种语言文字的译本流传于世。

[②] 帕拉斯(P. S. Pallas)：《在俄国神奇的旅行》(*Reisen durchverchiedene Provinzen des russischen Reiches*)，圣彼得堡1776年版，第Ⅲ卷，第121—123页，转引自[法]石泰安《西藏史诗和说唱艺人》，耿昇译，中国藏学出版社2012年版，第24页。

[③] 加央平措：《关帝信仰与格萨尔崇拜——以藏传佛教为视域的文化现象解析》，社会科学文献出版社2016年版，第2页。

[④] 王恒涛、尕玛多吉：《"格萨尔"研究最早始于明代》，《光明日报》2014年1月30日第7版。

人的《格斯尔》。1716年（清康熙五十五年），康熙诏令印制的北京蒙文版中，其汉文简称为"《三国志》"，说明"关帝戴上风靡藏区、独一无二的完美英雄——格萨尔的面具，以格萨尔的称谓流传至今"[①]。这种融合了汉、满、蒙、藏各民族宗教信仰的文化景观引起了俄罗斯学者、蒙古国学者的关注，通过他们的译介，不同版本的《格萨尔》逐渐传到西方，并引出对该作族属、宗教及体裁的讨论。

1839年，俄国学者雅科夫·施密特（I. J. Schmidt，1779—1847）在俄国皇家科学院的资助下刊印了1716年"北京木刻版（蒙文本）"并翻译成德文，在圣彼得堡出版了德文版《功勋卓绝的圣者格斯尔王》（*Die Thaten Bogda Gesserchan's*），全书共有七章，对英雄诞生、赛马称王、降妖伏魔、地狱救母等故事情节均做了译述。此书是《格萨（斯）尔》在国外最早的译本，也是学术史意义上关于《格萨尔》最早的研究，欧洲东方学者通过这本出版物了解了这部史诗。1957年，蒙古国著名文学家、翻译家、诗人策·达木丁苏伦（Ts·Damdinsuren，1908—1986）在莫斯科出版了他的副博士学位论文《格萨尔传的历史源流》，探讨了格萨尔的起源问题、身份与历史问题、民族归属问题、人民性问题，以及英雄主题特征等问题，他批驳了格萨尔是关帝、成吉思汗、凯撒的错误论断，对这些重要问题的研究与回应，有效地拨开了认知的迷雾，并从学理的层面给予了解答，他对《格萨尔》史诗的相关研究代表着东方学派的最高水平。后来，他在《格斯尔的故事的三个特征》[②]一书中对藏文本、布里亚特本、卫拉特本三种文本进行了对比研究，并从马克思主义观点出发阐述了格斯尔故事的人民性和历史性。

对藏文本的译介研究晚于蒙古文本，俄国民俗学家波塔宁（G. N. Potanin）于1876年至1899年先后23次到西藏、青海藏区探险考察，搜集藏文手抄本。1883年，《漫谈西部蒙古》在圣彼得堡出版，书中叙述了格萨尔的故事，并错误地认为格萨尔王就是成吉思汗。1893年，俄罗斯地理学会出版了他与妻子波塔宁娜合著的《中国唐古特——西藏地区与中部蒙古》，书中对蒙古文和藏文《格萨尔》做了简单的介绍。他们后来

[①] 加央平措：《关帝信仰与格萨尔崇拜——以藏传佛教为视域的文化现象解析》，社会科学文献出版社2016年版，第44页。

[②] ［蒙古］策·达木丁苏伦：《格斯尔的故事的三个特征》，白歌乐译，内蒙古人民出版社1958年版。

发表了多篇论文探讨格萨尔王的族源，并与欧洲的史诗进行对比，引起了外国学者的关注。[1] 1905 年，德国传教士弗兰克（A. H. Francke, 1870—1930）在拉达克（藏西北地区）记录了用拉达克方言讲述的《格萨尔》，出版了《格萨尔王传奇：一个下拉达克版本》（*A Lower Ladakhi Version of the Kesar Saga*），该书共有七章，有藏文原文、英文摘要，还附有介绍文章。这个译本向国外学界展示了《格萨尔》以史诗活形态的方式广泛流行于藏区。[2] 以苏联为核心的俄罗斯藏学是国际藏学的重要组成部分，自彼得一世（Peter I, 1672—1725）时代起，俄罗斯就通过传教士、探险家搜集藏文典籍，形成了数量庞大、引以为傲的藏文文献储备，同时也涌现了一批优秀的学者，如席夫内尔《鞑靼的英雄史诗》（1859）、科津（S. A. Kozin）《格萨尔王传——关于格萨尔王征战四方斩妖除魔的英雄传说》（1935）、尤·罗列赫《格萨尔汗的宝剑》（1936）和《岭·格萨尔王史诗》（1942）、霍莫诺夫《布里亚特英雄史诗〈格斯尔〉》（1976）等。不丹王国也信仰藏传佛教，格萨尔王的故事一直在民间流传，早在 20 世纪 60 年代在联合国教科文组织的支持下，由国家图书馆主持，用藏文出版了 33 部《格萨尔》，还专门邀请了著名的藏学家石泰安（R. A. Stein, 1911—1999）写导言，印度出版了 45 部，这是迄今为止国外规模最大的一次《格萨尔》出版工作。[3]

二　西欧学派：回到声音的文本

　　法国曾有两位著名的藏学家——大卫·妮尔（Alexandra David-Néel, 1868—1969）和石泰安——用生命在藏区行走和书写，他们对西藏充满着无限的热爱、崇敬和向往；他们的足迹遍布藏区，搜集整理了很多弥足珍贵的第一手材料；他们都精通藏语，能身临其境地听史诗艺人演唱，深入藏文化内部展开田野调查和学术研究。在国际藏学界，他们代表着西方世界研究《格萨尔》史诗的最高水平，也正是因为他们的研究使得《格萨

---

[1] 张晓梅：《俄罗斯对藏文史籍的翻译及其藏学研究》，博士学位论文，中央民族大学，2012 年，第 100—101 页。

[2] 扎西东珠等：《〈格萨尔〉文学翻译论》，第 99 页。

[3] 李连荣：《百年"格萨尔学"的发展历程》，《西北民族研究》2017 年第 3 期。

尔》史诗为世人所知。

大卫·妮尔被称为"具有'黄种人心灵'的法国藏学家"[1]，曾在法国掀起了"大卫·妮尔热"[2]，在当时"禁止进藏"的政治环境下五次入藏，甚至乔装打扮成乞丐，昼伏夜出徒步至拉萨，将毕生的精力用于在西藏及藏边社会的探险和研究。大卫·妮尔在藏区生活了长达23年，以田野调查为基础，回到史诗讲述的现场，在史诗讲述的过程中记录、研究、翻译了当地广为流传、脍炙人口的《格萨尔》史诗。她在玉树探险考察时听到一名说唱艺人的演唱，请她的义子喇嘛庸登记录下来，后来引入了不同《格萨尔》版本和不同说唱艺人的表演，在各种不同的《格萨尔》史诗版本的故事情节中做了选择。于1931年在巴黎出版了法语版《岭·格萨尔王的超人一生》(The Superhuman Life of Gesar of Ling)一书，1934年被翻译成英文，2015年被译为俄文在莫斯科出版。[3] 全书分为十四个章节，讲述了格萨尔王从英雄诞生、赛马称王、降妖伏魔、霍岭大战、姜岭大战、门岭大战、返回天界的传奇故事，在序言部分用了47页来叙述她在藏区搜集整理这部史诗的过程，也谈到了她对史诗的认识和评价，是一篇研究性的学术专论，成为西方学者最早对《格萨尔》史诗的系统研究之一。[4] 西方世界都是通过这本章回体的编译本了解《格萨尔》史诗，后来对《格萨尔》史诗的翻译和研究也都是以此为底本的。

1959年，法国著名藏学家石泰安的博士学位论文《西藏史诗和说唱艺人》(Recherches sur l'épopée et ie barde au Tibet) 由法国大学出版社出版，全书洋洋洒洒70多万字，被奉为"当代格萨尔史诗研究的高度概括总结性著作，认为它代表着当代有关这一内容研究的最高权威"[5]，这也成为石泰安的成名之作，奠定了他在国际藏学界的泰斗地位。石泰安师从法国著名的汉学家葛兰言(Marcel Granet, 1884—1940)，能熟练地运用藏、

---

[1] 周永健:《大卫·妮尔:具有"黄种人心灵"的法国藏学家》,《中国民族报》2012年11月23日第7版。

[2] 大卫·妮尔是神话般的女藏学家,她的照片和事迹刊登在当时各大报刊中,新闻媒体都在争相报道她,甚至连上层社会举办的沙龙也在议论她。1924年,妮尔回到法国时受到女英雄一般地热烈欢迎,形成了一股"大卫·妮尔热"。

[3] Alexandra David-Neel & Lama Yongden, The Superhuman Life of Gesar of Ling, Foreword by Chogyam Trungpa, Translated with the collaboration of Violet Sydney, Boston & London: Shambhala, 1987.

[4] 耿昇:《法国女藏学家大卫·妮尔传》,《中国边疆史地研究》1991年第2期。

[5] [法]石泰安:《西藏史诗和说唱艺人》,耿昇译,第6页。

汉两种语言文字，从书中引述的冗长的多种语言文字著作目录便可见一斑。他以极其精深详细的文献资料和深入细致的田野考察为基础，旁征博引地对《格萨尔》史诗在世界范围内的研究现状、史诗的起源和内容、史诗的历史演变及社会背景、史诗的绘本、文本及口传本、有关史诗的藏汉文古籍文献以及风物遗迹、史诗的说唱艺人以及格萨尔王英雄的特征等做了详细而精深的论述，无论是理论的深度和涉猎的广度至今无人能及。石泰安先后出版了《格萨尔生平的藏族画卷》（*L'epopee tibetaine de Gesar dans sa version lamaique de Ling*）（1956）、《西藏的文明》（*Tibetan Civilazation*）（1962）等著作都涉及《格萨尔》史诗的研究，可以说是他的博士学位论文的拓展和延伸。

德国著名蒙古学学者瓦尔特·海希西（Walther Heissig, 1913—2005）在1940年至1946年多次深入内蒙古地区进行实地考察，收集了大量蒙古文手稿。他早期专注于蒙古文献资料和蒙古历史文化的研究，后来对蒙古文学产生了浓厚的兴趣，多次举办国际蒙古史诗学术研讨会推动了《格斯尔》史诗的研究。1965年，自西藏安多地区搜集《格萨尔》史诗返回德国的学者赫尔曼斯（M. Hermanns）出版了《西藏的民族史诗〈岭格萨尔王〉》（*Tibetan National Epic of Gesar*），着重对"霍岭大战"进行了探讨。依据西藏与突厥之间的战争历史，得出了史诗可能产生于公元前5世纪至公元3世纪等观点。[①] 1977年，法国学者艾尔费（M. Helffer）从音乐学的角度切入，以"曲调""套曲""通用调"等，研究《格萨尔》史诗中《赛马称王》的诗辞和曲调内涵，在瑞士日内瓦出版了《藏族〈格萨尔·赛马篇〉歌曲研究》。[②] 2011年，格雷戈里·福格斯（Gregory Forgues）博士以《格萨尔》史诗为研究对象完成了他在维也纳大学的博士学位论文《格萨尔实践材料研究》（"Materials for the Study Gesar Practices"），论文以知识考古的方法系统梳理了《格萨尔》仪式的历史文献，翻译了部分格萨尔史诗中的唱词和曲调并对其语义进行了分析，把格萨尔仪式分为三个层次，探讨了《格萨尔》史诗从神话传说演变为

---

① Hummel, Siegbert, *Eurasian Mythology in the Tibetan Epic of Gesar*, Translated in English by Guido Vogliotti, New Delhi: The Library of Tibetan Works and Archives, 1998, pp. 82 – 85.

② ［法］艾尔费：《藏族〈格萨尔·赛马篇〉歌曲研究》，陈宗祥、王建民、方浚川译，四川民族出版社2004年版，第6页。

精神信仰的文化和精神基础。① 此外胡默尔（S. Hummel）、卢道夫·卡舍夫斯基（R. Kaschewsky）和白玛茨仁（Pema Tsering）等人对《格萨（斯）尔》史诗的母题、内容、结构等进行了深入的探讨和研究，做出了卓越的贡献。②

三　北美学派：走向大众的文本

第二次世界大战以后，随着北美汉学的崛起以及藏传佛教在北美的传播，《格萨尔》史诗因兼具现代汉学与藏传佛教的双重特质而被关注，研究中心从西欧转移至北美。1927年，艾达·泽特林（Ida Zeitlin）在纽约出版了最早的英文版本《格斯尔可汗：西藏的传说》（Gessar Khan: A Legend of Tibet），全书共计九章，包括《格萨尔》史诗的主要故事情节。该书翻译的底本是施密特1839年德文本《功勋卓绝的圣者格斯尔王》，同时参考了本杰明·伯格曼（Benjamin Bergmann）于卡尔梅克人中发现并翻译的部分《少年格斯尔》（Little Gesser）资料，是一个故事述译本。③

1991年，华莱斯·扎拉（Walace Zara）的《格萨尔王的奇遇》（Gesar! The wondrous adventures of king Gesar）④出版，此译本是上述《格斯尔汗》的现代英文版，用现代英语重述了格萨尔王的故事，语言通俗流畅，适合当代读者阅读，受到普遍欢迎。1996年，美国一位作家道格拉斯·潘尼克（Douglas J. Penick）应作曲家彼得·莱伯森（Peter Lieberson）的邀请，为其歌剧《格萨尔王》（King Gesar）撰写了一部歌剧本 The Warrior Song of King Gesar，即《格萨尔王战歌》。作者介绍说："与《亚瑟王传奇》和荷马史诗《伊利亚特》的传统一样，这是一部史诗般的传奇故事，

---

① Gregory Forgues, *Materials for the Study GesarPractices*, University of Vienna, 2011.

② 中国社会科学院少数民族文学研究所编印：《民族文学译丛》（第一集），中国社会科学院少数民族文学研究所（内部刊印），1983年。

③ Ida Zeitlin, Gessar Khan, *A Legend of Tibet*, New York: George H. Doran Company, 1927, p. 5.

④ Walace Zara, *Gesar! The wondrous adventures of king Gesar*, illustrations by Julia Witwer, Berkeley California USA: Dharma Publishing, 1991.

讲述的是藏族战神岭格萨尔王的传奇故事。"① 潘尼克以大卫·妮尔1981年出版的《岭·格萨尔王的超人一生》英译本、艾达·泽特林1927年出版的《格斯尔汗》（*Gesar Khan*）的英译本为母本重述史诗，全书分为八章，故事梗概与大卫·妮尔的版本如出一辙，从天界诞生、赛马称王、降妖伏魔、霍岭大战、姜岭大战、门岭之战到返回天界。② 与以往不同的是，潘尼克写作此书的初衷是创作歌剧，目的是供舞台演出，他并没有拘泥于原文，而是在原文的基础上进行了再创作，把史诗翻译成了歌剧化的散体诗歌。③ 1995年，罗宾·布鲁克斯·科恩曼（Kornman, Robin Brooks, 1947—2007）博士完成了他的博士学位论文《"岭·格萨尔王传"佛教版本的比较研究》（*A Comparative Study of Buddhist Version of the "Epic of Gesar of Ling"*），他把《格萨尔》视为一部文学作品来探讨，全文分为六章，通过西方亚里士多德式诗学的文学批评传统对《格萨尔》史诗和《伊利亚特》做了比较研究。④ 这是继石泰安之后，国外研究《格萨尔》史诗最为重要的著作。

2009年，著名作家阿来"重述神话"⑤之《格萨尔王》出版，同时被翻译成六种文字在20多个国家和地区同步出版，⑥ 2013年，在伦敦坎农格特出版社（Canongate Books）出版《格萨尔王》的英译本 *The Song of King Gesar*，⑦ 由美国著名汉学家、翻译家葛浩文（Howard Goldblatt）先生和夫人林丽君（Sylvia Li-chun Lin）女士翻译。坎农格特的执行编辑诺拉·泊金斯（Norah Perkins）称："阿来的神话开启了一扇通往西藏的窗户，这

---

① Douglas J. Penick, *The Warrior Song of King Gesar*, Boston: Wisdom Publications, 1996.

② Douglas J. Penick, *The Warrior Song of King Gesar*, Boston: Wisdom Publications, 1996, p. 139.

③ 宋婷、王治国：《格萨尔史诗在北美的跨界传播——以 Douglas J. Penick 英译本为例》，《西北民族大学学报》（哲学社会科学版）2015年第6期。

④ Kornman Robin Brooks, *A Comparative Study of Buddhist Version of the "Epic of Gesar of Ling"*, Princeton: Princeton University, 1995, p. 2.

⑤ "重述神话"是由英国坎农格特出版社（Canongate Books）著名出版人杰米·拜恩（Jamie Byng）2005年发起的活动，邀请世界各国著名作家进行基于神话题材的小说创作。它不是对神话传统进行学术研究，也不是简单的改写和再现，而是要根据自己的想象和风格创作，并赋予神话新的意义。涉及25个国家和地区，被称为"小诺贝尔丛书"。

⑥ 阿来：《格萨尔王》，重庆出版社2009年版。

⑦ Alai, *The Song of King Gesar*, Translated by Howard Goldblatt and Sylvia Li-chun Lin, Edinburgh: Canongate Books Ltd., 2013.

片土地令全世界的人们心驰神往。"① 阿来以小说的形式重写了这部卷帙浩繁的史诗,尽管这种面向大众的重述也饱受争议,英译本也存在着内容删减、段落调整、文化现象浅化处理的情况,② 但不可否认的是,这是迄今为止流传最广,影响最大的文本。

2011 年,由罗宾·科恩曼(Robin Kornman)、喇嘛卓南(Lama Chonam)和桑杰·卡卓(Sangye Khandro)合作翻译了《岭·格萨尔王》(1—3 部),英译本全名为:*The Epic of Gesar of Ling: Gesar's Magical Birth, Early Years, and Coronation as King*,③ 由香巴拉出版社(Shambhala Publications)于波士顿和伦敦同时出版,2013 年、2015 年再版。根据《前言》和《导言》介绍科恩曼译本参照的是由德格林葱木刻本而来的印刷体文本,正文以部本(Volumes)的形式,涵盖了德格林葱三部木刻本的主要内容,与"天界卜筮""英雄诞生""赛马称王"的主要情节相对应。译者"源本对照、以诗译诗",是迄今为止第一个,也是唯一一个直接从藏文文本翻译为英语的《格萨尔史诗》。还有一些学者如乔治·菲茨赫伯特(George Fitz Herbert)一直关注格萨尔史诗的英雄母题,英雄形象,认为史诗母题的重构和人物形象的变化反映了丝绸之路上多重信仰的交叉影响。④ 哈佛大学的卡伦·索恩伯(Karen L. Thornber)把《格萨尔》史诗纳入世界文学的图景之中,认为它是活形态的、无与伦比的文学作品。⑤ 另外,值得一提的是王国振等人翻译的《格萨尔王》(*King Gesar*)⑥ 是在中华典籍"走出去",走向世界的文化背景下产生的,在朝向国内格萨尔学和海外汉学对话、互动、互证的道路上迈出了第一步。⑦

---

① http://www.chinadaily.com.cn/zgrbjx/2011-10/28/content_13991474.htm,2011 年 10 月 28 日。

② 弋睿仙:《葛浩文版〈格萨尔王〉英译本特点研究》,《民族翻译》2018 年第 3 期。

③ Robin Kornman, Lama Chonam, Sangye Khandro, *The Epic of Gesar of Ling: Gesar's Magical Birth, Early Years, and Coronation as King*, Boston: Shambhala, Publications, 2013.

④ George Fitz Herbert, *Constitutional Mythologies and Entangled Cultures in the Tibeto-Mongolian Gesar Epic: The Motif of Gesar's Celestial Descent*, Journal of American Folklore, Volume 129, Number 513, Summer 2016, pp. 297-326, Published by American Folklore Society.

⑤ Karen L. Thornber, *The Many Scripts of the Chinese Scriptworld, the Epic of King Gesar, and World Literature*, Journal of World Literature, 2016, pp. 212-225.

⑥ 降边嘉措、吴伟:*King Gesar*,王国振、朱咏梅、汉佳译,五洲传播出版社 2009 年版。

⑦ 王治国:《海外汉学视域下的〈格萨尔〉史诗翻译》,《山东外语教学》2012 年第 3 期。

结　语

　　《格萨尔》史诗以青藏高原为源头，东至云南、四川、青海、甘肃等地，南至阿富汗、巴基斯坦、印度、尼泊尔、不丹，西至吉尔吉斯斯坦、哈萨克斯坦，北至内蒙古、蒙古国及俄罗斯的布里亚特、图瓦、卡尔梅克、阿尔泰共和国等国家和地区，形成了一个跨文化、跨族群、跨地域、跨语言的文学文本，成为跨国界流传的鸿篇巨制。[①] 在青藏高原上，每一座雪山、每一片海子、每一个寺庙甚至是每一块石头都流传着格萨尔王的传奇故事，这里的每一寸土地都浸润在《格萨尔》史诗中。在"藏学热"的推动下，《格萨尔》史诗的传播伴随着藏传佛教的东传和西渐以及海外汉学中心的转移。在东方，《格萨尔》的"文本旅行"以藏传佛教信仰为基石，史诗流传到不丹、印度、尼泊尔、巴基斯坦、蒙古族聚居的地区后，很快被当地人民群众接受喜爱，并融入了当地的文化传统，虔诚的人们传唱千年，不绝于耳。格萨尔说唱艺人至今活跃在民间与当地民众的宗教信仰和游牧生活习俗密切相关，居住在喜马拉雅山脉附近尼泊尔的夏尔巴人、锡金的雷布查人、巴基斯坦的巴尔蒂人都与藏族有着血浓于水的血缘关系，俄罗斯境内的卡尔梅克人、布里亚特人和图瓦人是蒙古人的后裔。受藏传佛教、地缘环境和生活习惯的影响，共同的信仰、共同的语言、共同的习俗使《格萨尔》以文本和口传并行的方式一直流传在民间。在西欧，《格萨尔》史诗曾是藏学界研究的热点，早在1814年，法兰西学院设立了"汉满鞑靼语言文学讲席"[②]，西方人为了探索东方神秘文化而兴起了"藏学热"，法国有着一脉相承的藏学传统，早期的藏学家［如伯西和（Paul Pelliot，1878—1945）、古伯察（Evariste Huc，1813—1860）等］都曾到过中国探险，出版了大量的藏学研究著作。法国著名藏学家石泰安和大卫·妮尔的事迹和著作影响了一代又一代藏学家，他们精通藏语，回到史诗演述的现场记录活形态的史诗，对《格萨尔》的研究和传

[①] 王艳：《跨族群文化共存——〈格萨尔〉史诗的多民族传播和比较》，《中外文化与文论》（第35辑），四川大学出版社2017年版，第276页。

[②] 张西平：《简论中国学研究和汉学研究的统一性和区别性》，《国际汉学》2017年第3期。

播做出了巨大的贡献。在北美,《格萨尔》史诗与源自古希腊文明的"荷马史诗",印度文明的《摩诃婆罗多》和《罗摩衍那》,欧洲文明的《贝奥武夫》《罗兰之歌》一样,被视为人类文明的源泉。格萨尔王的英雄事迹与美国英雄主义精神相契合,《格萨尔》所体现的理想追求与美国精神世界的需求相一致,《格萨尔》史诗中对自由思想的歌颂和寻找精神家园的渴望与美国人所追求的自由相契合,[1] 基督教文化的衰落给藏传佛教的传播让出了舞台,藏传佛教对于生死轮回的理论以及丰富的宗教文化内涵解答了他们萦绕已久的心头之谜。[2] 在美国经历了心灵的失落和人性的丧失,气候的变化以及突如其来的灾难之后,美国人比以往任何时候都更需要格萨尔王的慈悲、智慧和强大的能量。《格萨尔》史诗以小说、诗歌等现代文本走向大众被赋予了深刻的文化内涵和精神寄托。

---

[1] 王治国:《北美藏学与〈格萨尔〉域外传播的语境解析》,《西藏研究》2016年第4期。
[2] 黄维忠:《佛光西渐——藏传佛教大趋势》,青海人民出版社1997年版,第2页。

版本谱系：作为文学批评和文学史研究的方法
——以《日出》版本谱系的建立为中心

段美乔

(中国社会科学院文学研究所)

近年来中国现代文学的文献研究不断升温。目前，现代文献的版本校勘尚无独立的方法论，其理念和方法基本从古典文献版本校勘学延伸而来。古典文献的不同版本往往是不同人在不同时代对相似文本的抄录、整理形成。因此古典文献的校勘整理，主要通过比勘文字、篇籍的异同，确定文献属性，尽可能恢复原始文本并重建定本。古典文献因不同时期刻本与抄本并置，存在多个不同来源的版本承递等复杂状况，现代文献的版本因年代较近，又有版权页制度存在，版本源流考证相对简单。然而现代文献固然有手稿、印刷本、选本等讹误，更大量的是作者本人基于各种原因不断修订自己的作品而形成的异文。因此整理现代文献，版权页信息固然直接明了，但更重要的是通过修改比对，判断不同异文在修改时所选择的底本，确定版本流变之节点。在此基础上确立版本的演进链，从而形成版本谱系。

本文以《日出》的版本流变为例，通过修改比对，寻找《日出》版本流变之节点，绘制《日出》版本演进链，以确定《日出》的版本谱系。在此基础上讨论《日出》版本演进中呈现出的文学史、出版史乃至文化史方面的相关问题。

一

《日出》甫一发表便引来文坛关注，多家出版社印行出版，长销不衰，广受欢迎。笔者搜集了《日出》自发表以来至曹禺逝世前的多个版本，梳理各个版本的出版背景、版本形态、印刷频次和印数以及修改增删情况。需要说明的是，各种非中文版本，以及未获曹禺授权或在大陆之外出版的各种版本，如商务印书馆1940年何永佶译的英文版《日出》，伪满洲国萃文书店康德七年（1940）的《日出》，香港万里书店1958年的《日出》，曲阜师范大学函授部1986年出版的《青年三部曲》（雷雨·日出·原野），等等，都未列入考察范畴。若有错漏，欢迎方家补充指正。

1. 《日出》报刊本：上海《文季月刊》，1936年6月至9月

《日出》报刊本，于1936年6月至9月连载于上海《文季月刊》。在《日出·跋》中，曹禺写道："写完《雷雨》，渐渐生出一种对于《雷雨》的厌倦"，决心"试探一次新路"。这"新路"不仅在于尝试新的戏剧结构和技巧，甚至连《日出》的写作和发表方式跟《雷雨》也大相径庭。《雷雨》酝酿5年，执笔写作约半年，之后又在靳以的抽屉里搁置年余，最后在靳以、巴金主编的《文学季刊》全文刊载。《日出》从筹划到执笔，经过了大约一年半时间。① 在曹禺看来，《日出》的写作"异常仓促"②。《文学季刊》1935年12月停刊后，巴金、靳以1936年5月在上海筹办《文季月刊》，作为《文学季刊》的延续。为襄助《文季月刊》在上海新文学市场上打响头炮，曹禺推却了《大公报·文艺》的短剧稿约，开始写作《日出》。③

曹禺原本计划"用一年功夫来"完成《日出》④，却在巴金等人的鼓励和催促下匆忙上阵，四个月内即告完稿。他回忆写作过程："《日出》写得非常之快"，写稿之外，"我还要教书，只得拼命写，有时几天不得

---

① 参看田本相、阿鹰编著《曹禺年谱长编》，上海交通大学出版社2017年版。
② 《日出 第四幕》"后记"，上海《文季月刊》1936年9月。
③ 为此，1936年8月16日《大公报》"文艺"副刊在《编者致辞》中特意表达惋惜之情："最大的遗憾是三个月前就答应为我们写一短剧的曹禺先生，为了赶写他的《日出》，临时竟空了场。"曹禺、巴金和靳以主持的《文季月刊》社一直保持着良好的合作关系，报刊本的第一幕即在幕尾注明"本剧排演权及摄制电影权完全保留请与《文季月刊》社接洽"，后来的文化生活出版社的单行本《日出》大多注有版权声明"本剧排演或改编须得文季社同意"。尽管《文季月刊》在1936年的12月即已停刊，但至抗战胜利后的文化生活出版社的《日出》仍印有此声明。直到1949年之后的版次才将版权声明改为"排演本剧须得作者同意（通讯处由文化生活出版社转）"。
④ 《曹禺写作〈日出〉》，上海《申报》1936年5月16日。

睡觉"①,"每到月半,靳以便来信催稿,像写连续小说一样,接到信便日夜赶写。写一幕登一幕,后来居然成为一本整戏"。② 正因为此,初刊本中颇多疏漏。第三幕末尾即有"附记"对前三幕中存在的疏漏以及第三幕的部分内容加以说明。第四幕完结时,曹禺又作"后记",纠正和说明前文中的错讹。曹禺表示,报刊本《日出》"只是一个极粗糙的未定稿,我想在最近仔细地修改删节一下,希望着能比现在订成一个差强人意的戏本"。

也许是因为曹禺的这一定论,出版者和研究者对初刊本《日出》大多不甚在意。但"一幕一幕的写,一幕一幕的登,像章回小说的连载"一般的写作方式,让《日出》报刊本的价值,与《雷雨》报刊本乃至大多数新文学创作的报刊本不太一样。从"极粗糙的未定稿"的报刊本到"差强人意"的初版本,曹禺对《日出》报刊本的定位表明,在对曹禺《日出》发生学的研究中,《日出》报刊本意义重大。

值得一提的是,《日出》刊出之后,天津《大公报》1936 年 12 月 27 日"文艺"副刊第 273 期、1937 年 1 月 1 日"文艺"副刊第 276 期,在副刊编辑萧乾的组织下,先后整版刊载来自文学界、学术界的十几位专家包括茅盾、巴金、朱光潜、沈从文、叶圣陶、李广田、荒煤等,对《日出》的"集体批评"。查考"集体批评"可知,参与"集体批评"的诸位重量级作者所阅读的《日出》几乎都是《文季月刊》上的报刊本《日出》,而非 1936 年 11 月开始印行的文化生活出版社单行本《日出》。比较曹禺在《日出》报刊本和文化生活出版社的《日出》中的修改删节,再将"集体批评"与曹禺对"集体批评"的回应(即《日出·跋》)相对照,有助于我们进一步理解曹禺"回应"中的辩解、纠结和委屈。

2. "文化生活"本《日出》:上海文化生活出版社,《日出》单行本,1936 年 11 月

报刊本《日出》于 1936 年 9 月登载完结,曹禺花了两个月时间将其修订,并于 1936 年 11 月结集为单行本由上海文化生活出版社出版,是为《日出》初版本。初收入文化生活出版社的明星品牌"文学丛刊"系列第 3 集,后又设"曹禺戏剧集"系列,列为第 2 种。"文化生活"本《日

---

① 曹禺:《我的生活和创作道路——同田本相的谈话》,《戏剧论丛》1980 年第 2 期。
② 曹禺:《〈日出〉(电影文学剧本)后记》,《收获》1984 年第 3 期。

出》长销不衰，版次更迭极快。1936年11月初版，12月即"再版"，1937年2月"三版"，3月"四版"，至1937年7月，10个月的时间里，"文化生活"本《日出》共重印了11个版次，印刷14000册。八年抗战期间，"文化生活"本《日出》又印行了约11个版次。抗战胜利之后，"文化生活"本《日出》仍然广受欢迎。笔者目前所见，至1953年5月，"文化生活"本《日出》至少印行了28个版次，广受欢迎。[1]

如上文所说，《大公报》"文艺"副刊在1936年底和1937年初发表了两组关于《日出》的"集体批评"。作为对这次声势浩大的"集体批评"的回应，曹禺写下《我怎样写〈日出〉》一文，在1937年2月28日《大公报》"文艺"副刊第304期上发表，而后又作为"跋"收入"文化生活"本《日出》的1937年3月的第4版。

可以说，从"文化生活"本《日出》1937年3月第4版开始，版本形态基本定型。其完备的版本形态，在正文外，包括正文前的八段题辞，正文中有三首歌曲的曲谱（第二幕开头有《小海号》《轴号》，均为五线谱；第三幕中间的《叫声小亲亲》，为工尺谱），第三幕结尾的"附记"，内容是对于第三幕落幕前小东西最终命运的另一种写法，正文后有"跋"。

需要注意的是，"文化生活"本《日出》先后分列"文学丛刊"和"曹禺戏剧集"两个系列。尽管《日出》"曹禺戏剧集"系列靠后，其可靠性却大不如印次更早的"文学丛刊"系列。"曹禺戏剧集"系列从"重庆初版"开始，在版权页上反复出现严重错误，多次错印《日出》的"初版"时间。所以熟悉"文化生活"本《日出》的研究者，往往更看重早期的"文学丛刊"系列，而对更晚近的"曹禺戏剧集"系列心存警惕。

比较报刊本《日出》和"文化生活"本《日出》，文字的增删、异动接近300处。这些改动，有的涉及剧本写作的基本要素，如情节跨度时间的设定。报刊本剧情时间设定非常紧凑，四幕剧情发生在连续四天之内。小东西在第一幕被黑三抓走，第三幕就选择了自杀，很难想象第一幕中努力逃出牢笼却又因肚子太饿就想回到黑三手里的小东西，时隔一天就

---

[1] "文化生活"本《日出》印行的情况，详见段美乔《文化生活版〈日出〉"版次"》，《新文学史料》2020年第2期。

有了自杀的决断。为了使剧情发展得更加合理,"文化生活"本将第三幕的时间改为"一星期后晚十一时半",第四幕"时间紧接第三幕,翌日"。有的修改甚至涉及人物命运的走向。比如初刊本第三幕后有附记一篇,对小东西的自杀结局做了一个说明:"写完第三幕便察觉小东西的死太惨,太刺目了。……为着看戏的人们这末尾的惊吓又怕过了分,我曾经把结尾改成小东西没有死成……这样也许叫'太太小姐们'看着舒服些……但过后我又念起那些被这一帮野兽生生逼死的多少'小东西'们,……我仿佛觉得他们乞怜的眼睛在黑暗的壁落里灼灼地望着我,我就不得不把太太小姐们的瞧戏问题放在一旁。我求人们开眼看看这一段现实,我还是不加变动,留在这里。"在"文化生活"本里,小东西的结局在正文中没有改动,但曹禺把报刊本里提到的"小东西没有死成"的结尾完整写出,放在第三幕"附记"里。"文化生活"本《日出》对报刊本《日出》中几个主要人物的姓名做了修改。比如"陈白露"在报刊本中作"陈露露";她的本名"竹均",在报刊本中作"文姗";茶役"王福升"在报刊本中作"阿根",李石清的太太"素贞"在报刊本里作"淑贞"。这些修改有些是为了使人物姓名更符合其身份,与剧中的形象更贴切。有些则是为了凸显人物的身份和个性,更显示出曹禺在"仔细地修改删节"中,对人物的设定,包括人物的个性、情感和命运等,发生了不小的变化。

3. "开明"本《日出》:开明书店,"新文学选集",《曹禺选集》,1951年8月

开明书店的"新文学选集"是新中国第一套汇集"五四"以来作家选集的丛书,是"新文学"之名在中华人民共和国成立后首次用于丛书出版。茅盾担任丛书主编,文化部文艺局编译处特特成立"新文学选集编委会"选编。"新文学选集"分为两辑,第一辑为已故作家的选集,由编委会约请他人选编,第二辑为健在作家的选集,一般由作家自选。

《曹禺选集》选录了曹禺的三个剧本《雷雨》《日出》《北京人》。在"自序"中,曹禺表示选择这三个剧本是因为它们"博得观众的首肯",是"为观众所喜好的"。[①] 开明书店的"新文学选集"被学界视为"宣示党的文艺方针和政策,确立党的导向",是作家"接受党的领导、汇报思

[①] 曹禺:《曹禺选集·自序》,《曹禺选集》,开明书店1951年版。

想改造状况的成绩单"①,但是更能体现曹禺思想革命性和进步性的《蜕变》并未选中。多年后曹禺谈到《蜕变》,认为尽管"当时它发挥了作用",但"写得不深,不叫人思索,不叫人深想,不叫人想到戏中描写以外的东西"。②可见,在曹禺心中,《雷雨》《日出》《北京人》思想性和艺术性并重,是有生命力的能够传下去的作品。这之后人民文学出版社1954年的《曹禺剧作选》和1961年的《曹禺选集》都继续沿用开明书店《曹禺选集》的篇目。

开明书店《曹禺选集》1951年8月初版,为大32开软精装本,印数为0001—5000册,1952年1月二版(即二印),印数为5001—10000册;1952年12月又印行乙种本(即普及本)初版,印数为0001—5000册。

与"文化生活"本《日出》相比,"开明"本《日出》版本形态变化极大:删掉了正文前的八段题辞;未收入第三幕的"附记"和正文后的"跋";保留了三张乐谱,但调整了乐谱的位置,将《小海号》和《轴号》并置于第一幕和第二幕之间,且三张乐谱全部改为简谱。

尽管对《日出》的艺术性和思想性颇为自信,但是作为"汇报思想改造状况的成绩单",曹禺对《日出》做了大量的修改。在《曹禺选集·自序》里,曹禺说"《日出》这本戏,应该是对半殖民地半封建的中国旧社会的控诉,可是当时却将帝国主义这个罪大恶极的元凶放过",所以"趁重印之便","根据原有的人物、结构,再描了一遍(有些地方简直不是描,是另写)"。与"文化生活"本《日出》相比,"开明"本《日出》几乎称得上面目全非。在开明书店的"新文学选集"丛书中,《曹禺选集》的修改幅度几乎是最大的。开明本《日出》的故事的时代背景、人物形象和人物关系,乃至人物的命运都有了相当大的调整。

4. "剧本选"本《日出》:人民文学出版社,《曹禺剧本选》,1954年6月

为改进新中国的文学和美术出版工作,中宣部于1954年3月召集人民文学出版社、上海新文艺出版社等单位举行会议。会议提出要使人民文学出版社"逐渐成为中外古典文学和中外现代文学优秀作品为主的专业

---

① 王得后:《中国现代文学作品的汇校和校记问题》,《中国现代文学研究丛刊》2005年第2期。

② 曹禺:《我的生活和创作道路——同田本相的谈话》,《戏剧论丛》1981年第2期。

出版社",同时确认"经过编选的五四新文学代表性作品统归人民文学出版社出版"①。自此,人民文学出版社负有为五四新文学作品的选编把握政治倾向的特殊职能,五四新文学作品的出版也因此成为人民文学出版社的"权力"。有学者统计,20世纪50年代人民文学出版社出版的新文学作家作品选集共计近70种。② 开明书店版"新文学选集"的22种都在其出版范围内。1954年6月出版的人民文学出版社的《曹禺剧本选》算是出得比较早的一种。

《曹禺剧本选》1954年6月第1版第1次印刷,25开,印数0001—7000册;同月又有第2次印刷,为布面硬精装本,印数为0001—1000册;1955年4月第3次印刷,32开,印数为7001—9000册;1956年5月第4次印刷,重新计算印数,加上2印精装本的印数,印数为10001—13000册;1957年11月第5次印刷,印数为13001—17000册。

如上文所说,《曹禺剧本选》继续沿用"开明"本《曹禺选集》的入选篇目,选入了《雷雨》《日出》《北京人》三部剧作。在《曹禺剧作选》的"前言"里,曹禺写道:"两年前,我曾将《雷雨》、《日出》、《北京人》这三个比较为观众所知道的剧本,修改了一下出版。在这个集子里,仍选了这三本戏,不过,这一次除了一些文字的整理外,没有大的改动。现在看来还是保存原来的面貌好一些。"正如曹禺的自述一样,"剧本选"本《日出》放弃了"开明"本的"大的改动",回归了"文化生活"本的"原来的面貌",但又并非前言中所说只做了"一些文字的整理"。据笔者的统计,与"文化生活"本《日出》相比,"剧本选"本《日出》改动近千处,同时也保留了一百多处"开明"本的修改。

"剧本选"本《日出》的版本形态变化比较大。其中正文前的八段题辞,仅保留了第一段(即"老子《道德经》七十七章"),删掉了后面七段。删掉了第三幕后的"附记",删掉了正文后的"跋"。保留了三张乐谱,且皆移至文末,并全部改为简谱。此外,在第四幕结束,"——幕徐落"之后,"剧本选"本《日出》添加了"一九三五年"字样,把《日出》的写作和发表时间提前了一年,这个错误在后来的版本中延续下去。

---

① 中国出版科学研究所、中央档案馆编:《中央宣传部改进文学和美术出版工作会议纪要》,《中华人民共和国出版史料(一九五四)》第6卷,中国书籍出版社1999年版,第354页。
② 肖严、宋强:《上世纪五十年代"新文学选集"丛书出版略论》,《新文学史料》2014年第1期。

直到 20 世纪 80 年代初，曹禺才恍然发现这个错误："多少年来，《日出》这个剧本，我以为是在 1935 年写的。最近问了巴金同志，才知是 1936 年写的。"① 究竟是曹禺误导了"剧本选"本《日出》，还是"剧本选"本《日出》误导了曹禺，不得而知。

5. "戏剧"本《日出》：中国戏剧出版社，"五四以来话剧剧本选"丛书，《日出》单行本，1957 年 9 月

为纪念五四运动四十周年，中国戏剧出版社以单行本的形式出版了一套"五四以来话剧剧本选"丛书。② 入选剧本分为两类具体如下。一类是历史剧，包括郭沫若的《屈原》《虎符》，欧阳予倩的《桃花扇》，阳翰笙的《李秀成之死》，阿英的《碧血花》，等等。一类是反映 1949 年以前的现实生活的剧本，如田汉的《名优之死》《丽人行》，洪深的《五奎桥》，夏衍的《上海屋檐下》，宋之的《雾重庆》，等等，作为中国话剧创作艺术成熟的标志，曹禺的《雷雨》《日出》自然名列其间。

中国戏剧出版社的单行本《日出》（简称"戏剧"本《日出》），1957 年 9 月第 1 版第 1 次印刷，印数为 0001—9000 册；1958 年 2 月 1 版 2 印，印数为 9001—14000 册；1959 年 4 月 1 版 3 印，印数为 14001—17500 册。这三次印刷，封面设计一致。底色为浅黄色细网纹，书名位于左上方，书名下有中国戏剧出版社社标，书名上方有"五四以来话剧剧本选"字样。至 1960 年 4 月又出了 1 版 4 印，印数为 17501—27500 册。这一印封面设计大不相同，取消了原封面上"五四以来话剧剧本选"字样和社标，同时底色改为绿色，靠近书脊处有宽白边，边框为简化祥云纹，内印两朵红色小花。1980 年 6 月，这一本《日出》又被中国戏剧出版社列入"现代戏剧创作丛书"出版，版权页注明"1957 年北京第 1 版，北京第 2 次印刷"。

这一本《日出》版本形态较为完整，恢复了正文前的八段题辞，第三幕的"附记"和正文后的"跋"（"跋"略有删节）；保留了三张乐谱，并沿用人民文学出版社的《曹禺剧本选》的处理方式，全部列在文末，放在第四幕和"跋"之间，并改为简谱。第四幕后又沿用"剧本选"本

---

① 曹禺：《〈日出〉（电影文学剧本）后记》，《收获》1984 年第 3 期。
② 曲六乙：《略述"五四"以来话剧的战斗传统——读〈"五四"以来话剧剧本选〉丛书》，《读书》1959 年第 8 期。

《日出》的错误，标明写作时间为"1935年"。此外，在正文前新增了一段二百多字的"内容说明"，称"这是作者写于1935年的剧本，描写1931年到1935年反动统治下的人间地狱生活"，进一步把《日出》的写作背景明确定格在1935年。

比较正文本，1957年9月的"戏剧"本《日出》与1954年人民文学出版社的"剧本选"本《日出》非常接近，仅有少量字词上的修改。故有学者直接将1957年的"戏剧"本《日出》称作1954年人民文学出版社《曹禺剧本选》的《日出》单行本。①

6. "小丛书"本《日出》：人民文学出版社，"文学小丛书"第三辑，《日出》单行本，1959年12月

"文学小丛书"的出版计划，最早是由人民文学出版社的首任社长兼总编辑冯雪峰提出的。1958年开始正式组织编辑和出版。时任副社长兼副总编辑楼适夷回忆说，当时是"企图像日本的'岩波文库'、英国的'企鹅丛书'、德国的'莱克兰姆版'、美国的'近代丛书'及新中国成立前商务印书馆的'万有文库'那样，成为包括古今中外名著的袖珍版"。②

"文学小丛书"以出版古今中外名著的"袖珍版"为目标，开本小是其最显著的特点。开本小，携带方便，便于随时阅读。"文学小丛书"的开本分两种：一种是787毫米×940毫米的32开本；一种是787毫米×1092毫米的50开本。1978年和1984年，人民文学出版社曾两次改版印行"文学小丛书"。③ 不过开本越做越大，不复旧例。

"文学小丛书"在每册的前勒口或者衬页上都印有一段出版说明："'大家要学点文学'，'劳动人民应是文化的主人'，这是党的号召。但大家搞社会主义生产大跃进，时间有限；我们为此出版这套'文学小丛书'，选的都是古今中外好作品。字数不多，篇幅不大，随身可带，利用工休时间，很快可以读完。读者从这里不仅可以获得世界文学的知识而且可增强认识生活的能力，鼓舞大家建设社会主义新生活的热情。"可见这是一套带有文学普及性质的读物。丛书主要面向"具有相当文化水平

---

① 金宏宇、吕丽娜：《〈日出〉的版本与修改》，《湛江师范学院学报》2005年第2期。
② 楼适夷：《零零碎碎的记忆——我在人民文学出版社》，《新文学史料》1991年第1期。
③ 王保贤：《二十世纪五六十年代的文学"小开本"》，《中华读书报》2018年2月28日第14版。

（比如说：初中文化程度）的青年干部，青年学生，青年工农"[①]；选题涉及古今中外，比较平均；部分作品正文前还写有"前言"，说明其思想内容和艺术成就。虽然拟作"袖珍书"，但"文学小丛书"并非"薄本书"，丛书所收书目，字数从2万字到10万字不等，无论32开还是50开，书脊上都印有书名、作者和出版机构等信息。至1960年"文学小丛书"已推出至少130多种，影响颇大。

"小丛书"本《日出》列为该丛书的第三辑，编号为总第86号，1959年12月1版1印，印数为00001—33000册，开本为50开，实际页面尺寸为105毫米×148毫米。

这一版《日出》的版本形态稍有变化。正文前增加了一篇约800字的前言，因带有文学普及性质，故编者在"前言"中概括剧本的内容，说明主题和艺术特点。删除了正文前的八段题辞和第三幕的"附记"，保留了"跋"（"跋"略有删节，与"戏剧"本同）；保留了三张乐谱，并沿用"剧本选"本和"戏剧"本的方式，全部改为简谱，放在第四幕和"跋"之间。"剧本选"本关于《日出》写作时间的错误在这一版中依然出现，第四幕末尾注明写作时间为"1935年"，"前言"中也称"《日出》作于一九三五年"。

比较正文可知，"小丛书"本《日出》在"戏剧"本《日出》的基础上做了大量的删节。"小丛书"本《日出》共101000字，"戏剧"本《日出》约128000字。去掉衬页的出版说明和编者所作之前言，"小丛书"本《日出》比"戏剧"本《日出》减少了将近28000字，删节量约占原有总字数的22%，实在不可谓不多。

"小丛书"本《日出》后又被人民文学出版社收入"青年文库"丛书，1990年8月第1次印刷，印数为0001—6100册。无题辞，无跋，无第三幕"附记"，无曲谱。开本为普通小32开，与一般文学书籍无异。唯封面有"北京市教育局选编"字样，版权页注明为"非卖品"，无定价。

1992年12月，人民文学出版社又有"文学小丛书"系列《日出》出版，与"青年文库"《日出》一样，无题辞，无跋，无第三幕后的附记，亦无曲谱。印次则延续"青年文库"，标为"第2次印刷"，印数也延续"青年文库"，为6101—18225册。版权页则注明"国家教委图书馆

[①] 柏园：《读〈文学小丛书〉有感》，《读书》1958年第18期。

工作委员会装备用书",同样无定价。

这两个本子版型一样,封面设计相似,底色为粉红色,一道紫色横条将封面分割成两块,"青年文库"系列在黑色横条中标注"青年文库"的汉字和拼音,横条下方印有一枚"青年文库"图标。"文学小丛书"系列则删掉"青年文库"图标,并将横条内的"青年文库"字样和拼音换成"文学小丛书"及其拼音。

从正文来看,1959年的"小丛书"本《日出》、1990年的"青年文库"《日出》、1992年的"文学小丛书"《日出》是同一个版本的延续。

7. "曹禺选集"本《日出》:人民文学出版社,《曹禺选集》,1961年5月

如前文所说,人民文学出版社的《曹禺选集》,延续开明书店的《曹禺选集》和人民文学出版社的《曹禺剧作选》,收入《雷雨》《日出》《北京人》三个剧本。这个本子开本为大32开,纸张和印刷质量不错,但印数偏少。《曹禺选集》的"出版说明"写于1959年9月,但直到1961年才正式印行。1961年5月1版1印,大32开硬壳精装本,未标明印数;1962年9月1版2印,大32开平装本,累计印数记录为701—6200册。

"曹禺选集"本《日出》的版本形态比较简陋,无题辞,无跋,无第三幕的"附记",保留了三张简谱曲谱,尽附于文末,且继续把写作时间误作"1935年"。《曹禺选集》衬页有"出版说明":"一九五四年,作者曾对这三个剧本做了一些文字上的整理,编为一集,由本社出版;这次作者又对《雷雨》、《日出》二剧,作了许多重要修改,现据修改本重排印行。"经比较可知,出版说明中所谓"这次"的修改,指的是"小丛书"本的修改。"曹禺选集"本《日出》是对"小丛书"本《日出》的重排印行,其正文内容与"小丛书"本《日出》基本相同,仅有个别字词的修改。

1978年3月至8月,为尽快改变"书荒"现象,国家出版局决定,从北京和上海有关出版社已经出版的文艺书籍中,选出为当前广大读者迫切需要的古今中外文学名作30多种,集中人力物力,迅速赶印,首先供应大中城市。[①] 其中首批重印书中,中国古典文学9种,外国古典文学16种,五四以来的现代文学作品共10种,包括《郭沫若剧作选》、《子夜》、

[①] 《年内将有大批重印书出版》,《出版工作》1978年第3期。

《家》、《曹禺选集》、《吕梁英雄传》、《新儿女英雄传》、《铁道游击队》、《红旗谱》、《苦菜花》和《战斗的青春》。①

  为印行这批书，国家出版局共拨出纸张七千吨左右，计划每种印行四五十万册。为扩大声势，国家出版局计划在 1978 年 5 月 1 日在大中城市同时发售，而且压缩了内部分配和团体预订的比例，门市零售的比例扩大到七成。② 因工作量较大，国家出版局组织协商落实，这批书由 13 个省、市分工印刷，然后按计划统一发行，并要求重点保证北京、上海、广州三个城市的需求。人民文学出版社 1961 年版《曹禺选集》的重印任务分别由北京的新华印刷厂和沈阳第二印刷厂承担，故版权页上，一种作"1961 年 5 月北京第 1 版 1978 年 4 月北京第 3 次印刷"，一种作"1961 年 5 月北京第 1 版 1978 年 4 月辽宁第 1 次印刷"。两种本子，封面设计一样，但开本明显不同：北京新华印刷厂的开本为大 32 开，沈阳第二印刷厂的开本为小 32 开。据陈铃的《1978 年〈曹禺选集〉重印风波》，因为开本差异、版面设计与印刷上的问题等，曹禺与人民文学出版社生出嫌隙。③ 海客甲（王小平，王仰晨之子）回忆称，大概就在 1978 年《曹禺选集》重印之后，曹禺对王仰晨渐生隔阂，对其时有回避，而王仰晨却一直不得要领，不知隔阂之所起。④ 大略嫌隙便由此而起吧。

  重印后的《曹禺选集》增加了一篇"后记"，"后记"作于 1977 年 12 月 4 日，距离曹禺正式摘掉"走资派"帽子还有 8 个月。⑤ 这篇"后

---

① 《缓解"书荒"的重要措施》，中国新闻出版研究院编：《中华人民共和国出版史料》（一九七六年十月至一九七八年十二月）第 15 卷，中国书籍出版社 2013 年版，第 277 页。原载国家出版局《出版工作情况反映》1978 年第 8、11、17 期。

② 《缓解"书荒"的重要措施》，中国新闻出版研究院编：《中华人民共和国出版史料》（一九七六年十月至一九七八年十二月）第 15 卷，第 277 页。原载国家出版局《出版工作情况反映》1978 年第 8、11、17 期。

③ 陈铃：《1978 年〈曹禺选集〉重印风波》，澎湃新闻 App "私家历史"栏目，2020 年 11 月 9 日。

④ 海客甲：《王仰晨与曹禺交往琐记》，《出版史料》2006 年第 2 期。

⑤ 1978 年 8 月 30 日，北京市文化局召开大会，为受"四人帮"迫害的八十名文艺界和戏剧界同志平反，大会宣布撤销对曹禺等二十八位同志的所谓"反走资派错误""反路线错误"的错误结论。参看《为受林彪、"四人帮"迫害的戏剧家平反昭雪》，《人民戏剧》1978 年第 10 期。

记"曾反复多次修改，曹禺不止一次写信给王仰晨，1977年9月13日，曹禺致信王仰晨："稿收到，改得很好。实在感谢！但有些地方，我又改了一些，又托朋友按格抄了一遍，以便付印。不知好否？"12月17日再复信王仰晨："改稿奉上。你的严谨，高度负责精神和你我二人多年的友谊，耀（跃）然纸上。"①

海客甲披露当年抄稿上的改动痕迹，如"它反映了旧中国十八层地狱般的半封建、半殖民地的旧社会的一个侧面……"添加了前三个黑体字，删去了后两个黑体字。又如"新中国成立以后，在党的文艺政策照耀下，《日出》曾重印和上演过（一九五四年，我曾对它作过一些文字上的整理和修改）"一句，添加了括号内的黑体字。再如，"《日出》是个存有较多缺陷的作品，因此以往它的重印和上演，曾一再使我深感不安；正因为这样，出版社要在这时重印这本书，我就不能不作一些认真的考虑，但我终于还是同意了"。这一段的原文是："《日出》是个存有较多缺陷和某些并不那么健康的情绪的作品，正因为这样，它的重印和上演就曾为我带来不安，出版社要在这时重印这本书，经过一些考虑，我还是同意了。"②虽然这里大部分的文字最终还是删去了，但曹禺在写作这篇"后记"时的千回百转可见一斑。在正式出版的《曹禺选集》"后记"里，曹禺略带惶恐地表示：希望读者能够"认真地、批判地、历史唯物主义地"看待这些旧作。这番作态令人心酸。

1978年重印《曹禺选集》，无论是北京新华印刷厂印制的本子还是沈阳第二印刷厂印制的本子，都没有标注印数。查1978年这一批重印书，几乎都没有记录印数。事实上，1976年以来，在这批重印计划前，已经有不少文学作品出版或者再版，且各地方出版社租型印制的情况并不少见。这些出版物大多都没在版权页标注印数。为此国家出版局特特发文重申："所有图书都应按照规定在版权页记载印数。过去未载印数的图书，再版时，应记载此书的累计印数。"③

---

① 海客甲：《王仰晨与曹禺交往琐记》，《出版史料》2006年第2期。
② 海客甲：《王仰晨与曹禺交往琐记》，《出版史料》2006年第2期。
③ 《国家出版局关于重申在图书版权页上记载印数的通知》[1978年8月18日（78）出版字第382号]，中国新闻出版研究院编：《中华人民共和国出版史料》（一九七六年十月至一九七八年十二月），第354页。

8. "四川"本：四川文艺出版社，"曹禺戏剧集"，《日出》单行本，1985年2月

1985年2月，四川文艺出版社出版了《日出》单行本（简称"四川"本《日出》），为"曹禺戏剧集"之一。1985年2月1版1印，大32开，封面压膜的平装本，印数为00001—24600册。1985年3月印行精装本，同样大32开，包封压膜、内封为烫金硬壳，且印次和印数都独立记录，记作1版1印，0001—2500册。

就版本形态的完整度而言，"四川"本《日出》是最接近"文化生活"本《日出》的一个版本，完整保留了八段题辞、第三幕后的"附记"和跋，三张乐谱虽仍做简谱，但各归其位。除此之外，正文前新添作者照片1张，正文中另加入插画6张，"跋"后附《〈日出〉重印后记》。

四川人民出版社的"曹禺戏剧集"系列，立项在1980年，但其合作之缘起则追溯到1978年曹禺剧本《王昭君》的发表。《曹禺致李致书信》呈现了时任四川人民出版社总编辑的李致促成四川人民出版社与曹禺合作的缘起和合作经过。[①] 李致是巴金的侄子，曹禺又是巴金的挚友，这层关系为合作的成功提供了一定便利。李致与四川人民出版社积极合作的态度和他们在编辑、校对、装帧设计、印刷等方面的质量把控也给曹禺留下了极好的印象。"曹禺戏剧集"在四川人民出版社出版，其意义不仅于此，李致他们已经意识到："这是出版界的一场变革和竞争。"[②] 1980年前后的思想交锋与政策更迭，以年为界都嫌粗疏。1979年12月胡愈之在中国出版工作者协会成立大会上发言："同所有先进国家比较起来，我们的出版机构是过于集中，甚至于比解放以前的以上海为中心的出版事业还要集中得多。现在是不是可以重新考虑，把出版社体制来一个彻底的改变。"[③] 与此同时，有人正在指责"四川人民出版社是地方出版社，不该出曹禺之类大师的名著"。[④] 到1982年，一贯谨慎的曹禺终于坚定地表示："作者的书应该由作者本人决定出版的地方。这是作者的权益，不能强勉。"[⑤]

"四川"本《日出》是一个特别的单行本，在《日出》的版本变迁

[①] 李致编：《曹禺致李致书信》，四川教育出版社2010年版。

[②] 李致：《何日再倾积愫——怀念家宝叔》，《曹禺致李致书信》，第160页。

[③] 中国出版工作者协会编：《中国出版年鉴1980》，商务印书馆1980年版，第8页。

[④] 李致：《何日再倾积愫——怀念家宝叔》，《曹禺致李致书信》，第160页。

[⑤] 曹禺致李致信（1982年2月7日），《曹禺致李致书信》，第106、107页。

中占有独特的地位，它是曹禺本人亲自改定的最后一个版本。在重印《日出》的后记中，曹禺写道："重印《日出》，我改正了一些错字，作了较少的更动和删节。"正如前人的研究，"四川"本《日出》"再次恢复了初版原貌"，曹禺所说的"重印《日出》"重印的是"文化生活"本《日出》。但"四川"本《日出》并非如曹禺所说的，只在"文化生活"本《日出》的基础上"改正了一些错字，作了较少的更动与删节"。据笔者统计，实际的修改超千处，且有多处整段的添加或删减。

"四川"本《日出》之后，至曹禺去世，比较重要的《日出》版本还有中国戏剧出版社1988年12月开始出版的4卷本《曹禺文集》，人民文学出版社1994年9月版的"中国现代名剧丛书"，花山文艺出版社1996年7月版的7卷本《曹禺全集》。

《曹禺文集》《曹禺全集》的出版对学术研究的重要性自不必说，但实际印刷量并不大。真正在大众阅读中影响巨大的还是人民文学出版社1994年9月版的"中国现代名剧丛书"。这套丛书收入了曹禺的《雷雨》、《日出》、《原野》、《北京人》和《蜕变》，其中单行本《日出》1994年9月1版1印，印数为00001—30000册；1997年9月1版2印，印数为30001—50000册；1999年5月1版3印，印数为50001—70000册；2001年3月1版4印，印数为70001—80000册。这三个本子的《日出》，不约而同地回到了"文化生活"本《日出》，这大概与20世纪90年代保存史料的学术自觉有关，也隐含了学界对于1949年以来新文学作家作品顺应时势不断修改的反正。

比对上述《日出》诸版本，可以整理出4段版本演进链条。

（1）报刊本→"文化生活"本、《曹禺文集》、"中国现代名剧丛书"、《曹禺全集》

（2）报刊本→"文化生活"本→"开明"本

（3）报刊本→"文化生活"本→"剧本选"本、"戏剧"本→"小丛书"本、"曹禺选集"本

（4）报刊本→"文化生活"本→"四川"本

这四条版本演进链共同构成了《日出》的版本谱系。其中，版本演进链（1），以初版本"文化生活"本为节点，初版本保存了书籍的本来面目，具有史料价值和学术价值。版本演进链（2）止于"开明"本，"开明"本是曹禺在中华人民共和国成立后真诚回应时代变化所做的一次

修改，学界公认这是一次不成功的修改。"开明"本《日出》虽然无法与其他版本进行校勘，但其在细节上的修改却部分地被后续版本继承，且后续版本中的部分修改趋向从这一版本开始初现端倪。版本演进链（3）以"剧本选"本为节点，"剧本选"本以"文化生活"本为基础，其修改注重剧本的舞台效果，同时注意人物的典型化。后续版本的修改基本延续这一思路。版本演进链（4）以"四川"本为节点，是曹禺自"文化生活"本《日出》以来，重新定位和塑造陈白露这一修改思路的延续。

二

现行的版本校勘理念和方法，以初版本为重，"初版本之后的版本"往往忽略不计。但借由现代印刷术，现代文献的印刷数量大和版本更迭速度快，同年代的读者可能面对不同的版本，从而读出不同的感受。例如，报刊本《日出》刊出之后，天津《大公报》"文艺"副刊在副刊编辑萧乾的组织下，先后两次整版刊载来自文学界、学术界的十几位专家对《日出》展开的"集体批评"。查考"集体批评"可知，参与"集体批评"的诸位重量级读者所阅读的《日出》几乎都是《文季月刊》上的报刊本。而曹禺的回应（即《日出·跋》）则是在"文化生活"本《日出》出版之后。比较《日出》报刊本和"文化生活"本，再将"集体批评"与曹禺对"集体批评"的回应相对照，有助于我们进一步理解曹禺回应中的辩解、纠结和不满。又如20世纪50年代后期，陈恭敏、徐闻莺、甘竞等关于陈白露悲剧实质问题展开论争。查考几位论争者的引文可知，陈恭敏、甘竞阅读的是"文化生活"本《日出》，而徐闻莺的讨论对象是"剧本选"本《日出》。陈恭敏在《什么是陈白露悲剧的实质》中引用了第四幕中的一段台词，即小东西被抓走遍寻不着，陈白露内心焦灼不安又不得不应对恶俗不堪的张乔治和顾八奶奶，两人离开后，陈白露彻底爆发："（忽然走到福升面前迸发）他们为什么没有玩够！（高声）他们为什么不玩够？（更高声）他们为什么不玩够了走！回自己的家里去。滚！滚！滚！（愤怨）他们为什么不——（忽然她觉出自己失了常态，她被自己吓住了，说不完，便断在那里，底下头）。"陈恭敏认为这段台词悲痛和愤怒交织，最能反映陈白露"内心生活中的暴风雨"，是她"奔向自由生活的愿望最强烈的时刻"。① 然而在"剧本选"本里，这段台词完全变了样，陈白露的呐喊被删掉，只留下喃喃自语："（还是不动声色地）那么他们为什么没有玩够？（低声，自语）是啊，谁还能一辈子住旅馆！"徐闻莺读不到陈白露在第四幕的"迸发"，只能把讨论的重点放在第一幕中陈白露的自尊心被方达生刺伤后的回击上，"你有钱么？""你养得活我么？"并以此质问陈恭敏：陈白露"越来越不能忍受这种耻辱的生活"的表现在哪里？② 如果读到陈白露的这段"迸发"，不知徐闻莺是否会对陈白露产生不同的观感？

　　版本搜寻之后，方可确立版本演进链。确立版本演进链的主要依据是版本修订时的底本选择，也即某版本是在哪个版本的基础上进行修改的。版本演进链不清楚，校勘很难进行。只有在版本演进链内的校勘，才具有操作性。而选择哪个版本做底本进行修改，体现了作者对这个底本的看法，是时代、审美等因素的综合。在版本谱系中对版本修订进行综合考察，才能真正有效地把版本研究延伸至文本批评之中。

　　"曹禺戏剧集"中《雷雨》《日出》《原野》《北京人》等作于1949年以前的剧本重修再印时选择的底本各不相同。曹禺在给李致的信中提到：《原野》以"文化生活"本为底本，因其并未在1949年后重印。《雷雨》则以"戏剧二版"为底本，虽然他对"戏剧二版"《雷雨》的校对、排印、装帧等仍有诸多抱怨。对《日出》，曹禺先是想直接"按照人民文学出版社的本子就可以"③，但最终还是选择在"文化生活"本《日出》基础上再行修改。这显然不是"手里有什么就用什么"的选择，以此为由断定曹禺对1949年以来《日出》多次修改持否定态度也完全不符合曹禺的性格。

　　"四川"本《日出》的修改以"文化生活"本为底本有着多方面的因素。首先，这是基于曹禺对于话剧剧本本质——话剧剧本的写作应该以演出为目的，还是以阅读为归依——的思考。这是自1936年《日出》问世以来在曹禺心中延续多年的问题。"四川"本的重印"后记"里，曹禺写道："我写剧本，经常希望它象小说一样吸引读者坐下来读读，有点兴

---

① 陈恭敏：《什么是陈白露悲剧的实质》，《戏剧报》1957年第5期。
② 徐闻莺：《是鹰还是金丝鸟——与陈恭敏同志商榷关于陈白露的悲剧实质问题》，《上海戏剧》1960年第2期。
③ 曹禺致李致信（1980年9月15日），《曹禺致李致书信》，第63页。

味。这自然是我的妄想，也许今后我改掉这毛病，也许我改不掉。我不赞同'书斋剧本'，即只为了读，不为演的剧本。剧本还是为了演出写的。但如果它也能吸引读者翻翻，岂不更好么？"① 早期的剧本写作，曹禺更偏向"阅读"。"文化生活"本《日出》为了强化人物形象，让人物反复出场，并辅以绵密对话，以突出人物个性，这种做法显然是把"阅读"放在"演出"之前，当时的评论者已经注意到剧本对"阅读"的追求，赞美它"至少在剧本上是一篇有声有色的散文"②，同时也明确指出其问题所在：文学作品中"最有力的表现"，在舞台上却变成"狂言"。③ 曹禺承认，他的剧本，每每演出，必大做删节，才符合戏剧演出的时间要求。而删节得是否合适，完全依赖导演和演员的功力。也因为此，各个演出团队的表现并不总能令人满意。此等经验的后果之一，其后的各版本中，删节一直是《日出》修改的特点：精练人物对话，减少人物出场；砍掉旁支，让戏剧冲突更加集中。由此，《日出》正文字数也越来越少。去掉1万多字的"跋"，"文化生活"本《日出》正文不到14万字，"剧本选"本《日出》正文约12万字，"小丛书"本《日出》接近9万字。到1985年这一状况才得以改变：曹禺自言"四川"本《日出》在"文化生活"本《日出》基础上"作了较少的更动与删节"，但实际上"四川"本《日出》正文字数却超过15万字，比"文化生活"本《日出》多出将近1万字。

比较"四川"本和"文化生活"本，"四川"本的修改很大程度上体现了晚年曹禺在"演出"与"阅读"间的努力平衡：在集中戏剧冲突以适应演出的同时，力求增加剧本的可读性和文本意义的丰富性。例如，"文化生活"本《日出》第四幕里李石清在收到信件确认潘月亭股市破产之后，安排了两次陈白露出场，在"四川"本里，曹禺删掉了一次。在《重印〈日出〉后记》里曹禺解释说，这样的安排有演出时间和效果的考量，但更是为进一步突出陈白露的性格特征：既让陈白露见证了潘月亭的破产，又把陈白露从李石清和潘月亭的争执中抽离出来，让她处于一个旁观的位置。对这个黑暗的、荒谬的"有余者"的世界，她没有"投入"，

---

① 曹禺：《重印〈日出〉后记》，《日出》，四川人民出版社1985年版，第264—265页。
② 沈从文：《伟大的收获》，"《日出》集体批评"，《大公报》"文艺"副刊1937年第276期。
③ 谢迪克（H. E. Shadik）：《一个异邦人的意见》（"A Foreigner's comment on Sun rise"），"《日出》集体批评"，《大公报》"文艺"副刊1936年第273期。

她的悲剧不在于她不愿离开这个纸醉金迷的世界。她知道潘月亭的银行垮台了，但她的内心始终是冷静的、自持的。又如曹禺在"四川"本里进一步强化了"文化生活"本里带有抒情色彩和象征意味的诗性描述，并使得这些诗性描述的指向性明晰。例如，第二幕开幕时舞台说明里有一段对工人们打着夯、唱着夯歌的描述。"文化生活"本写道：

> 这种声音几乎一直在这一幕从头到尾，如一群含着愤怒的冤魂，抑郁暗塞地哼着，充满了警戒和恐吓。他们用一种原始的语言来唱出他们的忧郁，痛苦，悲哀和奋斗中的严肃，所以再下面这段夯歌——《小海号》——里找不着一个字，因为用字来表达他们的思想和情感是笨拙而不可能的事。

这样的描写共有两段，一段即上述文字，另一段在第四幕末尾。曹禺在《日出·跋》里表示：这是特意的安排，目的是把《日出》最重要的角色、象征光明和生机的劳作者推到幕前。这两段文字在1949年后的诸多版本中都有所删节。① 直至"四川"本才完全恢复，并对上述这段描写大段增添：

> 这种声音几乎一直在这一幕从头到尾，如一群含着愤怒的复仇神，抑郁暗塞地哼着，充满了警戒和恐吓。他们用心底的语言来唱出他们的痛苦，悲哀和奋斗中的严肃。但时而一些领头的大汉，单独以豪放的歌喉，高唱入云，带起多少群夯工的热烈活跃的强音，起劲地应合，腾起一片欢唱的笑声。可以想象，他们步伐整齐，大汗淋漓，迎着阳光，砸着大地，正为世界创作一切。这时，人的心胸是欢乐、是胜利、是人能战胜一切的。在下面这段夯歌——《小海号》——里没有用一个字，因为用字来表达他们的思想和情感是笨拙而不可能的事。

---

① "开明"本删掉这两段对工人和夯歌的描述。"剧本选"本延续"开明"本对第二幕开幕一段的删节，恢复了第四幕末尾的一段。"戏剧"本、"小丛书"本等则延续"剧本选"本对此处的调整。

"文化生活"本的夯歌，严肃而抑郁，其力量来自原始的、对生存的渴求；"四川"本的夯歌，在痛苦和悲哀之外，曹禺重新注入了雄壮、乐观、奋发的精神，新与旧的对比越发鲜明，明确表达出压倒一切腐恶、重建一个世界的信心。"四川"本《日出》除了恢复和强化剧本的阅读性，在舞台表演上曹禺有明确表示，为更好地表达主题，欢迎作曲家重新为夯歌作曲。夯歌的原曲是"当时实际记录下来的调子"，当时的特意记谱表明"文化生活"本时期的曹禺希望通过原汁原味的音乐，在舞台上再现历史现场。此时此地，"阅读"上的修订引来舞台上的变动，为了主题，"如有必要，可以完全更动"。

"四川"本《日出》修改的另一着力点在于曹禺要为陈白露"正名"。从"文化生活"本的"跋"开始，曹禺一直强调这出戏没有绝对的主要人物，没有绝对的主要动作，"每个角色都应占有相等的轻重"，"互为宾主，交相陪衬"，共同烘托出一个"损不足以奉有余"的社会形态。[①] 1980年，曹禺给女儿万昭的电影剧本《日出》提意见时曾经明确提出："此剧本陈白露是主角。"[②] 到了1985年，"四川"本《日出》的"后记"里，曹禺进一步明确表示陈白露是《日出》的"女主角"。这一表述值得深思。

最初的版本里，陈白露的性格还算鲜明，在1949年后的诸版本里，则有逐渐退化为简单的典型人物，甚至一个观察视角的趋势。因为"给她表现的机会少了一些"，直接后果就是舞台上，"这个女主角是不大好演的"。[③] 所以在"四川"本《重印〈日出〉后记》里，曹禺表示他将"着重描述"陈白露的性格：她不再只是事件的引线者、戏剧冲突的见证者、"损不足以奉有余"的社会形态的一个典型表征，她的情绪、心态和个性在对戏剧冲突的各种观察中发展、丰富、变化。《大饭店》似的横断面描写和链条似结构的呈现，展现旧社会的腐恶，同时丰富了陈白露的性格，也为陈白露命运的推进给出合理的情感逻辑。

曹禺的"着重描述"，不仅是写作技巧上的"着重"，更重要的还在于曹禺有意识地要重新认识、理解和塑造陈白露的形象。他在《重印

---

① 曹禺：《日出·跋》，《日出》，文化生活出版社1937年版。
② 曹禺致万昭信（1980年10月17日），曹禺著，李玉茹编，钱亦蕉整理：《没有说完的话》，山东友谊出版社1998年版，第317、318页。
③ 曹禺：《重印〈日出〉后记》，《日出》，第264—265页。

〈日出〉后记》列举了对陈白露的几处修改细节,然后郑重其事地表示:此时此地,"我对陈白露的认识,是如此"。这句颇具历史意识的表述,暗示了曹禺这次的修改并不是对中华人民共和国成立以来对《日出》多次修改的否定:"如果有人要改回旧本的原样,也未尝不可",只是当年的我那样想,如今的我则如是。此时此地,"我只想说明",也必得说明。

以上是沿着报刊本→"文化生活"本→"四川"本这条线索进行考察,但当我们按照时序进行综合分析时就会发现,"重塑"陈白露,其实一直都在曹禺的修改思路中。

报刊本里,陈白露名字为"陈露露",本名作"文姗"。文学人物的名字也许并无特别含义,但曹禺的特意改名显然不在此列。姓名文化在中国源远流长。叠字名在古代主要见于女子,且大多是社会地位低下的艺伎、妓女、侍妾或者奴婢使用,上流社会的贵妇人、书香门第的大家闺秀,乃至普通良家妇女都极少以叠字命名。陈寅恪在《读〈莺莺传〉》中分析"崔莺莺"的原型并非剧中所说名门贵女,其依据便是她的叠字名。而"露露"这样的名字在20世纪30年代中国大都市纸醉金迷的舞场会所中颇为常见,是一个明显符号化的名字,表明其交际花的身份。从"陈露露"到"陈白露",从"文姗"到"竹均",这一改动显示出曹禺对人物的设定发生了不小的变化。陈白露这个名字显然更符合其书香世家的出身,她聪明活泼、深受父母的喜爱,受过良好的教育;父亲过世后,"家里穷了",为保持原有物质生活条件,堕入风尘。"开明"本里,陈白露的设定有了更多的无奈。她的家庭出身从书香世家变成了普通市民家庭:父亲是被辞退的洋行职员,哥哥被保甲长抓了壮丁,家中有弟妹要养。在"剧本选"本里,陈白露的个性逐渐简化,但曹禺还是把她对顾八奶奶、张乔治等人的态度,从若即若离、时而亲热时而嘲弄,改为冷静旁观。"文化生活"本里陈白露曾4次称顾八奶奶为"八姐",而"剧本选"本及之后的版本减少到一次,"四川"本则一次也没有。"四川"本里曹禺虽然恢复了陈白露在"文化生活"本的家庭出身,却把"文化生活"本中的"家里穷了"进一步推进:在听到小东西因为饥饿想要回到黑三身边时,陈白露的感叹从"饿逼得人会到这步田地么?"变为"饿!可怕的饿!"显然"四川"本的陈白露已经深深品尝过了饥饿的滋味,而这为她在纸醉金迷中的无力自拔给出了合理的解释。

曹禺对陈白露的重塑还体现在更多的细节中。第一幕开场时陈白露的出场,"文化生活"本用了六百多字描写陈白露的外貌、服饰、经历以及由此形成的性格等。"开明"本把这段介绍减到一百多字。"剧本选"本恢复到三百来字。"小丛书"本以"戏剧"本为底本又删去一百来字。陈白露的形象逐渐变得简单而鲜明。但透过这些简单的描述,仍然能看出曹禺对陈白露的不同认识。仍以第一幕开场时陈白露的出场描写为例,"文化生活"本里,陈白露"穿着极薄的晚礼服,颜色鲜艳刺激,多褶的裙裾和上面两条粉飘带,拖在地面如一片云彩"。到了"开明"本,曹禺直接简化为她"穿着极讲究的晚礼服"。"剧本选"本和"戏剧"本部分恢复"文化生活"本的旧貌,也吸取了"开明"本的部分修改:陈白露"穿着极讲究的晚礼服,颜色鲜艳,多褶的裙裾和上面两条粉飘带,拖在地面如一片云彩"。至"小丛书"本又是一变:陈白露"穿着极讲究的晚礼服,颜色淡雅,多褶的裙裾拖在地面如一片云彩"。陈白露的服饰从"极薄"到"极讲究",色彩从"鲜艳刺激"到"鲜艳",再到"淡雅",字里行间可见曹禺对陈白露的定位在不断调整。

"四川"本中曹禺对陈白露定位的调整从服饰延伸到房间装饰。她"穿着极薄的晚礼服,颜色鲜艳,多褶的裙裾和上面两条粉飘带,拖在地面如一片云彩"。"极薄"且"鲜艳"的服饰对应着陈白露交际花的身份,而用陈白露房间的装饰来彰显她的内心。墙上的装饰画:之前诸版本里的"荒唐的裸体画片,月份牌,和旅馆章程"在"四川"本里变成了"裸体油画,风景画"。沙发坐垫的色彩:之前诸版本里座垫颜色是"杂乱"的,"四川"本里则是"艳丽"的。房间里的杂物:"酒瓶,烟蒂头"和沙发上的"一两件男人的衣服"等在"四川"本里都删掉了。林林总总暗示陈白露的文化素养、审美品位,并以此表现其内心的高洁和骄傲。而"四川"本第四幕增添的那束"红艳中夹杂着几枝白色的山茶花"更是最明显的指征。可以说从"文化生活"本、"开明"本到"剧本选"本、"小丛书"本,再到"四川"本,曹禺一直在试图"净化"陈白露。

以上梳理《日出》版本谱系,不仅让我们看到《日出》不同版本之间的递进、承传等各种关系,使我们在对校和比较作品的不同版本时能够遵循正确顺序,同时也让我们把不同版本的文本特性、版本变迁的缘由等放置在一个完整的谱系之中加以阐释,从而发现版本修订过程中的诸多问题,寻找作者在意识形态的需要、时代语境的变化、作家的艺术追求、个人的精神境遇之间腾挪闪转的蛛丝马迹。

结　语

古典文献以"定本"或者"善本"为目标，现代文学作品，其"初版本之后的版本"有些多达十几种，作为作家在不同历史时期创作意志的产物，它们有着各自的文本特性，无所谓错讹。确定善本或者定本，为大众阅读计，必不可少。但对于学术研究而言，这些还没来得及消逝在历史洪流中的文本，却是我们丰富文学史，拓展现代文学研究空间的重要史料。

当前，学界讨论版本变迁，尤其是1949年以后的版本变迁时，往往以意识形态因素一言以蔽之，为"忽略不计"给出看似合理的根由。在上述主流做法的背后，显然存在一种习而不察的迷思。一方面，现当代文献的版本（尤其是1949年以后的版本）生成过程中，组织和体制是绕不过去的问题。把版本谱系和版本校勘视为文化史研究的一部分，将版本文献的发掘和研究，与出版史、文化组织结构史、文化体制的变动史相结合，将为现代文献学开辟一个广阔的研究领地。另一方面，这些版本既非一般线性发展的"版本进化"可以概括，也无法简单用纯粹意识形态因素或者审美因素的"悔其少作"来解释。这些产生于作家不同人生阶段的异文，是作家自身思想、艺术观念和现实环境的变化共同作用的结果，是探索作家创作史、精神史的重要材料。

研究不同时代异文的版本形态、出版过程与传播情况，将异文呈现的物质形态与其背后组织过程也纳入考察视野，将版本谱系和版本校勘视为文化史研究的一部分，将为现代文献学开辟一个广阔的研究领地。确立版本谱系，通过版本的比对参证，解读文本，发现问题，不仅拓展了现代文学研究空间，同时也提示我们，文献"不仅是批评的基础也是批评的方法"[1]，把现代文献学作为一种文学批评和文学史的研究方法，意义不可估量。

---

[1] 解志熙：《探寻文学行为的意义——基于文献的文学研究和文学批评》，《长沙理工大学学报》（社会科学版）2016年第6期。

附 录

中华文学史料学学会历届会议一览
（1988—2021）

陈才智　整理

1. 1988年10月，中华文学史料学学会成立筹备会议，在上海召开。中华文学史料学学会最早的成立设想，是在1982年桂林全国社会科学规划会议提出。

2. 1989年10月，中华文学史料学学会成立暨第一届会员代表大会，在上海召开，推举马良春任会长。1991年9月，第一次在民政部注册登记，负责人徐迺翔。副会长陈伯海、徐迺翔。秘书长杨镰，副秘书长陈青生、薛天纬。第一届理事会40人。

3. 1991年11月，中华文学史料学学会第二届理事会在北京召开，推举贾植芳教授为会长，第二届理事会52人。

4. 1997年，中华文学史料学学会第三届理事会，在江苏徐州师范大学召开，贾植芳继任会长。

5. 2003年10月28—29日，中华文学史料学学会第四届会员代表大会，在北京邮电疗养院召开，推举贾植芳为名誉会长，包明德任会长，刘跃进为常务副会长、秘书长兼法人代表。聘请丁景唐、王景山、李福田、邱明皋、姜德明、徐迺翔等为顾问。副会长为陈伯海、傅璇琮、陈漱渝、蒋守谦、裴效维、杨镰、牛运清、董之林、刘福春、赵存茂等，秘书长为杨镰，副秘书长为陈青生、薛天纬。

6. 2005年4月12—15日，中华文学史料学国际学术研讨会（宜宾，联系人罗国威教授）。

7. 2005年11月4日，中华文学史料学学会理事会古典分会理事会（天津，联系人周延良教授）。

8. 2006年8月20—25日，中华文学史料学学会古代分会第一届年会"中国古典文献学与赣学国际学术研讨会暨中华文学史料学学会古典文献研究分会成立大会"（南昌，联系人文师华教授）。

9. 2007 年 11 月 23—27 日，中华文学史料学学会古代分会第二届年会"中国语言文献与文学文献学高层论坛"（西安，联系人贾三强教授）。

10. 2009 年 3 月 29 日—4 月 2 日，中华文学史料学学会古代分会第三届年会"古籍整理与中国古典文献学学科建设国际学术研讨会"（济南，联系人郑杰文教授）。

11. 2011 年 10 月 27—31 日，新世纪中华文学史料学研究的理论与实践学术研讨会暨中华文学史料学学会第五届理事会（西安，联系人张弘教授）。推举刘跃进担任会长，刘福春担任常务副会长，郑杰文、关爱和、李浩、陈才智任副会长，陈才智兼任秘书长及学会法人代表。第五届理事会 40 人。

12. 2012 年 8 月 21—24 日，中华文学史料学学会古代分会第四届年会（成都，联系人房锐教授）。

13. 2013 年 10 月 19—23 日，中华文学史料学学会古代分会第五届年会（桂林，联系人王德明教授）。

14. 2014 年 8 月 7—10 日，中华文学史料学学会古代分会第六届年会（蓬莱，联系人蔡先金教授）。

15. 2015 年 7 月 12—16 日，中华文学史料学学会总会 2015 年年会（张掖，联系人韩高年教授）。

16. 2015 年 9 月 28—30 日，中华文学史料学学会古代分会第七届年会"中国地域文献视野下的文学史料研究"国际学术研讨会（贵阳，联系人汪文学教授）。

17. 2016 年 4 月 28—30 日，中华文学史料学学会古代分会第八届年会（南昌，联系人李精耕教授）。

18. 2016 年 12 月 3—4 日，中华文学史料学学会第六届理事会（北京社科博源宾馆）。

19. 2017 年 10 月 6—9 日，中华文学史料学学会古代分会第九届年会暨中原文学文献国际学术研讨会（郑州，联系人王保国教授）。

20. 2017 年 10 月 13—15 日，中华文学史料学学会总会 2017 年会暨民族文学史料整理研究研讨会（西昌，联系人徐希平教授），民族文学史料学分会成立，徐希平教授担任会长。

21. 2018 年 6 月 23—25 日，中华文学史料学学会总会 2018 年会暨青藏地区文学史料整理研究研讨会（青海，联系人刘晓林教授）。

22. 2018 年 8 月 23—26 日，中华文学史料学学会古代分会第十届年会（青岛，联系人窦秀艳教授）。

23. 2019 年 8 月 24—28 日，中华文学史料学学会古代分会第十一届年会暨古代文学史料研究新视野学术研讨会（徐州，联系人范春义教授）。

24. 2020 年 11 月 28 日，中华文学史料学学会第六届理事会第五次会议（北京，线上）。

25. 2021 年 6 月 24—28 日，中华文学史料学学会古代分会第十二届年会暨国际学术研讨会（湘潭，联系人王友胜教授）。

26. 2021 年 12 月 4—6 日，"中华文学史料学学会 2021 年会暨荆楚文学史料整理与研究研讨会"，中华文学史料学学会第七届理事会（武汉，联系人龙珍华教授）。

中华文学史料学学会出版物一览

陈才智　整理

1.《中华文学史料》第一辑，中华文学史料学学会编，马良春、陈伯海主编，百家出版社1990年版。

2.《中华文学史料》第二辑（中华文学史料学学术研讨会论文集），刘跃进主编，学苑出版社2007年版。

3.《中华文学史料》第三辑（新世纪中华文学史料学研究的理论与实践学术研讨会论文集），中华文学史料学学会、西北大学文学院编，刘跃进主编，普慧执行主编，西北大学出版社2012年版。

4.《文献之会共襄盛举——中华文学史料学学会古代文学史料研究分会2016年年会暨江西文学文献学术研讨会论文集》，南昌大学人文学院中文系主编，江西人民出版社2016年版。

5.《中华文学史料》第四辑，刘跃进主编，陈才智、孙少华副主编，中国社会科学出版社2019年版。

6.《中华文学史料》第五辑，刘跃进主编，孙少华、陈才智副主编，中国社会科学出版社2020年版。

7.《大夏与北魏文化史论丛》，刘跃进、徐兴无主编，孙少华、童岭副主编，凤凰出版社2020年版。

编后记

　　中华文学史料学学会目前有古代、近现代与民族文学三个分会。每年各个分会都定期举办年会，在不断丰富学会活动形式的同时，也在持续推进中华文学史料学研究的发展。《中华文学史料》第六辑的出版，正是在全体会员积极支持、总会及各学会精心组织下，所取得的又一丰硕学术成果。

　　2021年12月4—5日，"中华文学史料学学会2021年会暨荆楚文学史料整理与研究研讨会"在湖北第二师范学院举行。2019年底，一场突如其来的新冠疫情横扫全球，武汉一度成为全国人民牵挂的重灾区。在以习近平同志为核心的党中央坚强领导下，经过全国人民的齐心协力，武汉终于迎来了抗疫的伟大胜利。本次年会，在疫情稳定、民心凝聚的武汉召开，无疑具有特殊的文学象征意义。同时，本次论文集特别收录的几篇关于灾害文学的研究，也是我们向武汉伟大抗疫精神所致以的崇高敬意！

　　本次会议，由中华文学史料学学会主办，湖北第二师范学院文学院、湖北第二师范学院灾害文学与文化研究所承办，共收到论文60余篇，根据本次会议主题和研究内容，我们从中选择了20篇，分为"史料学理论与文学研究""作家研究专题""作品研究专题"三个专题，编为《中华文学史料》（第六辑）予以出版。其中，"史料学理论与文学研究"8篇论文，既有古代文学研究论文，也有近现代文学研究论文，其中有2篇是关于灾害文学研究的，1篇是关于荆楚地域文学研究的；"作家研究专题"5篇论文，古代、近现代作家和民族文学研究皆有涉及；"作品研究专题"6篇论文，内容涉及从先唐到现代以及海外汉学研究的几种重要文献。这些论文，既有较为深入的文献考辨，也有较新的史料介绍，还有史料学理论的宏观总结，体现了中华文学史料学研究的深耕细作与理论提升。

　　《中华文学史料》（第六辑）的编选，主要由孙少华、龙珍华、朱曦林等负责征集论文、编排目录,龙珍华、朱曦林负责统编工作,刘跃进先生统筹全稿。湖北第二师范学院灾害文学与文化研究所给予了部分出版经费支持,在此向龙珍华所长表示感谢!同时,《中华文学史料》(第六辑)也是国家社科基金重大项目"中国早期经典文本的形成、流变及其学术体系建构研究"(项目编号:21&ZD252)的阶段性成果之一,在此感谢龙珍华、余祖坤、匡永亮、何良五等课题组成员,感谢项目首席专家孙少华,以及为《中华文学史料》(第六辑)顺利出版给予大力支持的郭晓鸿老师!长期以来,郭晓鸿老师为《中华文学史料》的出版、编辑、校对工作付出了艰辛的劳动,特致谢忱!感谢中国社会科学院文学研究所对本次会议召开所给予的支持,特别是科研处李超处长、刘枫雪老师以及办公室曹维平处长在会议筹备期间所给予的帮助。同时,还要感谢为组织、召开本次会议辛勤付出的龙珍华、朱曦林、刘枫雪等老师,以及参与本次学术会议的所有会务人员。最后,还要感谢中华文学史料学学会全体会员的长期支持,感谢中国社会科学院科研局对中华文学史料学学会的鼎力相助!